BLACK&DECKER®

LA GUÍA COMPLETA SOBRE

TERRAZAS

Creative Publishing
international

MINNEAPOLIS, MINNESOTA
www.creativepub.com

Contenido

La Guía Completa
sobre Terrazas

**Creative Publishing
international**

Derechos Reservados © 2009
Creative Publishing international, Inc.
400 First Avenue North, Suite 300
Minneapolis, Minnesota 55401
1-800-328-3895
www.creativepub.com
Todos los derechos reservados

Impreso en china

10 9 8 7 6 5 4 3 2 1

Presidente y Director: Ken Fund
Vicepresidente de Ventas y Mercadeo: Kevin Hamric

Home Improvement Group

Editor y Director: Bryan Trandem
Editor Administrador: Tracy Stanley
Editor Principal: Mark Johanson
Editor Redactor: Jennifer Gehlhar

Director Creativo: Michele Lanci-Altomare
Directores Principales de Diseño: Jon Simpson, Brad Springer
Administrador de Diseño: James Kegley

Director de Fotografía: Steve Galvin
Coordinador de Fotografía: Joanne Wawra
Director de Escenografía: Bryan McLain
Asistente de Escenografía: Cesar Fernandez Rodriguez

Administradores de Producción: Laura Hokkanen, Linda Halls

Traducción al idioma Español: Edgar Rojas
Edición en español: Edgar Rojas, Maria Teresa Rojas
Diagramación: Edgar Rojas

Library of Congress Cataloging-in-Publication Data: (on file)
Biblioteca del Congreso. Información de esta publicación catalogada:
(en archivo)

La Guía Completa sobre Terrazas
Creado por: Los editores de Creative Publishing International, Inc., en co-
laboración con Black & Decker. Black & Decker® es una marca registrada
de Black & Decker Corporation y es usado bajo licencia.

Introducción

Una terraza es una excelente idea para expandir hacia el exterior el área funcional de una vivienda, mientras se mantiene el valor agregado de la inversión. Quizás lo mejor al respecto es que puede construir una terraza espectacular sin importar su nivel de experiencia en la medida en que tenga el conocimiento básico. Esta primera edición en español, *La Guía Completa sobre Terrazas,* de la versión actualizada y revisada en inglés, *The Complete Guide to Decks,* ofrece por primera vez todo lo que necesita saber para diseñar y construir con seguridad la terraza de sus sueños.

El libro inicia su presentación con una estupenda serie de fotografías de terrazas que le ayudarán a despertar su gran imaginación. El siguiente capítulo lo guiará paso a paso en la planificación y diseño. Aprenderá a evaluar las opciones del sitio de construcción de la terraza, interpretar los diferentes códigos y requisitos, dibujar planos, y guías generales de cómo construir este tipo de edificaciones.

Luego, encontrará una guía a fondo del proceso total de construcción y un enfoque en particular en cada capítulo: construcción de la estructura de soporte; instalación del piso de la terraza; construcción del sistema de escaleras; instalación de las barandas. Después de finalizar la sección de construcción en el libro, se le mostrará cómo terminar y llevar a cabo los acabados, así como su mantenimiento y reparaciones a través de los años.

Con muy pocas excepciones, la construcción de una terraza requiere de un detallado y conciso plan. Existen muchos recursos para tener acceso a estos planos y dibujos, y en la última sección de esta obra también encontrará suficientes recursos al respecto. Aquí encontrará diez planos completos de terrazas, con medidas, dibujos e instrucciones paso a paso. También la obra presenta proyectos paso a paso para construcciones de terrazas a la medida, así como sugerencias para convertir el espacio creado debajo de la edificación en un patio funcional, la instalación de una bañera, o transformar la terraza en una grandiosa cocina externa o un espacio de entretenimiento.

La última sección del libro le ayudará a sintetizar su colección de herramientas necesarias para la construcción de la terraza describiendo tanto las herramientas comunes como especializadas que pueden ayudarle en la construcción. Esta sección también suministra información esencial sobre materiales de construcción, incluyendo vigas para la estructura, opciones para terrazas de madera o de materiales plásticos, accesorios para conectar partes, tornillos y concreto.

Con la ayuda de esta detallada obra podrá construir una terraza a su gusto que sea duradera, segura, económica, y rápida. Con seguridad le garantizamos *La Guía Completa sobre Terrazas,* ahora en su versión en español. Es una herramienta primordial en la construcción de terrazas tanto para principiantes como para profesionales.

Terrazas vistosas

Como cualquier otro proyecto de construcción en su hogar, una terraza debe ser diseñada para mejorar su estilo de vida y para incrementar el valor y belleza de su propiedad. Siempre deberá tener en cuenta su presupuesto, pero dicho factor no debe privarlo de la libertad de soñar con ese nuevo espacio exterior. A medida que desarrolla los planos de su proyecto, deje que su imaginación lo guíe en el diseño. Construir una terraza no debe ser un proyecto aburrido, aún cuando sea un principiante o no disponga de un alto presupuesto. Una baranda de metal curvado, algunas luces atractivas, o una plataforma diseñada en forma estética y geométrica, puede transformar la terraza en un elemento vistoso para el jardín y un motivo de admiración por parte de sus vecinos.

En las siguientes páginas encontrará estupendas fotos de terrazas que le ayudarán a explorar las posibilidades de cómo desea construir la suya. Tenga en cuenta que entre más grande, el costo será mayor, pero a su vez, una terraza pequeña que no cumpla con sus necesidades, es una inversión costosa si nunca la utiliza. Sin importar cuál sea su presupuesto, permita que estas imágenes despierten su imaginación. Un pequeño aspecto de una terraza elegante puede ser la clave para el diseño de una que se adapte a su vivienda. Aquí tendrá la oportunidad de dejar sus ideas fluir sin limitaciones.

Las terrazas no están limitadas a ser construidas en superficies y plataformas planas. Una estructura cuidadosamente diseñada puede incluir escalones y niveles que la convierten en un agradable espacio abierto.

Cuando diseñe su terraza, no dude en explorar más allá de lo convencional. En esta foto, las barandas en curva pintadas en colores de dos tonos le dan una fabulosa presentación. De lo contrario sería una sencilla construcción de un solo nivel.

Sea creativo en el momento de diseñar la terraza. Una pequeña decoración como la fuente de agua presentada en la foto ubicada en la mitad de la estructura sin duda llamará la atención.

Una plataforma elevada, combinada con grandes macetas y plantas, crea un ambiente llamativo y un espacio íntimo para compartir una agradable conversación.

En esencia, una terraza es sólo una gran plataforma construida de madera. La suya puede resaltar de las demás si escoge utilizar ensambles de alta calidad que no aparezcan a la vista cuando sean instalados.

Esta terraza se combina armoniosamente con el estanque adjunto debido en gran parte a la ausencia de una baranda y a la curvatura de la plataforma. Las sombrillas también hacen juego con el entorno. La decoración sutil contribuye aún más a un acabado y espacio unificado.

La armoniosa decoración de luces instaladas en esta terraza con seguridad atraerá a sus seres queridos en las noches. Las luces también iluminan las macetas creando de esa forma una visión diferente a la del día.

El piso de las plataformas no siempre debe tener los mismos patrones a lo largo de toda la terraza. En esta foto, las filas e hileras de madera alternadas dan un magnífico contraste incitando a romper con el patrón y la monotonía por medio de una nueva adición geométrica.

Luces tenues y velas decorativas son mejores alternativas para iluminar la terraza en lugar de luces brillantes utilizadas en jardines. La luces bajas crean un ambiente relajante con apenas la suficiente luz disponible.

Las barandas decorativas dan a la terraza una imagen distintiva y la diferencian por completo de otras terrazas vecinas. El uso de metal curvado combinado con columnas de piedra en laja crea un magnífico y sólido efecto, además de presentar un elegante sistema de barandas.

La mezcla de flores de colores con muebles brillantes de patio es una solución de bajo costo para convertir la terraza más pequeña en un lugar acogedor.

Las barandas tradicionales de madera son fáciles de instalar y se acomodan a los estilos rectangulares de terrazas. Puede comprar postes y columnas prefabricados en cualquier almacén especializado, o fabricarlos con la misma madera con la que va a construir la terraza.

Hacer una adición sencilla a la terraza, como un par de puertas en vaivén, quizás es todo lo que necesita para darle un toque decorativo, además de agregar una medida de seguridad.

Si construye una terraza en un segundo piso, tenga en cuenta que puede usar el espacio inferior. Al agregar ventanas de malla y una puerta, creará un espacio contra insectos y con suficiente sombra. Puede agregar un patio contra la pared con el mismo material.

Si tiene el espacio suficiente, una terraza costosa puede ser la adición para diferentes usos que siempre había querido. Allí puede tomar el sol, comer, instalar una bañera, o entretener a sus amistades. La única limitación será su presupuesto y su imaginación.

Los materiales sintéticos o contrachapados pueden contribuir a crear nuevos y emocionantes diseños en la terraza. En la foto, la terraza en forma de hoja comprueba que las formas cuadradas y derechas ya no limitan los diseños.

Si la nueva terraza va a estar expuesta a la luz solar la mayor parte del tiempo, puede agregar un toldo o kiosco, u otra estructura que dé sombra. De esa forma incrementará la utilidad de la terraza durante los calurosos días de verano.

Los sistemas de desagües construidos debajo de las terrazas canalizan el agua fuera del área, y de esa forma crean un lugar seco para su uso. En este ejemplo, el techo terminado, el sistema de drenaje y el ventilador convierten el lugar en un patio disponible.

Los materiales para la construcción de terrazas continúan mejorando cada año. En la foto, el terminado contrachapado del piso con elementos de madera, es una alternativa convincente en lugar de usar verdadera madera, y su duración es mayor. Los ensambles modernos esconden las puntillas y tornillos dando un acabado natural.

Planos y diseños

Uno de los beneficios de construir una terraza es que en un tiempo relativamente corto puede crear una estructura impresionante, aún con herramientas sencillas y sin tener mucha práctica. Es un emocionante proyecto para llevar a cabo, pero no deje que su energía y entusiasmo lo agoten. Sin un cuidadoso planeamiento y diseño desde un principio, la construcción de la terraza puede convertirse en una tarea frustrante, innecesariamente costosa, y aún poco segura para disfrutarla cuando haya terminado. Así que para tener un inicio exitoso, planee dedicar esas primeras horas del proyecto sobre un escritorio para desarrollar y diseñar cada paso.

A medida que avanza, tenga en cuenta que la terraza debe satisfacer cuatro objetivos: debe cumplir con la funcionalidad de la vivienda; contribuir al mejoramiento y el valor de la vivienda; permanecer bajo un presupuesto; y satisfacer los códigos locales en cuanto a su seguridad. Este capítulo lo ayudará a familiarizarse con los cuatro objetivos para que desde un principio pueda tener la confianza de llevar a cabo una buena construcción. Dedique tiempo para revisar y estudiar los planos presentados en las páginas 242 a 311 de esta obra, así como los presentados en otras publicaciones. Quizás encuentre la terraza ideal para su vivienda sin tener que diseñar una por completo, o haciendo apenas unas pequeñas modificaciones.

En este capítulo:

- Evaluando el sitio de la terraza
- Códigos para la construcción
- Tamaño de la madera
- Peso a soportar
- Desarrollo del plano de construcción
- Los inspectores de construcción

Evaluando el sitio de la terraza

El viejo refrán que se refiere a la "ubicación, ubicación, ubicación" de las viviendas también se aplica en el caso de las terrazas. Una vez la construya, permanecerá en ese lugar, así que escoja con cuidado el sitio ideal para la construcción. La terraza será afectada por la luz del sol, la sombra, los vientos y los cambios estacionales. Esos factores naturales influenciarán cómo y cuándo utilizar la terraza. También hay otras variables que debe considerar. Una terraza de una sola plataforma reducirá el tamaño del patio, lo cual puede ser o no un factor importante dependiendo de sus necesidades en cuanto al uso del jardín, el espacio para la grama o un sitio abierto para el recreo. Una terraza elevada puede ser ideal para entretenimiento, pero puede crear sombra indeseable u oscurecer áreas cercanas a la vivienda.

El tamaño y la distribución de la propiedad también impactarán la decisión de la ubicación de la terraza. Quizás deberá construir varios niveles o unas largas escaleras para llegar a la base de un terreno inclinado. ¿Necesitará cortar uno o dos árboles para llevar a cabo la construcción, o podrá crearla a su alrededor? Una edificación elevada le dará una nueva vista del vecindario, pero ¿tapará la vista de la ventana de su vecino, o se acercará demasiado a las cuerdas de la luz? Estos son algunos factores a tener en cuenta cuando esté decidiendo en la ubicación final de la terraza. Compruebe que los beneficios de la construcción sobrepasen los sacrificios que quizás deba hacer.

Algunas veces la ubicación de la terraza ya estará determinada por el diseño de la vivienda. En esta foto, la vivienda fue construida con una puerta destinada para tener acceso a una terraza. Sin embargo puede tener más de una opción para la construcción, así que considere todas las posibilidades antes de decidir el sitio final.

Consideraciones para el lugar de la terraza

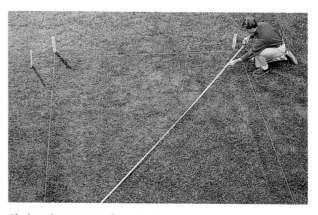

Las condiciones naturales del terreno, como una caída pronunciada, afectará el diseño y acceso a la terraza. Quizás tenga que construir varios niveles o una larga escalera para acomodarse a la variedad del terreno.

Si el patio es pequeño, debe planear el tamaño de la terraza con cuidado. Quizás deba sacrificar parte del jardín, decoraciones exteriores, o espacio utilizable del patio para acomodar la terraza. ¿Cuánto va a extrañar la parte del patio que va a utilizar en la construcción? ¿Va a armonizar con el resto del espacio o lo va a cubrir en su mayoría?

Los árboles grandes tendrán que incluirse en el diseño o serán eliminados. Las raíces pueden crear problemas en el momento de excavar los cimientos, o la copa de los árboles determinarán cuánta luz puede llegar a la terraza.

Tenga en cuenta la dirección del Sol al considerar cuándo utilizará la terraza. Las ubicadas hacia el Este permitirán desayunos templados y brillantes, pero serán cubiertos por la sombra hacia el medio día. Las ubicadas hacia el Oeste dan la posibilidad de agradables atardeceres, pero pueden ser muy calurosas a medida que avanza la tarde. Una terraza hacia el Sur o Suroeste por lo general ofrece un punto medio para su mejor uso.

Antes de construir una terraza en un segundo piso, considere si la estructura va a afectar la privacidad de sus vecinos, queda muy cerca de cuerdas de luz, o si oscurece demasiado las ventanas adjuntas o la parte inferior de la misma.

Códigos para la construcción

La mayoría de las terrazas son estructuras simples, pero aún la más básica debe cumplir con los códigos de construcción de su localidad. Cada aspecto de la nueva estructura, desde su ubicación con relación a la vivienda, hasta el diseño escogido y los materiales con que va a ser construida, deben cumplir con estrictos códigos de seguridad. Estos pueden variar de algún modo dependiendo del estado o localización donde se encuentre, pero están basados en regulaciones generales establecidas por el Código Internacional de Residencias. Su inspector local de construcción puede suministrarle los códigos pertinentes y guiarlo en su interpretación para que pueda cumplir con los requisitos. También puede dirigirse al Internet para obtener una copia gratis de la guía para la construcción de terrazas residenciales (ver los recursos, en la página 315).

En las siguientes páginas encontrará información sobre algunos de los códigos requeridos más comunes en la construcción de terrazas, y será sin duda de gran ayuda. Lea esta sección para familiarizarse con los códigos que quizás encontrará a medida que diseña y construye su terraza.

El oficial de construcción determina el diámetro de la base y su profundidad. Éste se basa en el peso a sostener y la composición del terreno. En las regiones con inviernos fríos, las bases deben extenderse más allá de la línea de congelamiento. El diámetro mínimo para una base de concreto es 8".

Debe usarse protección de metal contra el agua para evitar que la humedad penetre entre el borde de la viga y la pared.

Las vigas pueden sobresalir de los postes no más de 1 pie de distancia. Algunos códigos requieren que en lo posible las vigas descansen sobre los postes, y estén aseguradas con placas de metal.

Las vigas fabricadas con productos laminados de madera o de metal deben usarse en terrazas que tienen uniones separadas a larga distancia, donde vigas convencionales no son adecuadas para sostener el peso. Este tipo de vigas deben ser diseñadas para uso en exteriores.

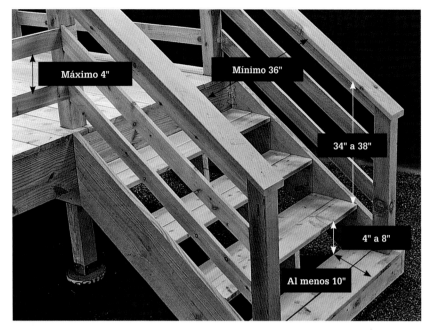

Por lo general las barandas son requeridas por los códigos en terrazas a más de 30" sobre el piso, y deben tener al menos 36" de altura. La base inferior horizontal de la baranda debe ser instalada sin dejar más de 4" de espacio por debajo. Los balaustres del pasamanos, horizontales o verticales, no deben estar separados más de 4".

Las escaleras deben tener por lo menos 36" de ancho. El escalón debe tener entre 4 y 8" de altura y debe mantenerse en forma uniforme. Los descansos horizontales deben tener por lo menos 10" y también mantener forma uniforme. El pasamanos debe tener de 34 a 38" de altura a partir de cada descanso, y no debe haber más de 6" de distancia entre el riel inferior y los escalones. El espacio entre los balaustres del pasamanos debe ser mayor a 4".

Código de violación. El Código Internacional de Construcción ya no permite uniones ajustadas con tornillos al lado de los postes (ver foto). Tampoco aprueba postes de estructura hechos de madera de 4 × 4". El tamaño mínimo aceptado es de 6 × 6". Los postes del pasamanos pueden ser de 4 × 4".

Ensamble de las vigas. Las vigas de la terraza hechas de dos maderos deben ser unidas con puntillas 10d clavadas en forma escalonada, o con tornillos para madera #10. Si las vigas están ensambladas de esta forma, intercale las secciones y ubíquelas sobre los postes para agregar una mayor resistencia.

Ensamble de un poste a la base. Las vigas estructurales de las terrazas, sin importar su altura o tamaño, deben ser de un diámetro de 6 × 6". Haga una muesca en el poste para empatar la viga sobre su superficie y ensamble ambas partes con tornillos y arandelas galvanizadas de ½" de diámetro. También puede hacer el ensamble acoplando las partes con los accesorios galvanizados adecuados.

Vigas primarias de soporte con la pared vigas frontales. Deberá remover la cubierta de la pared antes de unir la viga primaria a la placa de descanso. Utilice tornillos de compresión de ½" de diámetro, o tornillos con arandelas para hacer la conexión.

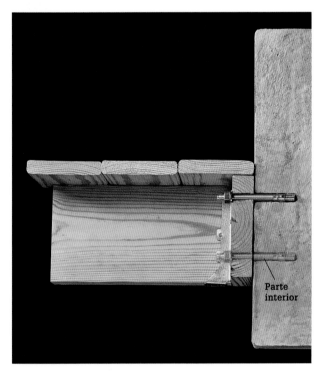

Parte interior

Vigas primarias de soporte con paredes de concreto. Las vigas de soporte unidas a paredes de concreto sólido deben ser ensambladas con tornillos y arandelas incrustados en orificios aprobados para anclaje de expansión o resina epóxica.

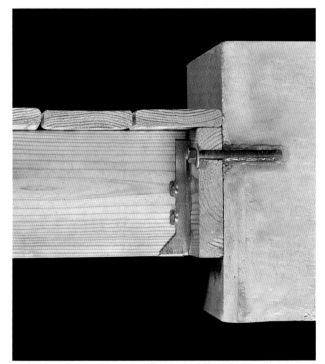

Vigas primarias de soporte y paredes de bloques huecos de concreto. Cuando ensamble vigas a paredes de este tipo, los huecos de los bloques de las áreas de ensamble deberán ser llenados con concreto o cemento. Luego asegure los tornillos a la pared con anclaje de expansión o resina epóxica aprobada.

Postes de rieles sin muescas. El código ya no permite que se hagan muescas a los postes de los rieles cuando se juntan a las vigas de los bordes de la terraza. Los postes deben ser ensamblados con tornillos y arandelas de ½". En algunos casos puede requerirse accesorios de soporte adicional para el anclaje.

Luces de la escalera. Las escaleras de las terrazas deben estar bien iluminadas por la noche con luces instaladas en la parte superior del descanso. La luz puede ser controlada desde el interior de la vivienda, con un sensor de movimiento, o usada en combinación con un temporizador.

Marco de madera
de la chimenea

Marcos de madera de la chimenea y ventanas sobresalientes. Cuando se instale una terraza alrededor de una chimenea o una ventana sobresaliente, debe adicionarse una viga doble apropiada en el lugar donde se corta el pasamanos para acomodar la obstrucción. El corte no debe tener un largo mayor a 6 pies.

Conexiones con vigas frontales.
Clave vigas frontales sobre las puntas de las mismas con cinco tornillos para madera de tamaño #10 × 3" por lo menos. Asegure la plataforma a la viga frontal con tornillos del mismo tamaño espaciados cada 6".

Tamaño de la madera

Una terraza consta de siete importantes estructurales: las vigas de contacto con la pared, la plataforma, las vigas, uno o más soportes, los postes, las bases laterales de la escalera, y los descansos de la escalera. Para crear un diseño apropiado y escoger el tamaño correcto de la madera debe conocer las distancias y tamaños límites de cada parte de la terraza. La viga primaria es sujetada a la casa y no tiene un tamaño de longitud máximo.

La longitud máxima es la distancia que una viga puede cubrir con seguridad sin ser soportada desde su parte inferior. La máxima longitud de seguridad depende del tamaño y clase de madera. Por ejemplo, una viga de pino sureño de 2 × 6", espaciada cada 16" desde el centro, puede fácilmente distanciarse 9'9", mientras que una de 2 × 10", puede distanciarse 16'1".

Inicie el proyecto determinando primero el tamaño y diseño del piso de la terraza. Consulte las tablas presentadas en la siguiente página, luego establezca el tamaño y distribución de las vigas y soportes usando la información y tablas de distancias permitidas que aparece en la página 23. En términos generales, una terraza diseñada con maderos de gran tamaño, como vigas y soportes de 2 × 12", requieren de menos piezas porque la madera tendrá rangos mayores de soporte por distancia. Finalmente, escoja la madera para la escalera y pasamanos que esté de acuerdo a su plan. Una vez más, utilice las tablas de la siguiente página.

Utilice su plano para hacer una lista completa de las cantidades de cada madera y los tamaños que requiere la terraza. Adicione un 10% para compensar la madera defectuosa y los posibles errores cometidos durante la construcción. Los almacenes especializados en venta de maderas tienen una gran selección para escoger, pero los precios pueden ser más altos que los centros generales de venta para artículos de construcción. La calidad de la madera en estos almacenes puede variar, por lo que se recomienda inspeccionar la madera con cuidado y escoger la suficiente cantidad para compensar la defectuosa. Tanto los almacenes especializados como los centros de construcción cobrarán una tarifa por el transporte de la madera al sitio de construcción, y por lo general podrá retornar la madera no usada o cortada al sitio de distribución si conserva el recibo de compra.

Cumpla o sobrepase con los códigos requeridos de la madera. Por ejemplo, utilice madera de por lo menos 6 × 6" para todos los postes de la terraza sin importar el tamaño de la terraza o la longitud del poste.

Dimensiones y espacios máximos entre la madera ▸

Tamaño nominal de la madera versus el tamaño real: Cuando planee construir una terraza, recuerde que el tamaño real de la madera es por lo general más pequeño que su tamaño nominal por el cual es vendida. Utilice los tamaños reales en el momento de dibujar y diseñar el plano de la terraza.

Nominal	Real
1 × 4	¾" × 3¾"
1 × 6	¾" × 5¾"
2 × 4	1½" × 3½"
2 × 6	1½" × 5½"
2 × 8	1½" × 7¼"
2 × 10	1½" × 9¼"
2 × 12	1½" × 11¼"
4 × 4	3½" × 3½"
6 × 6	5¼" × 5¼"

Distancia recomendada entre las vigas de la terraza: Las vigas de las terrazas pueden ser fabricadas de una variedad de tamaños en madera. Para una terraza básica, utilice vigas de 2 × 4" ó 2 × 6" con vigas separadas a una distancia de 16".

Vigas de la terraza	Distancia recomendada
1 × 4 o 1 × 6, instalación derecha	16"
1 × 4 o 1 × 6, instalación diagonal	12"
2 × 4 o 2 × 6, instalación derecha	16"
2 × 4 o 2 × 6, instalación diagonal	12"
2 × 4, instalación en el borde	24"

Tamaño mínimo de las zancas laterales de la escalera: Este tamaño depende de la distancia de la escalera. Por ejemplo, si la parte inferior descansa a 7 pies de distancia de la terraza, construya las zancas con madera de 2 × 12". Las zancas no deben quedar separadas a más de 36" de distancia. Instale una zanca central en escaleras con más de tres pasos.

Longitud de la escalera	Tamaño de la zanca
Hasta 6 pies	2 × 10
Más de 6 pies	2 × 12

Tamaños recomendados para los pasamanos: El tamaño de los postes, pasamanos y ensambles metálicos dependen de la distancia de separación entre los postes del pasamanos. Por ejemplo, si los postes están separados a 6 pies, use postes de 4 × 4", y rieles y cubiertas de 2 × 6".

Espacio entre postes del pasamanos	Tamaño del poste	Tamaño cubierta	Tamaño del riel
2 pies a 3 pies	2 × 4	2 × 4	2 × 4
3 pies a 4 pies	4 × 4	2 × 4	2 × 4
4 pies a 6 pies	4 × 4	2 × 6	2 × 6

Tabla 1: Espacios máximos para varios tamaños de vigas ▸

Tamaño	Pino Sureño			Pino Ponderosa			Cedro Occidental		
	12" OC	16" OC	24" OC	12" OC	16" OC	24" OC	12" OC	16" OC	24 OC
2 × 6	10 pies 9"	9 pies 9"	8 pies 6	9 pies 2"	8 pies 4"	7 pies 0"	9 pies 2"	8 pies 4"	7 pies 3"
2 × 8	14 pies 2"	12 pies 10"	11 pies 0"	12 pies 1"	10 pies 10"	8 pies 10"	12 pies 1"	11 pies 0"	9 pies 2"
2 × 10	18 pies 0"	16 pies 1"	13 pies 5"	15 pies 4"	13 pies 3"	10 pies 10"	15 pies 5"	13 pies 9"	11 pies 3"
2 × 12	21 pies 9"	19 pies 0"	15 pies 4"	17 pies 9"	15 pies 5"	12 pies 7"	18 pies 5"	16 pies 5"	13 pies 0"

Peso a soportar

La madera estructural de soporte de las terrazas —los postes, vigas y travesaños— deben ser lo suficientemente fuertes para sostener la carga mayor estimada. No sólo deben tener la capacidad de soportar el peso de la terraza misma, sino también el peso de las personas, de los muebles, y en algunos climas extremos, el peso de la nieve.

Las tablas y diagramas a continuación lo ayudarán a planear la terraza de tal manera que el tamaño y espaciamiento de la estructura sea suficiente para soportar la carga, asumiendo su uso normal. Estas recomendaciones son aceptadas en la mayoría de las regiones, pero deberá consultar su inspector de construcción local para estipular regulaciones que puedan ser únicas en su región. En casos cuando la terraza deba soportar el peso de una bañera, deberá acudir a su inspector local para establecer las guías de carga.

Al escoger la madera estructural de la terraza, seleccione uno de los diagramas a continuación que más se acerque a su diseño y luego siga las recomendaciones para ser aplicadas en las tablas de la siguiente página. Debido a que las distintas clases de maderas poseen diferentes capacidades de carga, deberá usar la información que concuerde con el tipo de madera ofrecida en su centro de distribución. Al seleccionar el tamaño de las bases de concreto deberá tener en cuenta la composición del terreno. Los terrenos densos requieren bases de un diámetro mayor.

Poste y viga, o poste con muesca: Siguiendo la Tabla 1, determine el tamaño adecuado de cada viga horizontal según el espacio (OC) dejado entre cada viga vertical que sostiene la baranda y la distancia total, o espacio, entre las vigas (A). Por ejemplo, si va a usar vigas de pino sureño en una distancia horizontal total de 12 pies, puede usar maderas de 2 × 8 sostenidos por vigas verticales a distancias no mayores de 16", o de 2 × 10 sostenidos en espacios no mayores de 24". Una vez que determine los tamaños apropiados de las vigas horizontales, vaya a la Tabla 2 para establecer el grosor ideal de las vigas verticales, la distancia de separación, y la longitud.

Viga voladiza: Mida la distancia desde la viga horizontal de ensamble a la pared hasta el poste vertical (A) para determinar el grosor mínimo de la viga horizontal, y utilice A + (2 × B) como medida cuando escoja la viga vertical y su longitud. Por ejemplo, si la terraza mide 9 pies desde la pared hasta el poste vertical, más 3 pies voladizos adicionales, utilice 9 pies para escoger el grosor de la viga horizontal en la Tabla 1 (vigas de 2 × 6 de pino sureño espaciado cada 16", o de 2 × 8 espaciado cada 24"). Luego use A + (2 × B), ó 15 pies, para encontrar el tamaño apropiado del poste, el espaciamiento y longitud en la Tabla 2. *Nota: Si la sección voladiza de la terraza es superior a 18" más allá del poste de soporte, adicione 1" al diámetro recomendado de la viga.*

Postes múltiples: Utilice la distancia A o B (la que sea mayor) cuando determine el tamaño de las vigas horizontales en la Tabla 1. Por ejemplo, si la terraza mide 8 pies en el poste #1, más otros 4 pies en el poste #2, puede utilizar vigas horizontales de pino sureño de 2 × 6. En la Tabla 2, use la distancia total A + B para determinar el tamaño del poste #1, su espaciamiento y longitud. Use la longitud de la viga B para determinar el tamaño del poste #2, su espaciamiento y longitud. Por ejemplo, en una longitud total de 12 pies (8 pies hasta el primer poste y 4 hasta el segundo), el poste #1 puede ser hecho de dos maderas de pino sureño de 2 × 8, y el poste #2 de dos maderas de pino sureño de 2 × 6.

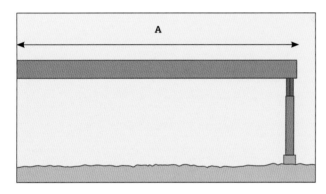

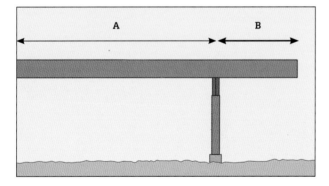

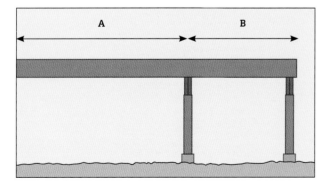

Tabla 1: Diámetros para postes (en pulgadas) ▸

Distanciamiento de los postes

Longitud de las vigas de soporte		4'	5'	6'	7'	8'	9'	10'	11'	12'
6'	Viga de Pino Sureño	1–2 × 6	1–2 × 6	1–2 × 6	2–2 × 6	2–2 × 6	2–2 × 6	2–2 × 8	2–2 × 8	2–2 × 10
	Viga de Pino Ponderosa	1–2 × 6	1–2 × 6	1–2 × 8	2–2 × 8	2–2 × 8	2–2 × 8	2–2 × 10	2–2 × 10	2–2 × 12
	Base esquinera	6 5 4	7 6 5	7 6 5	8 7 6	9 7 6	9 7 6	10 8 7	10 8 7	10 9 7
	Base intermedia	9 8 7	10 8 7	10 9 7	11 9 8	12 10 9	13 10 9	14 11 10	14 12 10	15 12 10
7'	Viga de Pino Sureño	1–2 × 6	1–2 × 6	1–2 × 6	2–2 × 6	2–2 × 6	2–2 × 8	2–2 × 8	2–2 × 10	2–2 × 10
	Viga de Pino Ponderosa	1–2 × 6	1–2 × 6	1–2 × 8	2–2 × 8	2–2 × 8	2–2 × 10	2–2 × 10	2–2 × 10	2–2 × 12
	Base esquinera	7 5 5	7 6 5	8 7 6	9 7 6	9 8 7	10 8 7	10 8 7	11 9 8	11 9 8
	Base intermedia	9 8 7	10 8 7	11 9 8	12 10 9	13 11 9	14 11 10	15 12 10	15 13 11	16 13 11
8'	Viga de Pino Sureño	1–2 × 6	1–2 × 6	2–2 × 6	2–2 × 6	2–2 × 8	2–2 × 8	2–2 × 8	2–2 × 10	2–2 × 10
	Viga de Pino Ponderosa	1–2 × 6	2–2 × 6	2–2 × 8	2–2 × 8	2–2 × 8	2–2 × 10	2–2 × 10	2–2 × 10	3–2 × 10
	Base esquinera	7 6 5	8 6 6	9 7 6	9 8 7	10 8 7	10 8 7	11 9 8	11 9 8	12 10 9
	Base intermedia	10 8 7	11 9 8	12 10 9	13 11 9	14 11 10	15 12 10	16 13 11	16 13 12	17 14 12
9'	Viga de Pino Sureño	1–2 × 6	1–2 × 6	2–2 × 6	2–2 × 6	2–2 × 8	2–2 × 8	2–2 × 10	2–2 × 10	2–2 × 12
	Viga de Pino Ponderosa	1–2 × 6	2–2 × 6	2–2 × 8	2–2 × 8	2–2 × 10	2–2 × 10	2–2 × 10	3–2 × 10	3–2 × 10
	Base esquinera	7 6 5	8 7 6	9 7 6	10 8 7	10 9 7	11 9 8	12 10 8	12 10 9	13 10 9
	Base intermedia	10 9 7	12 10 8	13 10 9	14 11 10	15 12 10	16 13 11	17 14 12	17 14 12	18 15 13
10'	Viga de Pino Sureño	1–2 × 6	1–2 × 6	2–2 × 6	2–2 × 6	2–2 × 8	2–2 × 8	2–2 × 10	2–2 × 10	2–2 × 12
	Viga de Pino Ponderosa	1–2 × 6	1–2 × 6	2–2 × 8	2–2 × 8	2–2 × 10	2–2 × 10	2–2 × 12	3–2 × 10	3–2 × 10
	Base esquinera	8 6 6	9 7 6	10 8 7	10 8 7	11 9 8	12 10 8	12 10 9	13 11 9	14 11 10
	Base intermedia	11 9 8	12 10 9	14 11 10	15 12 10	16 13 11	17 14 12	17 14 12	18 15 13	19 16 14
11'	Viga de Pino Sureño	1–2 × 6	2–2 × 6	2–2 × 6	2–2 × 8	2–2 × 8	2–2 × 10	2–2 × 10	2–2 × 12	2–2 × 12
	Viga de Pino Ponderosa	2–2 × 6	2–2 × 6	2–2 × 8	2–2 × 8	2–2 × 10	2–2 × 12	2–2 × 12	3–2 × 10	3–2 × 12
	Base esquinera	8 7 6	9 7 6	10 8 7	11 9 8	12 9 8	12 10 9	13 11 9	14 11 10	14 12 10
	Base intermedia	12 9 8	13 11 9	14 12 10	15 12 10	16 13 11	17 14 12	17 14 12	18 15 13	19 16 14
12'	Viga de Pino Sureño	1–2 × 6	2–2 × 6	2–2 × 6	2–2 × 8	2–2 × 8	2–2 × 10	2–2 × 10	2–2 × 12	3–2 × 10
	Viga de Pino Ponderosa	2–2 × 6	2–2 × 6	2–2 × 8	2–2 × 10	2–2 × 10	2–2 × 12	2–2 × 12	3–2 × 12	3–2 × 12
	Base esquinera	9 7 6	10 8 7	10 9 7	11 9 8	12 10 9	13 10 9	14 11 10	14 12 10	15 12 10
	Base intermedia	12 10 9	14 11 10	15 12 10	16 13 11	17 14 12	18 15 13	19 16 14	20 16 14	21 17 15
13'	Viga de Pino Sureño	1–2 × 6	2–2 × 6	2–2 × 6	2–2 × 8	2–2 × 8	2–2 × 10	2–2 × 10	2–2 × 12	3–2 × 10
	Viga de Pino Ponderosa	2–2 × 6	2–2 × 6	2–2 × 8	2–2 × 10	2–2 × 12	2–2 × 12	3–2 × 10	3–2 × 12	3–2 × 12
	Base esquinera	9 7 6	10 8 7	11 9 8	12 10 8	13 10 9	13 11 9	14 12 10	15 12 10	15 13 11
	Base intermedia	13 10 9	14 12 10	15 13 11	17 14 12	18 15 13	19 15 13	20 16 14	21 17 15	22 18 15
14'	Viga de Pino Sureño	1–2 × 6	2–2 × 6	2–2 × 6	2–2 × 8	2–2 × 10	2–2 × 10	3–2 × 10	3–2 × 10	3–2 × 12
	Viga de Pino Ponderosa	2–2 × 6	2–2 × 8	2–2 × 8	2–2 × 10	2–2 × 12	3–2 × 10	3–2 × 12	3–2 × 12	Viga especial
	Base esquinera	9 8 7	10 8 7	11 9 8	12 10 9	13 11 9	14 11 10	15 12 10	15 13 11	16 13 11
	Base intermedia	13 11 9	15 12 10	16 13 11	17 14 12	18 15 13	20 16 14	21 17 15	22 18 15	23 18 16
15'	Viga de Pino Sureño	2–2 × 6	2–2 × 6	2–2 × 8	2–2 × 8	2–2 × 10	2–2 × 10	2–2 × 12	3–2 × 10	3–2 × 12
	Viga de Pino Ponderosa	2–2 × 6	2–2 × 8	2–2 × 8	2–2 × 10	3–2 × 10	3–2 × 10	3–2 × 12	3–2 × 12	Viga especial
	Base esquinera	10 8 7	11 9 8	12 10 8	13 10 9	14 11 10	14 12 10	15 12 11	16 13 11	17 14 12
	Base intermedia	14 11 10	15 12 11	17 14 12	18 15 13	19 16 14	20 17 14	21 17 15	22 18 16	23 19 17

```
 ┌─────────┐
 │ 10  8  7│
 ├─────────┤
 │ 14  11 10│
 └─────────┘
```

Clase de terreno: Arcilla Arena Gravilla

Desarrollo del plano de construcción

El plano de una terraza es algo más que un simple dibujo con medidas. Debe incluir la funcionalidad, tamaño y forma final. Antes de empezar a dibujar planos, debe determinar todas las variables que serán incluidas en la estructura. El tamaño, forma y ubicación puede ser modificado por varios aspectos: ¿Va a utilizar la terraza como entretenimiento? ¿Va a utilizarla como una cocina exterior? ¿Necesita privacidad? Considere cómo los aspectos visuales de la casa y el patio influencian el diseño de la terraza (el clima, la hora del día y los cambios estacionales afectan su uso). Por ejemplo, si la estructura va a ser utilizada principalmente para comer durante las horas nocturnas del verano, tenga en cuenta la ubicación del sol, la sombra y los patrones del viento en el lugar planeado durante esa hora del día.

La creación de los planos también le ayudará a estimar la cantidad de madera y accesorios a utilizar, así como las medidas necesarias para la instalación y el corte de madera. Necesitará dos tipos de dibujos del plano de la terraza y obtener un permiso de construcción. Un plano muestra las partes de la terraza desde una vista superior, y un plano de elevación muestra las partes de la estructura desde una vista lateral o frontal.

Tabla de conversiones ▸

Octavos	Dieciseisavos	Decimal
	1	.0625
1	2	.125
	3	.1875
2	4	.25
	5	.3125
3	6	.375
	7	.4375
4	8	.5
	9	.5625
5	10	.625
	11	.6875
6	12	.75
	13	.8125
7	14	.875
	15	.9375
8	16	1.0

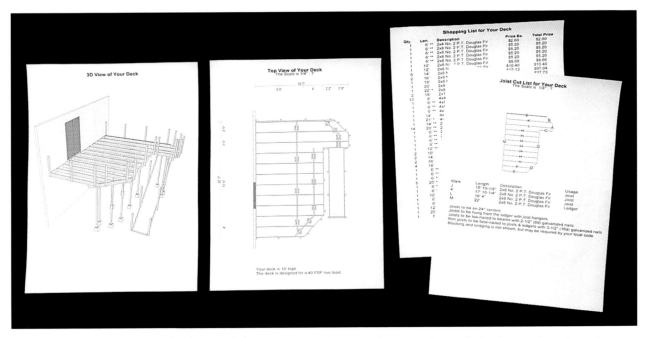

Muchos centros de distribución de materiales para construcción le ayudarán a crear planos y dibujos si compra la madera y otros accesorios en esos lugares. Ellos pueden determinar exactamente los materiales necesarios de acuerdo al plano creado.

Dibujo de los planos de la terraza

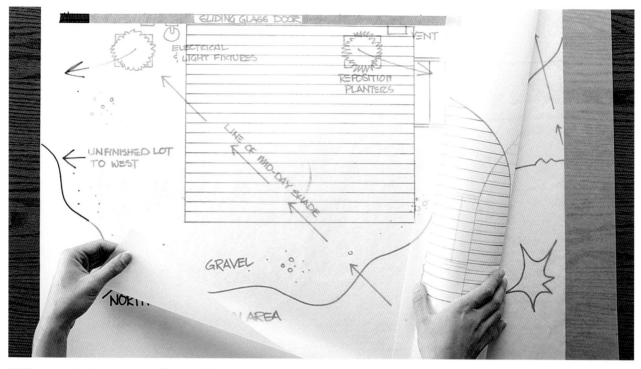

Utilice papel calcante para dibujar diferentes tipos de diseños. Luego ponga a relucir sus ideas a medida que va sobreponiendo sus diseños sobre el dibujo del sitio de construcción. Tenga en cuenta la dirección del sol y la ubicación actual de otros elementos en el lugar.

Adapte un plano ya existente, ya sea copiado de algún libro o revista, o comprado de un plano en borrador. Todo lo que necesitará en este momento será papel calcante, un lápiz y utensilios de medición para revisar dicho plano.

Utilice utensilios de dibujo y papel cuadriculado si está diseñando un plano desde el principio. Use una escala que sea fácil de interpretar (1" = 1 pie). Recuerde crear un plano de vista superior y uno de vista frontal o lateral.

Cómo crear dibujos de diseños

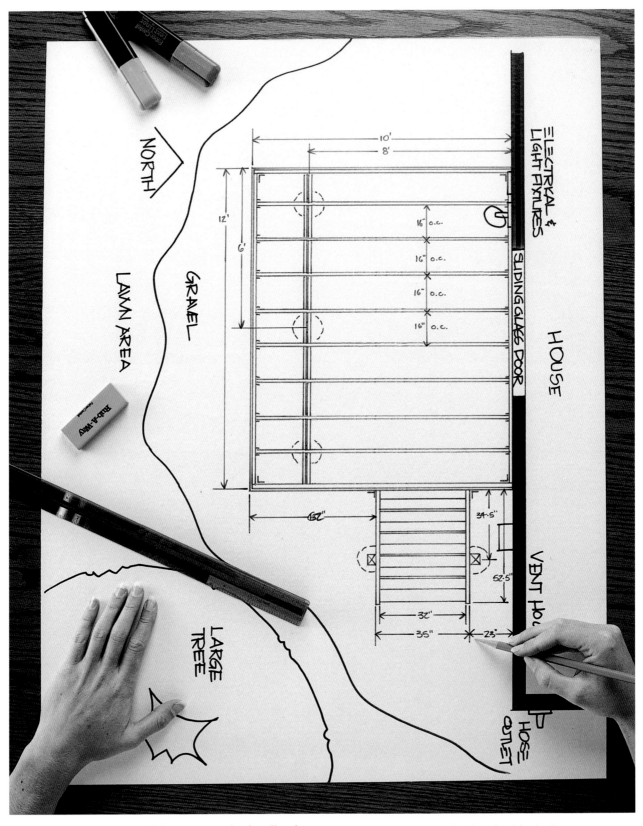

Los dibujos de los planos deben mostrar las localizaciones y dimensiones de las vigas sujetadas a las viviendas, bases, postes, vigas horizontales y verticales.

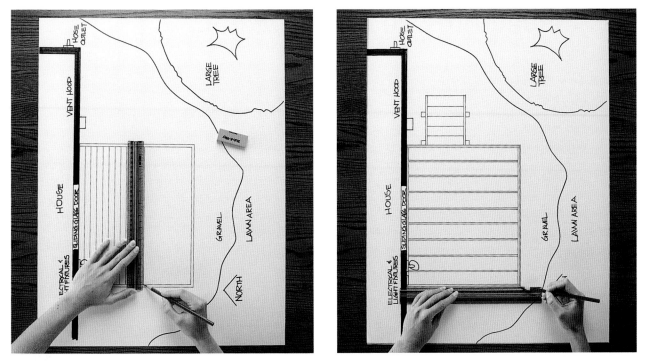

Para evitar confusión, no trate de mostrar todas las partes de una terraza en un solo plano, especialmente si está diseñando una con múltiples niveles. Primero, dibuje un plano que muestre en bosquejo y el patrón de diseño del piso de la terraza. Luego dibuje otro plano (u otros) que muestren las vigas sujetadas a las viviendas, los postes, las vigas horizontales y vigas verticales.

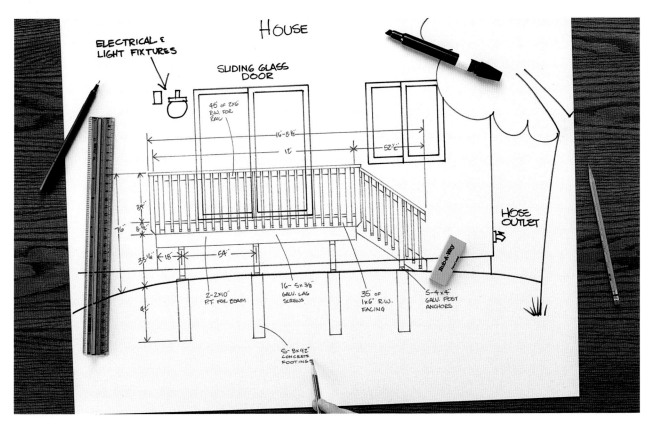

Los planos de elevación (laterales o frontales) deben incluir las medidas de la terraza, el tamaño y tipo de accesorios de instalación a utilizar, el tamaño de las vigas (si son visibles en el dibujo), y la ubicación de las bases y sus dimensiones. También señale la inclinación del terreno en el área de la terraza. Dibuje varios planos de elevación, si es necesario, para terrazas con niveles múltiples.

Los inspectores de construcción

En la mayoría de las regiones debe tener los planos revisados y aprobados por el oficial de construcción si la terraza está atada a una estructura permanente o si tiene una altura mayor a 30". El inspector comprobará que su plano para la construcción de la terraza cumple con los códigos de seguridad requeridos.

Las siguientes páginas muestran algunos de los códigos más comunes requeridos para este tipo de construcción. Antes de diseñar su proyecto, debe consultar con su inspector local debido a que los códigos pueden variar de una localidad a otra. El oficial es una fuente valiosa de información y puede suministrarle una guía general de todos los requerimientos necesarios.

Después que haya completado los planos de la terraza, llévelos al lugar de inspección para que sean revisados. Tenga en cuenta el número de copias requeridas para la inspección. Si los planos cumplen con los códigos, se le otorgará un permiso de construcción y por lo general tendrá que pagar una pequeña cantidad de dinero. El proceso tarda unos días, y las regulaciones pueden requerir que un oficial inspeccione la estructura en diferentes estados especificados de la construcción. Si este es el caso, programe su horario para cumplir con la inspección.

Aún cuando sea tentador seguir con el proyecto y eludir una inspección por completo, es un grave error. Construir una terraza sin los permisos requeridos puede acarrear multas, y quizás se vea obligado a destruir lo que ha hecho hasta el momento o cambiar significativamente el diseño para cumplir con los códigos locales. Haga lo correcto: considere los permisos e inspecciones como una parte necesaria en el proceso de construcción.

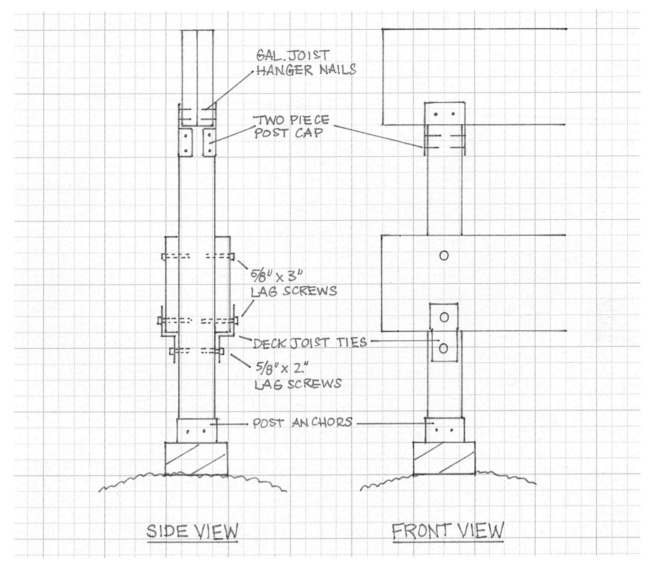

GAL. JOIST HANGER NAILS

TWO PIECE POST CAP

5/8" x 3" LAG SCREWS

DECK JOIST TIES

5/8" x 2" LAG SCREWS

POST ANCHORS

SIDE VIEW

FRONT VIEW

Dibuje ilustraciones detalladas de los métodos de ensamble que planea utilizar en las vigas de la estructura de la terraza. El oficial de inspección pedirá ver en detalle las conexiones de las bases, los ensambles de las vigas y postes, y el ensamble a la viga conectada a la vivienda. Esté preparado para hacer ajustes y cambios. Por ejemplo, el método de ensamble para unir las vigas inferiores arriba mostrado ya no es permitido y posiblemente será señalado y rechazado.

Pasos para la aprobación del plano ▸

Los siguientes pasos son considerados por el oficial durante la inspección. Compruebe que su plano incluya esta información al solicitar el permiso de construcción.

- Tamaño total de la terraza.
- Ubicación de la estructura en relación con otras edificaciones y límites de la propiedad. La terraza debe estar ubicada por lo menos a 5 pies de distancia de propiedades vecinas.
- Ubicación de todas las vigas y postes.

- Tamaño y espacio dejado entre cada viga vertical (OC).
- Espesor de los maderos de la terraza.
- Altura de la terraza sobre el terreno.
- Dibujos detallados de los métodos de ensamble de la base de la estructura.
- Clase de terreno que soportará las bases de concreto: arena, gravilla o arcilla.
- Clases de madera a utilizar.
- Tipos de metales conectores u otros accesorios de instalación que planea usar en la construcción.

CONSTRUIR UNA TERRAZA

Construcción de terrazas: visión general

Construir una terraza es un proyecto que realizará por partes sin importar el diseño que escoja. Antes de iniciar la construcción, revise las fotos de las próximas dos páginas. Allí se resumen los procedimientos básicos que seguirá en la construcción de la terraza. En los capítulos siguientes se explorará a fondo cada uno de estos pasos.

Tenga listas sus herramientas y materiales antes de iniciar el proyecto, y también solicite ayuda para llevar a cabo los pasos más difíciles. Consulte con las compañías locales de servicios para localizar las líneas telefónicas, de gas y de agua instaladas bajo tierra antes de empezar la excavación de las bases. Solicite los permisos de construcción, donde sea requerido, y asegúrese que el plano del diseño haya sido aprobado por un inspector local antes de iniciar el trabajo.

El tiempo que toma la construcción depende del tamaño y la complejidad del diseño, así como de sus habilidades como constructor. Si sabe cómo usar las herramientas y puede interpretar los planos correctamente, podrá terminar una terraza de un solo nivel en apenas unos fines de semana.

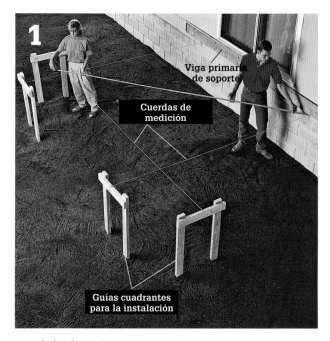

Instale la viga primaria de soporte para anclar la terraza a la casa y como referencia para la instalación de las bases (páginas 38 a 45). Utilice guías cuadrantes y cuerdas de medición para ubicar las bases y mantenga las proporciones midiendo las distancias diagonales (página 49).

Vierta el cemento en las bases (páginas 52 a 55), e instale los anclajes de metal para los postes (páginas 57 y 58). Aliste los postes, únalos a los anclajes y marque el lugar donde las vigas van a ir conectadas (páginas 58 a 61).

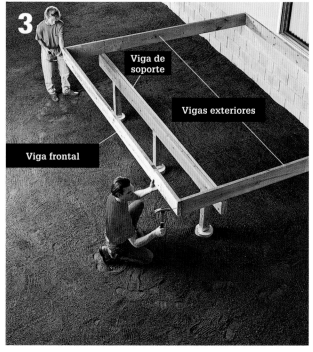

Una las vigas de soporte a los postes (páginas 62 a 65). Instale las vigas exteriores y la viga frontal usando puntillas galvanizadas (páginas 67 a 68).

Instale los soportes de metal de las vigas sobre las vigas primaria y frontal, luego cuelgue el resto de las vigas (páginas 68 a 71). La mayoría de los diseños de los pisos requieren que las vigas de soporte queden separadas a 16" de distancia desde el centro.

Instale los tablones sobre el piso y emparéjelos con una sierra circular (páginas 104 a 117). Si desea un mejor acabado, cubra los cortes y la parte frontal de la terraza con madera de acabado de ciprés o cedro (página 108).

Construcción de las escaleras de la terraza. Las escaleras permiten el acceso y determinan el tráfico sobre la terraza.

Instalación de la baranda alrededor de la plataforma y escalera (página 140). La baranda proporciona el aspecto decorativo y puede ser requerida en terrazas a más de 30" de altura sobre el piso. Si lo desea, puede terminar la terraza por debajo (página 232).

Soporte estructural

Sin importar el diseño de la terraza que escoja, todas tienen una estructura fundamentalmente similar. Los postes y bases anclados en el piso trabajan en conjunción con la viga primaria unida a la casa para sostener el armazón de vigas y maderos que dan forma a la terraza. El diseño del piso, las barandas y escaleras son adicionados a la plataforma para darle acceso en forma segura. Existen métodos comprobados para la instalación de cada uno de estos pasos, y eso exactamente aprenderá en el siguiente capítulo. Una vez se sienta a gusto con sus habilidades, estará en condiciones de ponerlas en práctica en cualquiera de los proyectos presentados en esta obra, o crear su diseño único y particular.

Hacia el final del capítulo se le mostrará variaciones importantes sobre técnicas básicas que quizás tenga que aplicar en su proyecto, dependiendo del tamaño, altura o localización de la terraza, o la topografía del terreno.

En este capítulo:

- Instalación de una viga primaria
- Ubicar las bases de los postes
- Construir las bases de concreto
- Instalación de los postes de soporte
- Instalar las vigas de soporte
- Vigas intermedias de soporte
- Instalación de terrazas cerca al piso
- Instalación de terrazas en niveles
- Instalación de terrazas en áreas con declive
- Trabajar con ángulos
- Crear curvas
- Instalaciones con obstáculos

Instalación de una viga primaria

El primer paso para construir una terraza unida a la vivienda, es sujetar una viga primaria a la misma. La viga primaria ancla la terraza y establece un punto de referencia para una construcción nivelada y derecha. Esta viga también sostiene un lado de todas las vigas de soporte y debe ser sujetada con seguridad al marco de la estructura de la casa.

Si la viga primaria está fabricada con madera tratada a presión (con químicos que retardan el fuego o extienden su duración), deberá utilizar tornillos y tuercas para madera de cabeza cuadrada o hexagonal galvanizados con una capa de zinc para anclarla a la vivienda. Los tornillos cubiertos con zinc ordinario se oxidarán y al final se romperán si entran en contacto con químicos de tratamiento ACQ.

Instale la viga primaria de tal forma que la superficie de la terraza quede a 1" por debajo del piso de la casa. Esta diferencia de altura previene que la lluvia o la nieve derretida penetren en la casa.

Herramientas y materiales ▸

Lápiz / Nivel
Sierra circular con disco de carburo
Cincel / Martillo
Tijeras para metal
Pistola para enmasillar
Taladro y brocas (para madera de ¼", en
    forma de pala de 1", y para concreto de
    ⅜ y ⅝")
Llaves de trinquete (inglesas)
Punzón
Mazo de caucho
Madera tratada a presión
Protector galvanizado contra humedad
Puntillas galvanizadas 8d
Masilla de silicona
Tornillos de cabeza cuadrada o hexagonal
    de ⅜ × 4" y arandelas de 1"
Anclajes de plomo para cemento para tornillos
    de ⅜" (paredes de ladrillo)
2 × 4 para abrazaderas

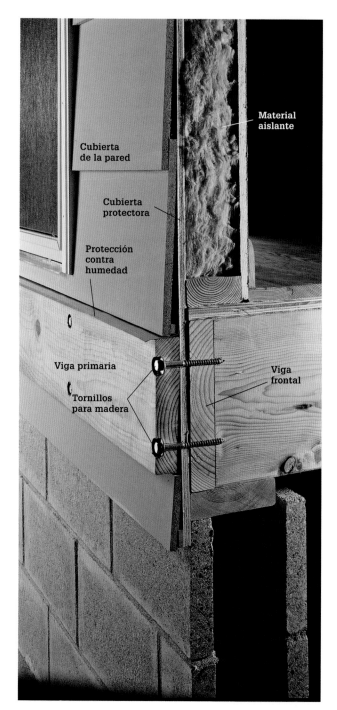

La viga primaria (mostrada en la sección media) es hecha de madera tratada a presión. La cubierta de la pared ha sido cortada para exponer la cubierta protectora de la pared y para crear una superficie plana para unir la viga. La protección contra humedad galvanizada instalada bajo la cubierta de la pared previene que la humedad arruine la viga. Los tornillos de cabeza cuadrada de ⅜ × 4" para madera sostiene la viga primaria contra la frontal de la casa. Si hay acceso detrás de la viga frontal, como un sótano sin terminar, ancle la viga con tornillos, tuercas y arandelas.

Cómo instalar una viga primaria a una pared con cubierta

1

Usando un nivel como guía, marque sobre la pared con cubierta el lugar donde la terraza va a unirse a la vivienda. Incluya el espesor de las vigas de soporte y cualquier otra viga frontal o decoración que se va a instalar.

2

Corte la pared en el lugar marcado con una sierra circular. La profundidad del disco de corte debe ser igual al espesor de la cubierta de la pared para evitar que la sierra corte más de lo necesario.

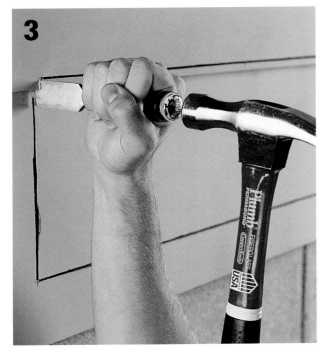

3

Use un formón para hacer los cortes donde la sierra no puede cortar. Sostenga el formón con el ángulo de corte hacia el interior del corte.

4

Mida y corte la viga primaria de madera presurizada. Recuerde que la viga será más corta que la longitud total del corte.

(continúa)

5

Corte la lámina protectora galvanizada contra la humedad de la misma longitud de la viga usando tijeras para metal. Deslice el protector debajo de la cubierta de la pared pero no clave la lámina en el lugar.

6

Centre la viga primaria debajo de la lámina protectora galvanizada. Clave la viga con puntillas también galvanizadas 8d. Aplique una capa gruesa de masilla de silicona alrededor del borde de la viga junto a la lámina.

7

Perfore un par de agujeros de ¼" espaciados cada pie de distancia a lo largo de la viga, atravesando la lámina hasta que lleguen a la viga frontal de la casa.

8

Ensanche la superficie de cada agujero con una broca plana para madera de 1" de diámetro a ½" de profundidad.

9

Ajuste la viga primaria a la pared con tornillos de cabeza cuadrada y arandelas de ⅜ × 4", con una llave inglesa o un taladro.

10

Selle la cabeza de los tornillos y el agujero con masilla de silicona. También selle la grieta creada entre la pared y todas las partes alrededor de la viga primaria.

Cómo conectar una viga primaria a una pared de concreto

1

Mida y corte la viga primaria. La viga será más corta que la longitud total de la marca sobre la pared. Perfore un par de huecos guía de ¼" de diámetro cada dos pies de distancia sobre la viga. Ensanche la superficie de los huecos con una broca de 1" de diámetro a ½" de profundidad.

2

Dibuje el borde de la viga sobre la pared usando un nivel como guía. Centre la viga primaria sobre el marcado y sosténgala en la posición. Marque los huecos guía sobre la pared con un punzón o una puntilla. Remueva la viga.

(continúa)

Perfore los agujeros de ajuste a 3" de profundidad al interior de la pared usando una broca para concreto de ⅝".

Clave con un martillo de caucho los anclajes de metal para concreto para los tornillos de ⅜" dentro de los agujeros perforados en la pared.

Ajuste la viga primaria a la pared con tornillos de cabeza cuadrada y con arandelas de ⅜ × 4" con una llave de trinquete (inglesa) o con un taladro indicado. Apriete los tornillos con firmeza pero no se sobrepase.

Selle la grieta entre la pared y todas las partes alrededor de la viga primaria con masilla de silicona. También selle la cabeza de los tornillos y el agujero.

Cómo ajustar una viga primaria a una pared de estuco

Dibuje el borde de la viga sobre la pared usando un nivelador como guía. Mida y corte la viga primaria y abra los huecos guía (página 41, paso 1). Centre la viga primaria sobre el marcado y sosténgala en la posición. Marque los huecos sobre la pared con un punzón o una puntilla.

Remueva la viga. Perfore los agujeros guía a través de la capa de estuco en la pared con una broca para concreto de ⅜".

Termine de perforar los huecos hasta llegar a la viga frontal. Utilice una broca de ¼". Coloque la viga de nuevo y ajústela en su lugar.

Instale la viga primaria a la pared con tornillos de cabeza cuadrada y arandelas de ⅜ × 4" con una llave inglesa. Selle la grieta entre la pared y todas las partes alrededor de la viga primaria con masilla de silicona. También selle la cabeza de los tornillos y el agujero.

Cómo conectar una viga primaria a una pared de vinilo/metal

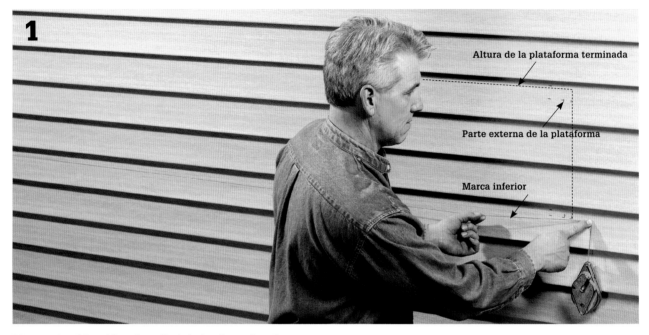

1

Altura de la plataforma terminada

Parte externa de la plataforma

Marca inferior

Marque la ubicación y longitud de la viga primaria y agregue 1½" a cada extremo para dar campo a las vigas laterales que se instalarán más adelante. También deje espacio para el espesor del molde si se va a instalar, y campo para conectar los colgantes de metal de las vigas. Marque con líneas el borde superior e inferior de la viga. Compruebe que las líneas estén niveladas. Quizás pueda usar el borde de la cubierta de la pared como guía para determinar el sitio de la viga primaria, pero debe estar bien nivelado. No debe asumir que la cubierta de la pared está a nivel.

2

Fije el disco de la sierra circular en la profundidad correcta para hacer el corte a través de la cubierta. Use un disco especial para el corte de metal. Un disco de carburo con 40 dientes es indicado para cortar vinilo. Haga el corte con cuidado hacia el exterior de las líneas de marca.

3

Marque una nueva línea de nivel a ½" sobre la línea inferior y haga su corte final sobre esa línea. Esto creará una delgada capa de la cubierta que va a caber debajo de la viga primaria.

4

Complete los cortes en las esquinas con tijeras para metal en las cubiertas del mismo material, o con una navaja en el caso de vinilo. También puede usar un martillo y un formón.

5

Inserte el fieltro aislante debajo de la cubierta y sobre el fieltro existente que fue averiado por los cortes. Es más fácil cortar e instalar tiras largas. Corte la primera tira para que quede debajo de la cubierta en los extremos y el corte inferior, y luego péguela con ganchos. Corte la segunda tira e instálela debajo de la cubierta sobre el corte superior para que traslape la primera tira por lo menos 3".

6

Corte e inserte la placa protectora galvanizada (también llamada *Z-flashing*) debajo y a lo largo de todo el corte superior. No use soportes; la placa se sostendrá a presión en su lugar hasta que la viga primaria sea instalada.

7

Corte e instale la viga primaria (ver las páginas 39 a 41).

Ubicar las bases de los postes

Determine el sitio exacto de las bases de concreto usando cuerdas de guía a lo largo del terreno. Utilice la viga primaria como punto de partida. Las cuerdas perpendiculares de marcado serán usadas para localizar los huecos donde se crearán las bases de concreto y para ubicar los anclajes de metal en la base terminada. Ancle las cuerdas del trazado con soportes de madera temporales de 2 × 4 (también llamados "soleras"). Deje los soportes en su lugar hasta que las bases hayan sido excavadas. De esta forma podrá utilizar las cuerdas para localizar exactamente los anclajes en el concreto.

Herramientas y materiales ▸

Cinta métrica / Cuerdas
Marcador de fieltro
Sierra circular / Plomada
Pistola para tornillos
Regla de escuadra
Martillo para concreto
Nivel para cuerdas

Martillo para sacar
  puntillas
Maderos de 2 × 4
Puntillas 10d
Tornillos para madera
  de 2½"
Cinta de enmascarar

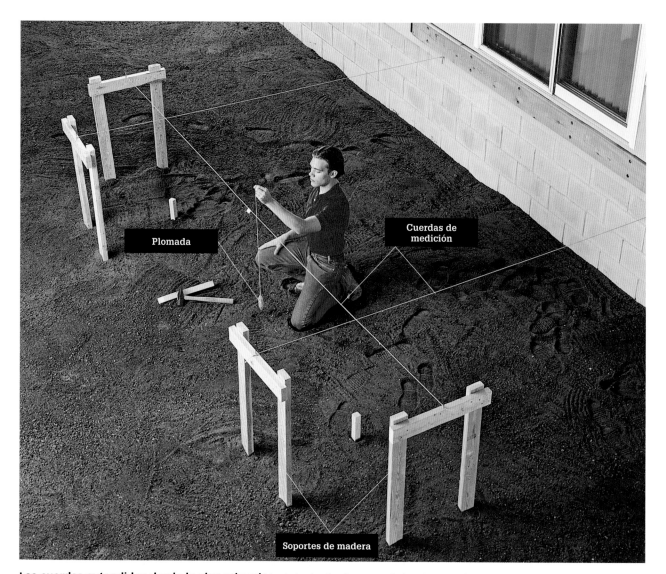

Las cuerdas extendidas desde la viga primaria hasta los bordes de soporte (soleras) son usadas para ubicar las bases de concreto para los postes de la terraza. Utilice una plomada y estacas para marcar en el terreno el punto exacto de las bases.

Cómo situar las bases de los postes

1

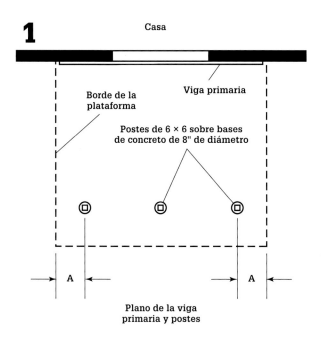

Casa

Borde de la plataforma

Viga primaria

Postes de 6 × 6 sobre bases de concreto de 8" de diámetro

A   A

Plano de la viga primaria y postes

Utilice el plano del diseño para encontrar la distancia (A). Mida desde la parte externa de la terraza hacia el centro desde cada uno de los postes. Utilice el plano de elevación para establecer la altura de cada poste de la terraza.

2

Corte estacas de 2 × 4 para crear los soportes (cada estaca de unas 8" más larga que la altura del poste). Corte las puntas en forma de ángulo con una sierra circular. Corte los tramos horizontales de unos 2 pies de largo.

3

Ensamble los soportes clavando los trechos horizontales a las estacas con tornillos para madera de 2½". El tablón horizontal debe quedar a unas 2" por debajo del tope superior de la estaca.

4

Transfiera la medida (A), (paso 1), hasta la viga primaria y marque los puntos de referencia en cada extremo de la viga. Las cuerdas serán extendidas desde estos puntos en la viga. Al medir, recuerde dejar campo suficiente para las vigas exteriores y frontales que serán clavadas a los extremos de la viga primaria.

(continúa)

Clave el soporte en la tierra a unas 6" de profundidad, y a unos 2 pies más allá de la ubicación del poste. La parte horizontal del soporte debe estar paralelo a la viga primaria.

Clave una puntilla 10d en el borde inferior de la viga de soporte como punto de referencia (ver el paso 4). Amarre la cuerda de concreto a la puntilla.

Extienda la cuerda de concreto hasta que quede tirante y perpendicular a la viga primaria. Utilice la regla en escuadra como guía. Asegure la cuerda temporalmente amarrándola varias veces sobre el tablón horizontal.

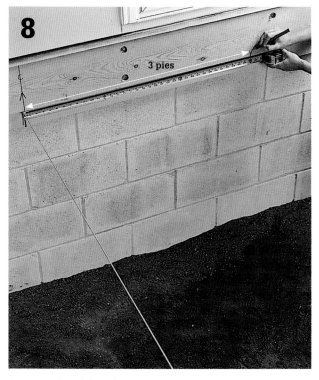

Compruebe el ángulo correcto de las cuerdas con la fórmula de "triángulo de carpintero 3-4-5". Primero, mida 3 pies desde la cuerda a lo largo de la viga y marque el punto con un marcador de punta de fieltro.

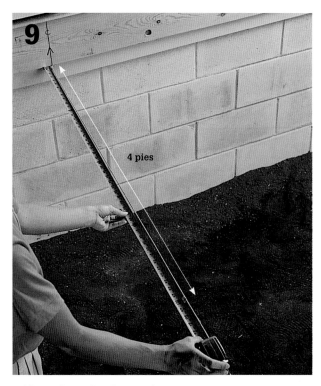

Mida 4 pies sobre la cuerda de concreto desde el borde de la viga y marque el punto con cinta para enmascarar.

Mida la distancia entre las marcas. Si la cuerda está perpendicular a la viga, la distancia será de 5 pies exactamente. Si es necesario, mueva la cuerda sobre el tablón horizontal hasta que la distancia sea de 5 pies.

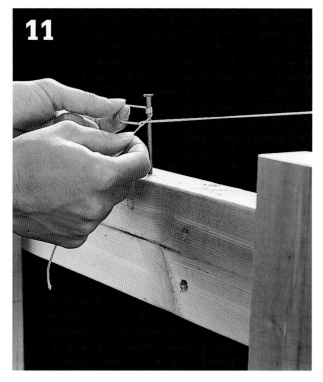

Clave una puntilla 10d sobre el tablón horizontal en el punto de la cuerda. Deje la puntilla expuesta unas 2" y luego amarre la cuerda a la puntilla.

(continúa)

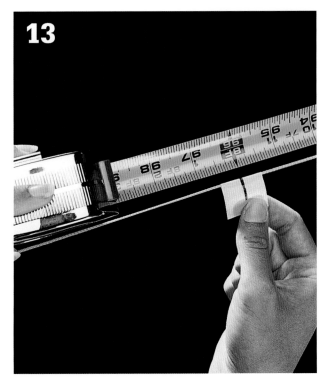

12

Cuelgue el nivel sobre la cuerda de medición. Levante o baje la cuerda hasta que quede a nivel. Vaya al otro soporte y repita los pasos 5 a 12.

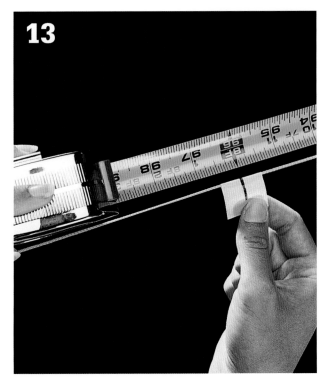

13

Mida a lo largo de la cuerda de medición desde la viga hasta encontrar el punto central de los postes. Marque el centro en la cuerda usando cinta para enmascarar.

14

Clave soportes adicionales en la tierra a unos 2 pies más allá de la cuerda de medición y cuádrelos con las marcas centrales de los postes (paso 13).

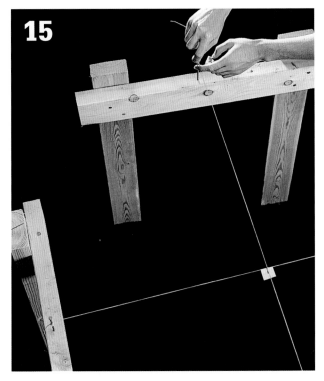

15

Alinie una tercera cuerda cruzada con los puntos marcados en las primeras cuerdas. Clave puntillas 10d en los nuevos soportes y amarre la cuerda en las puntillas. La cuerda cruzada debe estar cerca pero sin tocar las primeras cuerdas.

Compruebe el ángulo correcto de las cuerdas midiendo las distancias A-B y C-D. Mida las diagonales A-D y B-C desde el borde de la viga hasta las esquinas opuestas. Si las cuerdas están cuadradas, la medida A-B será igual a C-D, y la diagonal A-D será igual a B-C. Si es necesario, ajuste las cuerdas sobre los soportes hasta que queden cuadradas.

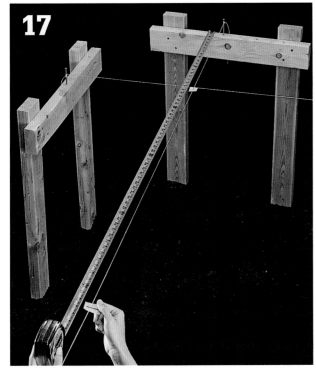

Mida a lo largo de la cuerda cruzada y luego marque los puntos centrales de todos los postes que serán instalados entre los postes extremos.

Utilice la plomada para marcar los puntos centrales de los postes en la tierra, directamente debajo de las marcas de las cuerdas de medición. Clave una estaca en el suelo en cada punto. Remueva la cuerda antes de excavar las bases.

Construir las bases de concreto

Las bases de concreto sostienen los postes en su posición y soportan el peso total de la terraza. Revise los códigos locales para establecer el tamaño y profundidad de las bases requeridas en su localidad. En climas fríos, las bases deben estar a mayor profundidad que la línea de congelamiento del terreno.

Para proteger los postes contra daños causados por el agua, cada base debe quedar a 2" sobre la superficie del suelo. Los armazones en forma de tubo le permiten extender la longitud de las bases sobre el piso.

Es fácil y menos costoso fabricar su propio concreto mezclando cemento, arena, gravilla y agua.

Como alternativa a insertar tornillos en forma de "J" (J-bolts) en el concreto húmedo, puede utilizar anclajes para concreto, o instalar tornillos de anclaje con resina epóxica diseñada para bases de terrazas u otras instalaciones con concreto. El método de resina epóxica le da más tiempo para ubicar los sitios de los tornillos y elimina el problema de los "J-bolts" que se inclinan hacia un lado o se sumergen en un concreto muy húmedo. La mayoría de los centros de construcción venden cuerda, arandelas, tuercas, jeringas para la resina epóxica, y también puede conseguir estos accesorios por separado en otros lugares.

Antes de excavar, consulte las empresas de servicios para establecer la ubicación de líneas subterráneas de teléfono, luz, gas o agua que puedan interferir en los cimientos.

Herramientas y materiales ▸

Excavador eléctrico
    para abrir huecos
Cinta métrica
Sierra para podar
Pala
Sierra eléctrica de
    reciprocidad
Nivel
Palustre
Cepillo de
    dientes viejo
Plomada
Navaja
Cemento común
    (Portland)

Armazón en forma
    de tubo para
    concreto
Arena
Gravilla
Tornillos en forma
    de "J" (J-bolts)
Carretilla
Desechos de madera
    de 2 × 4

Los excavadores eléctricos abren huecos para los postes con rapidez. Pueden rentarse en centros de materiales para construcción. Algunos modelos pueden ser operados por una sola persona, mientras que otros requieren dos (ver página 203).

Cómo excavar y verter concreto en las bases

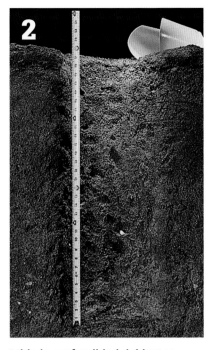

Abra los huecos para colocar los armazones de las bases usando una excavadora manual o eléctrica. Centre los huecos según el diseño. En huecos de más de 35" de profundidad, utilice una excavadora eléctrica.

Mida la profundidad del hueco. Los códigos de construcción especifican la profundidad requerida. Si es necesario, corte las raíces de árboles utilizando una sierra para podar.

Vierta de 2" a 3" de gravilla en cada hueco. La gravilla suministra el drenaje necesario al interior de las bases de concreto.

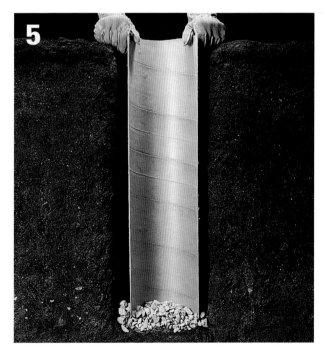

Agregue 2" a la profundidad del hueco para que las bases queden por encima de la superficie del terreno. Luego corte los armazones con una sierra recíproca o con una manual. Los cortes deben quedar derechos.

Inserte los armazones de las bases en los huecos dejando unas 2" sobre la superficie del terreno. Utilice un nivel para nivelarlos. Vierta tierra alrededor para mantener los tubos en su lugar.

(continúa)

Mezcle los ingredientes en seco sobre una carretilla usando un azadón.

Forme un hueco en el centro de la mezcla. Vierta lentamente una poca cantidad de agua y vaya mezclándola poco a poco con el azadón.

Agregue más agua y siga mezclando hasta que el concreto tome una consistencia pareja y pueda mantener su forma cuando se corta con un palustre.

Vierta el concreto lentamente al interior del armazón sacándolo de la carretilla con una pala. Llene el tubo del armazón hasta la mitad y use un palo o vara para presionar el concreto para sacar las burbujas que puedan formarse al interior. Termine de llenar el armazón siguiendo el mismo procedimiento.

Nivele el concreto sobre la superficie del armazón con un tablón de 2 × 4 moviéndolo en vaivén. Adicione más concreto a las partes vacías. Amarre las cuerdas a los soportes una vez más y revise las medidas.

Inserte el tornillo en "J" en ángulo dentro del concreto en el centro de la base.

Introduzca el tornillo lentamente moviéndolo un poco para eliminar cualquier burbuja de aire.

Instale el tornillo de tal forma que quede expuesto de ¾" a 1" por encima del concreto. Limpie cualquier residuo de concreto sobre la rosca expuesta utilizando un viejo cepillo de dientes.

Utilice una plomada para comprobar que el tornillo ha quedado exactamente en el centro de la base.

Utilice un nivel para comprobar que el tornillo está completamente vertical. Si es necesario, reajuste el tornillo y agregue más concreto. Deje secar la mezcla y luego utilice una navaja para cortar el sobrante del armazón que haya quedado expuesto.

Instalación de los postes de soporte

Los postes soportan las vigas de la terraza y distribuyen el peso de toda la estructura, junto con los elementos adicionales, a las bases de concreto. El inspector de construcción verificará que los postes que planea usar son del tamaño correcto para el diseño de la terraza.

Seleccione la madera cuidadosamente ya que va a soportar una enorme cantidad de peso durante todo el tiempo que permanezca construida la terraza. La madera presurizada es la mejor defensa contra la podredumbre o los insectos. Escoja postes derechos y sin profundas rajaduras, nudos grandes, u otros defectos naturales que puedan afectar su resistencia y función. Evite cortar las puntas de los postes que vienen tratadas desde la fábrica con los químicos protectores cuando los esté cortando a la longitud correcta. Las puntas contienen más cantidad de químicos que el interior del poste y por lo general duran más tiempo si no las corta. Coloque las puntas tratadas contra la base de concreto donde la acumulación de humedad es más probable.

Utilice anclajes de metal galvanizado para unir los postes a las bases de concreto. Si los postes son instalados directamente contra la base, las puntas no se secarán correctamente. También se le dificultará hacer las conexiones sobre las bases. Los anclajes conectores tienen orificios de drenaje y pedestales que elevan los postes sobre la superficie para un mejor drenaje. Los postes deben ser instalados a plomo para una máxima capacidad de soporte.

Herramientas y materiales ▸

Lápiz
Regla de escuadra
Llave de trinquete (inglesa)
Cinta métrica
Sierra ingletadora o circular
Martillo
Pistola para tornillos
Nivel
Regla de escuadra combinada
Anclajes de metal para postes
Tuercas para tornillos en forma de "J" (J-bolts)
Madera para los postes
Puntillas galvanizadas 6d
Tornillos para madera de 2"
Maderos derechos de 2 × 4
Maderos derechos de 1 × 4
Estacas con punta de 2 × 2

Cómo instalar los anclajes de los postes

Marque la superficie de cada base con una línea de referencia para instalar los anclajes. Descanse una viga de 2 × 4 a lo largo de dos a tres bases de concreto, paralela a la viga primaria, con un lado de la misma recostado contra la punta del tornillo "J".

Marque la línea de referencia sobre cada base de concreto usando como guía el lado de un madero de 2 × 4. Retire el madero.

Coloque el anclaje de metal en cada base de concreto y céntrelo sobre el tornillo "J".

(continúa)

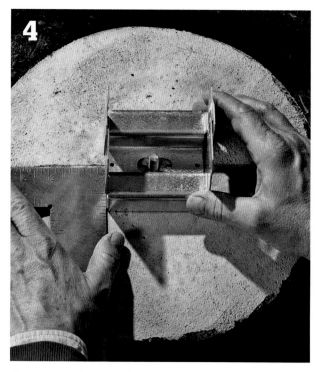

Use la regla de escuadra para comprobar que la base de concreto está en el ángulo correcto en referencia con la línea dibujada sobre la base.

Coloque la tuerca sobre cada tornillo y ajústela con seguridad usando una llave inglesa o una pistola eléctrica apropiada.

Cómo instalar los postes

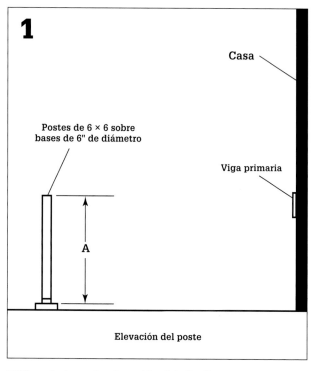

Casa

Postes de 6 × 6 sobre
bases de 6" de diámetro

Viga primaria

A

Elevación del poste

Utilice el plano de elevación del diseño original para hallar la longitud de cada poste (A). Adicione 6" de sobra para el corte.

Corte los postes con una sierra ingletadora o circular. Compruebe que las bases de fábrica de los postes están cuadradas. Si es necesario, cuádrelas haciendo los cortes con la sierra.

Ubique el poste y ánclelo clavándolo con una sola puntilla galvanizada 6d.

Sostenga el poste con un soporte de 1 × 4. Ubíquelo en forma acostada sobre el poste de tal manera que cree un ángulo de 45° más o menos en la mitad.

Una el soporte en forma temporal al poste con un solo tornillo para madera de 2".

Clave una estaca de 2 × 2 de punta en el suelo al lado del madero de soporte.

(continúa)

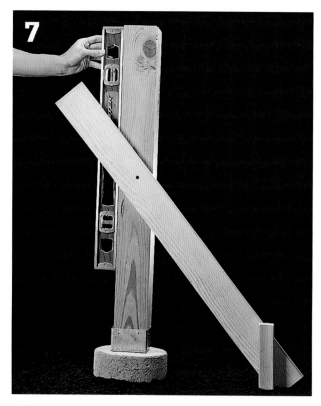

Utilice el nivel para comprobar que el poste está a plomo. Ajústelo si es necesario.

Conecte la estaca al madero de soporte con dos tornillos para madera de 2".

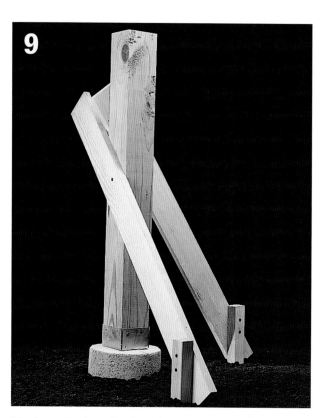

Nivele verticalmente el poste y únalo al primer soporte.

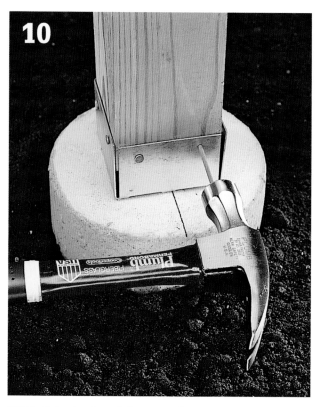

Clave el poste al anclaje con puntillas galvanizadas 6d.

11

Ubique un madero de 2 × 4 derecho descansando una punta sobre la viga primaria y la otra sobre la cara lateral del poste. Nivele el 2 × 4. Luego baje la punta de la viga ¼" por cada 3 pies de distancia desde la viga primaria (para que corra el agua). Haga una línea debajo del 2 × 4. Esto indica la parte superior de los travesaños.

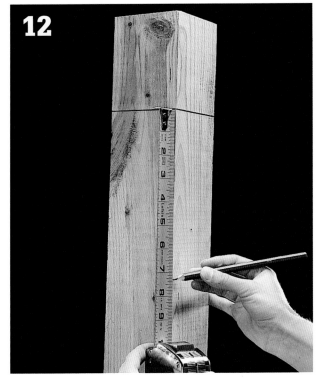

12

Desde la línea mostrada en el paso 11 mida hacia abajo y marque los postes con la distancia igual al ancho de las vigas.

13

Utilice una escuadra para dibujar una línea alrededor del poste. Esto indica la parte superior de la viga de soporte. Desde esa línea, repita los pasos 12 y 13 para determinar la parte inferior de la viga.

Instalar las vigas de soporte

Las vigas de soporte se unen a los postes para ayudar a sostener el peso de las vigas de la plataforma y el resto de la terraza. Los métodos de instalación dependen del diseño y los códigos locales. Deberá consultar con su inspector para establecer lo requerido en su área.

En el caso de las vigas con montura de encaje, la viga es sujetada directamente sobre la punta del poste. Los ensambles de metal, llamados también monturas de poste, son usados para alinear y reforzar la conexión del poste a la viga. La ventaja de lo anterior es que los postes van a sostener todo el peso de la terraza.

El poste con muesca (de 6 × 6) requiere del corte preciso en la punta para acomodar el tamaño de la viga. Aquí el peso de la terraza es transferido a los postes, igual que en caso de las vigas de soporte y postes arriba mencionado.

En el pasado, otro estilo de instalación llamado "sandwiching" era por lo general aceptado (ver ejemplo en la página 19). Consistía en dos vigas que se sujetaban a ambos lados del poste con dos tornillos largos que lo atravesaban. Debido a que este método tiene menos capacidad de sostener peso que el de montura o muesca, ya no es aprobado por la mayoría de los códigos.

Herramientas y materiales ▸

Cinta métrica
Lápiz
Sierra circular
Brocha para pintar
Regla de escuadra combinada
Pistola para tornillos / Taladro
Broca sin fin para madera de ⅜"
Broca en forma de pala de 1"
Llave de trinquete (inglesa)
Pistola para enmasillar
Sierra de reciprocidad o manual
Madera presurizada
Sellador preservativo transparente
Tornillos galvanizados para terraza de 2½"
Puntillas galvanizadas 10d para colgar vigas
Tornillos de seguridad con tuercas y arandelas de ⅜ × 8"
Tornillos de cabeza cuadrada de ⅜ × 2"
Masilla de silicona

Las vigas de soporte, que descansan sobre la muesca en la punta del poste y aseguradas con tornillos y tuercas atravesando el poste, garantizan una conexión segura que sostendrá todo el peso de la estructura.

Cómo fabricar una viga de soporte

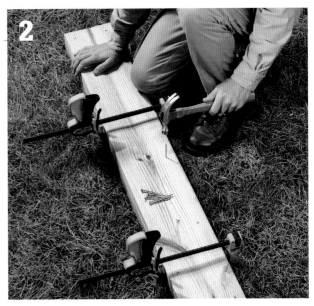

Escoja dos vigas derechas de medidas iguales (por lo general de 2 × 8 o más grandes) y colóquelas en el piso cara a cara para ver cuál se acerca más a la medida ideal. Aplique pegante de madera para uso exterior en una de las vigas y luego júntelas. Clave un par de puntillas 10d cerca a la punta para ensamblar ambas partes.

Use abrazaderas para juntar las vigas cada dos o tres pies de distancia forzando las vigas a alinearse si es necesario. Clave puntillas 10d en forma escalonada cada 12" a 16". Voltee el ensamble y repita la operación en el otro lado.

Cómo marcar el sitio de los postes en las vigas de soporte

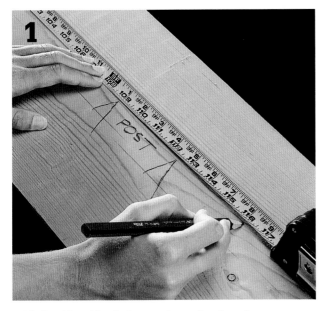

Mida la ubicación de los postes sobre las vigas. Compruebe que el corte de ambas vigas en el ensamble está parejo. Marque ambos lados del poste sobre la viga.

Use la escuadra combinada para trasladar las medidas sobre el lado angosto y la otra cara de la viga. Esto le permite comprobar que el poste y los ensambles están alineados en ambas caras.

Cómo instalar una viga de soporte en una montura de encaje

Corte el poste a la altura final después de asegurarlo en su lugar. Haga dos cortes con la sierra circular o uno con la recíproca. En general la sierra circular creará un corte final más parejo.

Ensamble la montura de encaje sobre la punta del poste usando tornillos o puntillas galvanizadas 10d. Deberá clavar o atornillar en cada orificio del ensamble de montura.

Descanse la viga de soporte sobre la montura comprobando que los lados de la montura queden parejos con las líneas o marcas en la viga.

Asegure la viga a la montura con puntillas galvanizadas o tornillos a través de los orificios prefabricados en la parte superior de la montura.

Cómo instalar una viga de soporte en un poste con muesca

Remueva los postes 6 × 6 de los anclajes y córtelos a la altura final. Marque la muesca y haga el corte en la punta igual al tamaño del ancho de la viga. Trace las marcas en todas las caras usando una escuadra rectangular.

Use la sierra circular para hacer el corte inicial de la muesca, luego la sierra recíproca o manual para finalizar el corte. Instale de nuevo los postes sobre el anclaje dejando la muesca hacia el lado externo de la terraza.

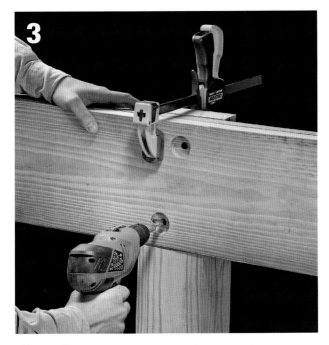

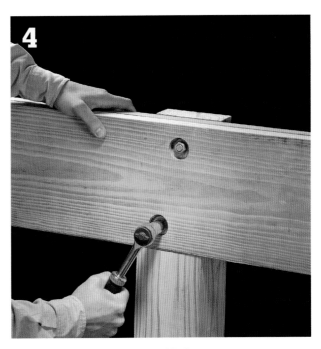

Pida ayuda para levantar la viga y colóquela sobre la muesca (la cabecera hacia arriba). Alinee la viga y júntela al poste con una abrazadera. Abra orificios de ½" de profundidad con una broca en forma de pala de 1" de diámetro. Luego perfore agujeros atravesando la viga hasta llegar al poste usando una broca sin fin de ⅜".

Inserte los tornillos de seguridad en cada agujero. Agregue una arandela y tuerca al otro extremo y asegúrelo con una llave inglesa. Selle los extremos de los tornillos con masilla de silicona. Aplique una membrana de auto-sellador a la parte superior de las vigas y postes si es necesario (ver página 200).

Vigas intermedias de soporte

Este tipo de vigas proveen el soporte necesario para la plataforma de la terraza. Son instaladas a la viga primaria y frontal por medio de monturas de metal galvanizadas que las sostienen, y son clavadas a la parte superior de la viga.

Para lograr una mayor durabilidad y resistencia, utilice vigas presurizadas. El lado expuesto en las puntas y vigas frontales puede ser cubierto con una lámina de ciprés o cedro para un acabado más atractivo.

Herramientas y materiales ▶

Cinta métrica
Lápiz / Martillo
Escuadra combinada
Sierra circular
Brocha para pintar
Taladro

Brocas para madera (⅟₁₆", ¼")
Broca en forma de pala de 1"
Madera presurizada
Puntillas galvanizadas

10d y 16d para colgar las vigas
Sellador preservativo transparente
Monturas en ángulo para las vigas

Colgantes de metal galvanizados para las vigas
Tornillos de cabeza cuadrada de ⅜ × 4" y arandelas de 1"

Los colgantes de metal galvanizados permiten instalar las vigas intermedias muy fácilmente. Utilice colgantes fabricados con triple protección galvanizada.

Cómo colgar las vigas intermedias

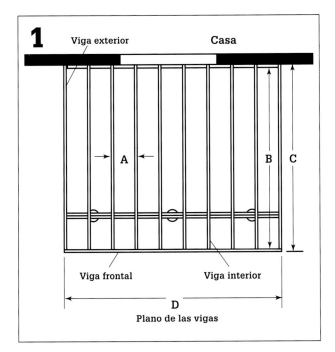

1

Viga exterior — Casa

A ← → B C

Viga frontal — Viga interior

D
Plano de las vigas

Utilice el plano para determinar la distancia entre vigas (A), la longitud de las vigas interiores (B), exteriores (C), y frontal (D). Mida y marque las vigas exteriores con una escuadra combinada. Haga los cortes con una sierra circular y cubra las puntas con sellador preservativo transparente.

2

Instale los colgantes cerca del borde de la viga primaria siguiendo las instrucciones del plano. Códigos anteriores de construcción permitían clavar las vigas con puntillas contra la viga primaria, pero esta práctica ya no es aceptada. Clave las puntillas suficientes para mantener la colgadura en posición mientras coloca las vigas en el sitio correcto.

3

Instale las vigas exteriores sobre la viga de soporte clavándolas con puntillas galvanizadas 10d.

4

Corte las puntas de toda la plataforma para crear un corte parejo y derecho.

(continúa)

5

Viga exterior

Viga de soporte

Viga primaria

Viga frontal

Viga exterior

Mida y corte la viga frontal. Cubra las puntas con sellador preservativo transparente. Abra huecos guía de ¹⁄₁₆" en las puntas de la viga frontal. Luego clave la viga a las vigas exteriores con puntillas galvanizadas 16d. Como refuerzo, puede instalar esquineras de metal al interior de las esquinas de unión de las vigas.

6

Termine de apuntillar los colgantes de las vigas. Todos los agujeros prefabricados deberán ser utilizados cuando clave las puntillas.

7

Tome medidas a lo largo de la viga primaria a partir de la viga exterior y marque el sitio donde se instalarán las otras vigas sobre la viga primaria.

Dibuje el borde de cada viga sobre la viga primaria usando la escuadra combinada como guía.

Marque el sitio donde las vigas cruzarán la viga frontal. Haga las marcas con líneas sobre ambas vigas de soporte.

Mida al interior de la viga frontal el sitio donde las vigas van a descansar. Dibuje las líneas usando la escuadra combinada como guía.

Instale el colgante a la viga primaria y luego a la viga de soporte. Ubique el colgante dejando que uno de los lados toque la línea marcada. Clave un lado del colgante con puntillas galvanizadas 10d.

(continúa)

Corte un retaso de la viga para usarlo como guía. Sosténgalo al interior de cada colgante y luego ciérrelo.

Clave el otro lado del colgante con puntillas galvanizadas 10d. Remueva el pedazo de viga.

Mida y marque los maderos para las vigas usando la escuadra combinada como guía. Haga los cortes con una sierra eléctrica circular manual o de mesa.

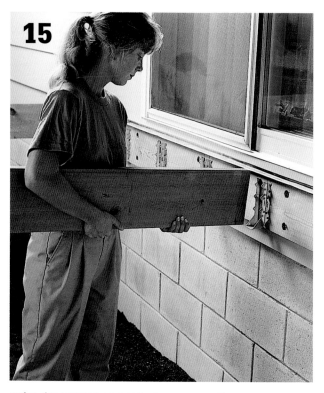

Cubra las puntas con sellador preservativo transparente. Cuelgue las vigas sobre los colgantes con el lado angosto curvado mirando hacia arriba.

Conecte los colgantes a las vigas con las puntillas indicadas. Clávelas a ambos lados de la viga.

Cuadre las vigas sobre las líneas marcadas en la viga de soporte frontal. Clave las vigas en ángulo inclinado en cada lado con puntillas galvanizadas 10d.

Método alternativo ▶

Conecte las vigas a la viga de soporte usando uniones H para más durabilidad y resistencia.

Conecte las vigas a los colgantes con puntillas 10d. Clávelas a cada lado de la viga.

Instalación de terrazas cerca al piso

Una terraza localizada cerca al piso es más fácil de construir que una elevada, pero aún así requiere de ciertas modificaciones en el diseño. Si la estructura es muy baja (de 8" a 12" de altura), es mejor instalar las vigas de soporte directamente sobre las bases de concreto ya que los postes en este caso no son prácticos de usar. Las vigas que sostienen la plataforma por lo general son instaladas sobre la cara ancha de las vigas de soporte en lugar de descansar sobre el lado angosto de las mismas. En este caso los voladizos son raramente diseñados. Debido a que la viga primaria es colocada en la parte baja de la vivienda, quizás tenga que ser instalada sobre la pared de cimiento en lugar de la viga inicial de amarre (foto derecha).

Una terraza a más de 12" de altura del terreno deberá tener por lo menos un escalón ya sea en un estilo encajonado o suspendido desde la terraza.

Los anclajes para pared de concreto son usados para instalar la viga primaria a un cimiento de concreto. Perfore un agujero de 3" de profundidad para instalar los anclajes con una broca para concreto de ⅝". Luego introduzca los anclajes para tornillos de ⅜" de diámetro de cabeza cuadrada. Sostenga la viga primaria en la posición correcta y sujétela atravesándola con los tornillos hasta la pared.

Las vigas de soporte para las terrazas de baja altura por lo general descansan directamente sobre las bases de concreto (no se instalan postes). Debido a que las terrazas de este tipo pueden requerir vigas de 2 × 8 ó 2 × 6 quizás sea necesario instalar una viga intermedia para dar un mejor soporte para las vigas angostas. En cada lado de la última viga, el madero externo debe ser 1½" más largo que el interno creando el espacio para que quepa la última viga vertical de la estructura.

Cómo instalar vigas y soportes en terrazas bajas

Instale la viga primaria y luego marque y excave las bases. Si las vigas van a descansar sobre las bases de concreto, use los moldes en forma de tubo. Levante los tubos a la altura necesaria y manténgalos a plomo a medida que vierte el concreto. Empareje las superficies e inserte los anclajes de soporte mientras el concreto esté mojado. Use las cuerdas de medición para comprobar que los soportes están alineados.

Construya las vigas de soporte (ver página 63) y luego colóquelas directamente sobre las monturas de anclaje sobre las bases. Perfore huecos guía y utilice tornillos de cabeza cuadrada de 3½" para asegurar las vigas a las monturas. Marque la ubicación de las vigas de soporte sobre la cara de las vigas de soporte e instale los soportes de colgadura.

Corte e instale las vigas clavándolas con las puntillas recomendadas para las colgaduras. Termine la construcción de la terraza siguiendo las técnicas indicadas. Construya un escalón encajonado o suspendido, si así lo desea (ver página 123).

Instalación de terrazas en niveles

Una terraza en varios niveles tiene ventajas evidentes, pero muchos creen que construir tal estructura es un trabajo muy complejo. En realidad, una terraza de estas características no es nada más que dos o tres plataformas instaladas a diferentes alturas. Por lo tanto, podrá construir una con las mismas técnicas sencillas para construir una de un solo nivel, pero con una excepción: para mayor eficiencia, las terrazas de varios niveles son diseñadas de tal manera que las plataformas comparten los mismos postes de soporte en los lugares donde se encuentran. Por esta razón es necesario que los postes y vigas compartidos sean lo suficientemente resistentes para soportar el peso de ambas plataformas.

A excepción de los postes de soporte compartidos, las plataformas son separadas e independientes y pueden construirse con métodos diferentes. Por ejemplo, el nivel superior puede utilizar postes y vigas diseñadas con soportes instalados en forma perpendicular a las vigas, mientras que el nivel inferior puede usar un voladizo en curva diseñado con vigas que descansan en ángulo. Si su tiempo y presupuesto son limitados, puede construir la terraza en fases completando cada plataforma según su conveniencia.

No olvide incluir pasamanos y escaleras donde sea necesario. Cualquier plataforma construida a más de 30" de altura del suelo, o sobre otra plataforma de la terraza, debe llevar un pasamanos.

Crear la estructura de soporte en una terraza de varios niveles requiere de algo de ingenio y diseño. Por ejemplo, una pared de soporte resistente puede ser construida sobre la plataforma inferior para soportar la superior (ver foto). Tenga en cuenta que los nuevos códigos no permiten instalar vigas al lado de los postes aún cuando utilice soportes o monturas de metal.

Opciones para el soporte de varios niveles

El método de poste compartido tiene una viga sosteniendo ambas plataformas donde se traslapan. La plataforma superior descansa directamente sobre la parte angosta de la viga de soporte, mientras que la inferior descansa sobre la cara lateral. Este método es una solución económica ya que sólo una viga es requerida, y es recomendable en superficies planas donde los niveles de la terraza están cerca unos de otros (ver página 76 y 77).

El método de pared de soporte presenta una plataforma superior sostenida por una pared de vigas que descansa sobre la plataforma inferior, directamente sobre los postes y vigas de soporte. A diferencia del método anterior, el de pared requiere que la plataforma inferior sea construida inicialmente. Es un método apropiado si desea usar materiales decorativos sobre la pared, como terminados de madera de cedro para cubrir el espacio entre las dos plataformas. Este sistema también funciona si desea construir la terraza en etapas posponiendo la construcción del nivel superior (ver páginas 78 y 79).

Cómo instalar una viga de soporte compartida

1

Ubicación de la viga

Ubicación de la
viga de soporte

Corte final

Después de ubicar e instalar la viga primaria y todas las bases y postes, marque los postes para indicar dónde va a descansar la viga. Use maderos derechos de 2 × 4 y un nivel para encontrar el punto que esté nivelado con la parte superior de la viga primaria. Luego mida la distancia de la altura de las vigas de la plataforma más la de las vigas de soporte. Corte los postes en ese punto con una sierra recíproca.

2

Instale una montura de anclaje sobre cada poste. Construya una viga de soporte de 2 × 10 ó 2 × 12 (ver página 63), luego ubique la viga sobre las monturas de anclaje. Si la viga tiene un lado angosto curvado, instale ese lado mirando hacia arriba. Si queda espacio por debajo de la viga de soporte y el poste del medio, llénelo con un trozo de madera. Asegure las monturas de anclaje a los postes y viga con tornillos galvanizados para terraza.

3

Marque el lugar de las vigas para la plataforma superior sobre la viga primaria y sobre la viga de soporte, y luego transfiera las medidas para la plataforma inferior sobre el lado de la viga usando una escuadra de carpintero. Instale los colgantes de las vigas en las marcas dibujadas sobre la viga primaria.

4

Mida, corte e instale las vigas para la plataforma superior dejando 1½" de espacio para la instalación posterior de la viga frontal. Asegure las vigas clavándolas en ángulo sobre los soportes usando puntillas galvanizadas 16d.

5

Instale los colgantes de las vigas para la plataforma inferior sobre la cara de la viga de soporte usando un pedazo de viga como guía para dejar el espacio correcto. Corte e instale las vigas de esta plataforma.

6

Corte las vigas frontales para ambas plataformas y clávelas a las puntas de cada viga usando puntillas galvanizadas 16d. Complete la terraza siguiendo las técnicas estándar para su construcción.

Cómo instalar una pared de soporte para la terraza

Corte e instale la viga primaria, así como todas las bases de concreto y postes. Luego construya la plataforma inferior siguiendo las técnicas establecidas.

Utilice un madero derecho de 2 × 4 y un nivel para establecer el punto de referencia nivelado con respecto a la parte baja de la viga primaria. Luego determine la altura total de la pared de soporte midiendo la distancia vertical hasta la parte superior de la plataforma inferior. Corte las vigas de la pared 3" más corta que la medida para dar cabida al espesor de las plataformas superior e inferior.

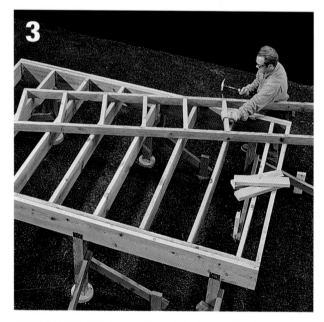

Corte los maderos superior e inferior de 2 × 4 que cubra toda la extensión de la pared de la plataforma superior, y luego coloque las vigas en su posición a 16" de distancia. Ensamble la pared y clave las vigas en ángulo con puntillas galvanizadas 16d.

Cruce una vara en diagonal sobre la estructura y clávela cerca de una esquina. Cuadre el armazón comprobando que ambas diagonales tengan la misma medida. Cuando esté cuadrada, clave la vara a la otra esquina y sobre cada viga. Corte la punta de la vara a ras con el borde de las vigas del armazón.

Coloque la pared de soporte en su posición alineada con el borde de la viga de soporte y el final de la terraza. Clávela a la viga por ambos lados usando puntillas galvanizadas 16d.

Ajuste el armazón de la pared para que quede a plomo, y sosténgala en esa posición por medio de un madero de 1 × 4 clavado sobre la última viga externa de la pared y la viga de soporte.

Marque el sitio donde irán las vigas que sostendrán la plataforma superior. Instale los colgantes sobre la viga primaria. Corte las vigas 1½" más cortas que la distancia desde la viga primaria y el frente de la pared. Clave las vigas en ángulo en cada lado del madero con puntillas galvanizadas 16d. Remueva la vara diagonal.

Mida y corte la viga que cubrirá las puntas de las vigas de la plataforma y clávela con puntillas galvanizadas 16d. También clávela en ángulo a la parte superior de la pared de soporte. Complete la terraza siguiendo las técnicas establecidas.

Instalación de terrazas en áreas con declive

Construir una terraza en un terreno con declive puede ser algo complicado si pone en práctica las técnicas tradicionales. Crear un diseño e instalar las bases y postes es difícil en esta clase de terreno, y la construcción puede presentar retos cuando el final de la terraza queda a una altura arriba de su cabeza.

Los constructores profesionales con experiencia se acomodan al terreno usando estructuras temporales que soportan los postes y vigas y alterando un poco la secuencia de la construcción. En lugar de iniciar la terraza con la distribución de las bases, crean la estructura del espacio exterior elevándola sobre una estructura temporal. Una vez el marco está en la posición correcta, se determinan la ubicación de los postes y bases.

En la mayoría de los casos necesitará ayuda en la construcción de terrazas bajo estas circunstancias. Para levantar la estructura en la posición correcta con soporte provisional, por ejemplo, necesitará la ayuda de tres o cuatro personas. *Nota: La construcción de la terraza en declive mostrada en las siguientes páginas fue construida con postes de 4 × 4". Cambios recientes en los códigos sugieren la preferencia por usar postes de 6 × 6". Siempre consulte con las autoridades locales de construcción para confirmar los códigos necesarios para su proyecto.*

Otro factor importante a considerar en estos casos es la composición del terreno. La superficie debe ser estable y apropiada para la excavación de los huecos para las bases. Si la tierra está suelta, es rocosa, o es propensa a la erosión, hágala inspeccionar por un experto arquitecto o ingeniero civil para asegurarse que tiene las condiciones necesarias para sostener el peso de la terraza. El terreno quizás necesite ser estabilizado de otras formas antes de iniciar la construcción.

Si la construcción requiere trabajar en alturas, utilice vigas primarias provisionales y soportes para asegurarse a las escaleras para evitar caídas. También puede considerar instalar andamios que pueden ser una mejor solución que usar escaleras si recibe ayuda de otras personas. Puede rentar los andamios por semanas o meses a un costo razonable en sitios de construcción.

La secuencia de las fotos en las siguientes páginas muestra la construcción de una terraza siguiendo el diseño de un poste esquinero, pero la técnica puede ser adaptada fácilmente a terrazas con voladizos.

Ubicar y medir los postes en un terreno en declive es más fácil si el armazón de la terraza ya está en la posición correcta y descansando sobre soportes provisionales.

Construcción de terrazas en terrenos con declives

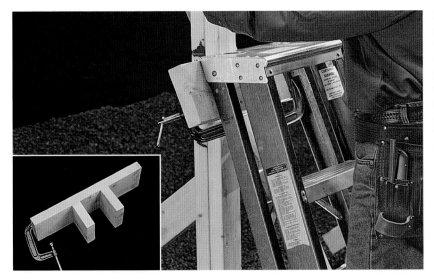

Las escaleras de mano (o de tijera) deben ser usadas en la posición abierta sólo si el terreno está nivelado. De lo contrario, puede usar la escalera con la ayuda de un soporte provisional construido con sobras de maderos de 2 × 6 (foto adjunta) y luego sujetándola al poste. Incline la escalera en posición cerrada contra el soporte y nivele la base sobre el terreno si es necesario (foto inferior). Nunca se suba hasta el último escalón de la escalera.

Las escaleras de extensión deben estar niveladas y sujetadas. Coloque soportes resistentes debajo de las patas de la escalera si el terreno es inclinado o no es sólido, y clave estacas detrás de cada pata para evitar que la escalera se resbale. Nunca exceda el máximo peso de soporte indicado en la información de la escalera.

Los andamios pueden ser rentados en sitios de construcción especializados. Si trabaja en alturas elevadas, los andamios ofrecen una superficie de trabajo más estable y segura. Coloque soportes resistentes debajo de las patas del andamio y nivélelo subiendo o bajando la altura de las patas como lo indica la foto.

Cómo construir terrazas en terrenos con declive

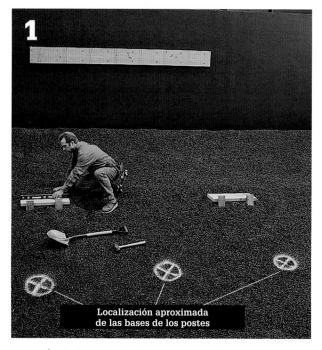

Localización aproximada
de las bases de los postes

Después de instalar la viga primaria, utilice pintura en aerosol o estacas para marcar el lugar aproximado de las bases de los postes siguiendo los planos de construcción. Coloque retazos de maderos de 2 × 12 sobre el suelo para soportar provisionalmente los postes. Nivele los maderos y ánclelos con estacas. Las bases de los postes deben quedar al menos a 2 pies de distancia de la localización de las bases.

Construya dos postes provisionales juntando cara a cara un par de maderos de 2 × 4. Levante cada poste sobre la base y sosténgalo con un soporte de 2 × 4 clavado en diagonal. Clave el poste con puntillas en ángulo sobre la base de madera.

Instale el segundo soporte en diagonal en cada poste hacia el lado derecho del primer soporte. Ajuste los postes hasta que queden a plomo y luego asegúrelos contra el suelo atornillando los soportes a estacas clavadas contra el piso.

Marque la línea de corte en cada poste colocando un madero derecho de 2 × 4 desde la parte baja de la viga primaria y recostándolo contra la cara del poste. Marque el poste sobre la parte inferior del madero. Corte los postes a esa altura con una sierra recíproca.

Construya una viga provisional de soporte clavando cara a cara un par de maderos de 2 × 4 de por lo menos 2 pies más larga que el ancho de la terraza. Centre la viga sobre el poste y clávela con puntillas en ángulo.

Construya la parte exterior de la terraza siguiendo los planos del diseño. Instale los colgantes de las vigas en su interior dejando un espacio de 16" entre cada uno. Pida ayuda para levantar la estructura, colóquela sobre los soportes provisionales y muévala con cuidado hacia la posición correcta contra la viga primaria. *Nota: En las plataformas elevadas de gran tamaño, quizás tenga que construir el marco pieza a pieza encima de los soportes provisionales.*

(continúa)

Clave con puntillas el lado de las vigas a las puntas de la viga primaria y luego refuerce la unión con monturas metálicas esquineras en el interior de las esquinas de la estructura.

Compruebe que la estructura esté cuadrada midiendo las diagonales. Si las medidas no son iguales, ajuste el marco sobre la viga provisional hasta que quede cuadrado. También compruebe que todo esté nivelado. Si es necesario, incruste trozos de madera entre el marco y los postes provisionales de los lados para nivelar el marco. Clave la estructura en ángulo sobre los soportes provisionales.

Use una plomada suspendida desde el marco para establecer los sitios exactos de las bases de los postes en el piso. *Nota: Compruebe que los ensambles en las bases estén exactamente en el centro de los postes, como es indicado en los diseños del plano.*

Excave los huecos y vierta el concreto en cada base. Instale los tornillos en forma de "J" para los anclajes con los postes mientras el concreto esté todavía mojado. Use una plomada para comprobar que los tornillos queden en el centro de los postes. Deje secar el concreto por completo antes de continuar.

Compruebe una vez más que el marco esté cuadrado y nivelado, y ajústelo si es necesario. Instale los montantes de los postes sobre las bases y luego mida la distancia desde la parte superior del montante hasta la parte inferior del marco para determinar la altura de cada poste. *Nota: Si la terraza es voladiza, debe tener en cuenta la altura de la viga cuando corte los postes.*

Corte los postes y conéctelos a la viga de soporte y base usando monturas y anclajes. Sostenga los postes con maderas de 2 × 4 clavándolos diagonalmente desde la parte inferior del poste hasta el lado interno del marco. Remueva los soportes provisionales y luego complete el proyecto siguiendo las técnicas estándar para su construcción.

Trabajar con ángulos

Las terrazas con formas geométricas y lados angulados son más interesantes visualmente que las cuadradas o rectangulares. La mayoría de las casas y terrenos adyacentes están diseñadas con ángulos de 90° y lados derechos, y por tal razón los diseños en ángulos ofrecen una atractiva alternativa.

Contrario a la creencia popular, construir terrazas en ángulo es relativamente fácil de planear y construir, si sigue los consejos de diseñadores profesionales. Como dicen los que saben, la mayoría de las plataformas de terrazas en forma de polígono no son nada más que estructuras cuadradas básicas con una o más esquinas removidas. Una plataforma octagonal, por ejemplo, es un cuadrado sin las cuatro esquinas.

Visto de esta forma, las terrazas con varios niveles y formas son más fáciles de visualizar y diseñar.

Para lograr un balance visual y facilitar la construcción, use ángulos de 45° al diseñar plataformas con formas geométricas. De esta forma las uniones requieren cortes comunes (de 90°, 45° y 22.5°), y puede usar colgantes de vigas en 45° listos para usar y disponibles en almacenes especializados. *Nota: La construcción de la terraza en ángulo presentada en las siguientes páginas fue realizada primariamente con postes de 4 × 4". Cambios recientes en los códigos sugieren la preferencia por usar postes de 6 × 6". Siempre consulte con las autoridades locales de construcción para confirmar los códigos necesarios para su proyecto.*

Las vigas en una terraza voladiza pueden ser cortadas en ángulo con facilidad marcando una línea con tiza entre dos puntos en los lados adyacentes de las esquinas de la terraza. Hacer los cortes de esta forma es más fácil que cortar una viga a la vez. Para mantener las vigas en su posición mientras hace las marcas, clave una vara de soporte sobre las puntas. Marque el sitio de las vigas sobre la vara como referencia.

Opciones de diseños para terrazas anguladas

El diseño voladizo es el más fácil y menos costoso de construir porque requiere de menos postes. La distancia del lado angulado es limitada por las regulaciones del código de construcción que limitan la cantidad de vigas colgantes. Debido a que las vigas descansan sobre la viga de soporte, los diseños de voladizos no son recomendables para las terrazas de poca altura. En los diseños de voladizos, las vigas de los ángulos son cortadas a 45° en las puntas y son unidas a las vigas frontales por medio de puntillas.

El diseño de postes en las esquinas es una buena solución para terrazas grandes con lados angulados largos. También es apropiado para terrazas de poca altura ya que las vigas de la plataforma son conectadas al lado interno de las caras de las vigas de soporte. Muchos constructores utilizan un solo poste biselado para sostener las esquinas anguladas de estas terrazas, pero nuestro método requiere de dos postes y bases en cada esquina haciendo más fácil la construcción del diseño y más versátil. En el poste esquinero de la terraza, las vigas en el lado angulado son cortadas en forma cuadrada, y son conectadas a la viga de soporte con conectores de 45° (ver página 43).

El diseño de varios niveles presenta una plataforma superior construida con el método de postes de esquinas (arriba) y adiciona una plataforma inferior. El nivel inferior es sostenido por una segunda viga de soporte creada por maderos unidos en forma de "sandwich" alrededor de los mismos postes que sostienen la plataforma superior. En la plataforma inferior, las vigas descansan sobre la viga de soporte y son biselados en las puntas traseras para que queden a ras con el borde de la viga de soporte. Consulte su departamento de construcción local para comprobar que este estilo de diseño todavía es permitido.

Diseño y construcción de terrazas anguladas

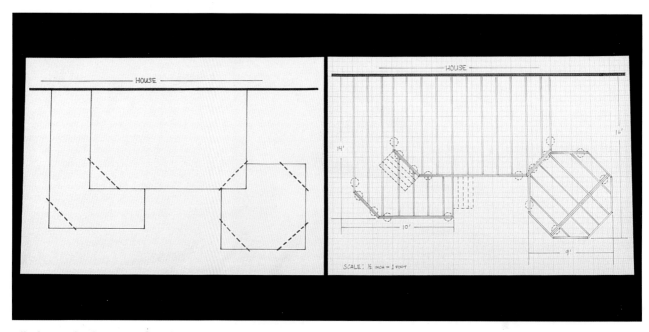

Dibuje cuadrados y rectángulos para crear las plataformas básicas de la terraza, luego forme los ángulos eliminando una o más esquinas. Con este método puede crear infinidad de terrazas geométricas de uno o varios niveles. Para crear ángulos de 45°, asegúrese que los lados de las esquinas removidas tengan la misma longitud.

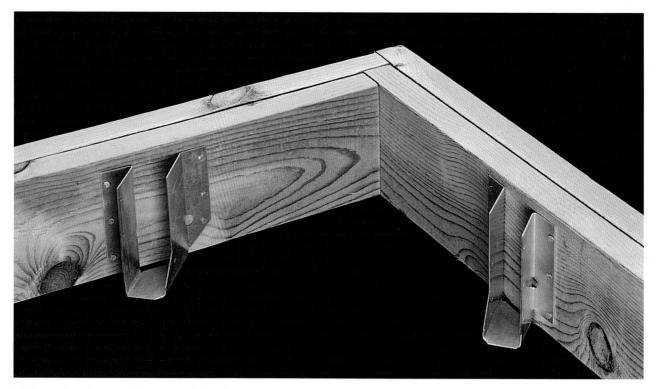

Utilice colgantes en 45° para instalar vigas cuando las vigas de soporte no están paralelas a la viga primaria. Cuando las vigas son montadas sobre este tipo de colgantes, las puntas pueden ser cuadradas. Los colgantes están disponibles en centros de construcción y se consiguen en ángulos derechos e izquierdos. Sin embargo, si las vigas están separadas de la viga primaria en un ángulo diferente a 45°, necesitará ordenar colgantes especiales que cumplan con sus necesidades, o usar colgantes que pueda torcer según la situación (ver página 196).

Cómo construir el soporte de una terraza angulada

Comience la construcción siguiendo las técnicas comunes de construcción. Después de instalar las vigas de soporte, señale las líneas de corte en ángulo sobre su superficie con una cuerda marcada con tiza. Compruebe que el ángulo de 45° es marcado hasta el borde de la terraza.

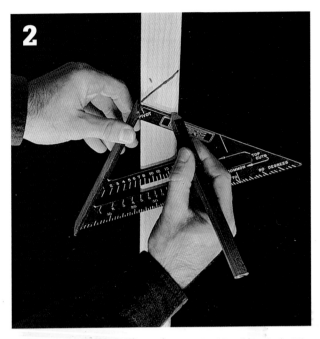

Utilice una escuadra triangular para cambiar el ángulo de 45° a uno de 22½° y trace una nueva línea en la dirección opuesta sobre las vigas exteriores. Cuando se junten a la viga exterior frontal que también es cortado a 22½°, la esquina formará el ángulo correcto.

Utilice una escuadra combinada para trasladar las medidas en ángulo hacia las caras de las vigas. Haga un corte biselado sobre las vigas de soporte con una sierra circular usando una plataforma anclada como guía para descansar la sierra. Las vigas interiores deben ser biseladas en 45°, y las exteriores en 22½°.

Corte e instale las vigas frontales. En las esquinas anguladas, haga un corte biselado de las vigas frontales en 22½°. Clave la viga en su posición y refuerce las esquinas interiores con colgantes en ángulo clavados a las vigas con puntillas. Complete la terraza siguiendo las técnicas estándar para su construcción.

Terraza angulada según un diseño de poste en la esquina

Utilice maderos para crear una plantilla rectangular de la terraza. Utilice el método triangular 3-4-5 para comprobar que la plantilla está cuadrada: desde la esquina debajo de la viga primaria, mida 3 pies sobre la base y marque ese punto. Mida 4 pies sobre el madero esquinero y marque el segundo punto. Haga una medida diagonal entre los dos puntos la cual debe ser de 5 pies. De lo contrario, ajuste la plantilla para cuadrarla.

Indique el borde de cada ángulo colocando un madero diagonalmente a lo largo de la esquina de la plantilla. Para comprobar que el ángulo es de 45°, las esquinas perpendiculares del triángulo deben tener las mismas medidas. Clave los maderos en el lugar donde se sobreponen.

Marque el lugar de las bases de los postes con estacas o con pintura en aerosol. En cada esquina de 45°, marque el sitio para dos postes colocándolos a más o menos 1 pie de distancia en cada lado de la esquina. Remueva temporalmente la plantilla y abra los huecos de las bases para luego verter el concreto.

Marque el lugar de las bases de los postes con estacas o con pintura en aerosol. En cada esquina de 45°, marque el sitio para dos postes colocándolos a más o menos 1 pie de distancia en cada lado de la esquina. Remueva temporalmente la plantilla y abra los huecos de las bases para luego verter el concreto.

5

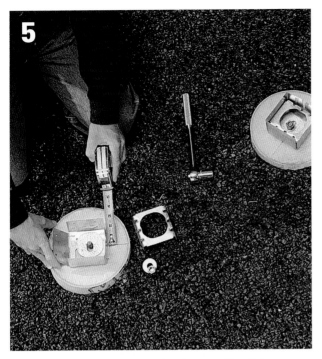

Instale anclajes de metal sobre los tornillos "J", luego céntrelos sobre las líneas de referencia marcadas sobre el concreto. Las partes frontal y trasera de los montantes deben ser paralelas con la línea de referencia.

6

Mida y corte las vigas de madera a la medida correcta. En las esquinas donde formarán los ángulos, use una escuadra para marcar los ángulos de 22½° sobre la punta de las vigas. Luego use la escuadra combinada para extender las medidas sobre las caras de los maderos. Cuadre la sierra circular a 22½° para hacer el corte biselado de los maderos, y júntelos clavándolos con puntillas 16d.

7

Coloque los postes sobre los anclajes y use las cuerdas de medición y un nivel para marcar las líneas de corte sobre los postes en el punto de nivel con la parte inferior de la viga primaria. Corte los postes con una sierra recíproca. Instale los montantes de metal sobre los postes y ubique las vigas de soporte sobre ellos. Junte las esquinas con conectores en ángulo ajustables clavados con puntillas al interior de cada esquina.

(continúa)

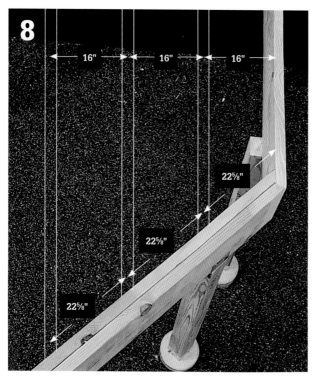

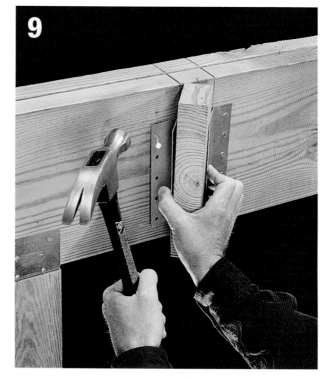

Marque y mida el sitio de ubicación de las vigas sobre la viga primaria y la viga de soporte. Si las vigas están separadas a 16" a lo largo de la viga primaria, estarán separadas a 22⅝" sobre la viga en ángulo frontal. Si están separadas a 24", entonces el espacio será de 33⁵⁄₁₆" sobre el frontal angular.

Conecte los colgantes sobre las líneas de marca sobre la viga primaria y de soporte. Use colgantes en 45° para colgar las vigas en ángulo.

Corte e instale las vigas asegurándolas con las puntillas indicadas. Las puntas de vigas colocadas sobre los colgantes en 45° pueden ser cuadradas y no necesitan ser biseladas para empatar el ángulo de la viga frontal. Complete la terraza siguiendo las técnicas estándar para su construcción.

Variación de las esquinas: agregar una segunda plataforma

Después de instalar la viga de soporte y las vigas de la plataforma en la plataforma superior, marque los postes para indicar dónde será instalada la viga de soporte de la plataforma inferior. No olvide que las vigas de la plataforma inferior descansarán sobre la parte superior de la viga de soporte. Para facilitar la longitud de esa viga, ancle trozos de maderos de 2 × 4 sobre las líneas marcadas en la parte frontal y trasera de los postes. Las puntas de los 2 × 4 deberán tocarse en las esquinas.

Determine la longitud de cada madero midiendo desde el punto donde se tocan los bloques de 2 × 4. Esta medida representa el lado corto del corte biselado de los maderos.

Corte las vigas a la longitud exacta. En la punta de unión angular, corte la punta en un ángulo de 22½°. Conecte las vigas a los postes con tornillos de cabeza cuadrada y uniones de vigas. Refuerce las esquinas angulares con colgantes en ángulo ajustables clavados con puntillas (ver foto en paso 4). Instale los postes restantes para la plataforma inferior.

Mida y corte las vigas para la plataforma inferior clavándolas con puntillas 16d en forma angular a la viga de soporte. Ubique las vigas de la plataforma en su lugar correcto sobre la viga angular y márquelas trazando una línea debajo de cada una. Córtelas en ese ángulo, luego instale cada viga, y complete la terraza siguiendo las técnicas estándar para su construcción.

Crear curvas

Las formas curvas brindan una sensación de tranquilidad a los jardines. Una terraza construida de esta forma incita a una agradable relajación. También pueden suministrar una transición visual efectiva entre los ángulos marcados de la estructura de la vivienda y las líneas más sutiles y naturales del terreno a su alrededor.

Casi siempre las terrazas en curva utilizan diseños voladizos (ver página 24), donde la parte curva de la terraza sobrepone la viga de soporte instalada al interior del borde de la terraza. Esta distancia interior por lo general no debe ser mayor a una tercera parte de la longitud total de las vigas de la plataforma, pero voladizos más largos son posibles de instalar si usa una combinación de postes más gruesos, menor espacio entre las vigas, y madera más resistente y fuerte, como el pino amarillo sureño.

Nota: La construcción de la terraza en curva presentada en las siguientes páginas fue realizada primariamente con postes de 4 × 4". Cambios recientes en los códigos sugieren la preferencia por usar postes de 6 × 6". Siempre consulte con las autoridades locales de construcción para confirmar los códigos necesarios para su proyecto.

Si la terraza en curva que va a construir es lo suficientemente alta para requerir un pasamanos, recomendamos un diseño que incorpore una curva circular en lugar de una elíptica o irregular. Agregar un pasamanos en curva (ver páginas 157 a 159) es mucho más fácil si la curva de la terraza tiene forma circular.

Una terraza en curva es creada cortando las vigas en esa forma y luego conectando la viga frontal de soporte la cual puede ser creada de dos formas (página opuesta). Conectores clavados a las puntas de las vigas de la plataforma la sostienen en su posición a medida que la viga frontal es instalada.

Curvas y diseño de terrazas ▶

Adicionar curvas a una terraza es algo que no debe hacer a la ligera. Considere los pros y contras con cuidado antes que decida construir curvas. Debe tener en cuenta las siguientes observaciones:

Pros:
- Las curvas pueden adicionar una apariencia visual única a su terraza.
- Las curvas relajan el ambiente en general.
- Las curvas construidas con buen gusto tienen una buena calidad visual y natural.
- Una curva puede ser usada para trabajar alrededor de un obstáculo en forma agradable y placentera.
- Una curva esquinera puede preservar espacio debajo de la terraza.

Contras:
- Las terrazas que incorporan curvas por lo general requieren de más postes y vigas y usan materiales en forma menos eficiente.
- Su construcción toma casi el doble comparada con una terraza cuadrada o rectangular.
- Los pasamanos son más difíciles de construir.
- El impacto en el diseño va a disminuir si se utilizan demasiado.
- Las curvas disminuyen y limitan el espacio de la terraza.

Opciones de diseño para terrazas con curvas

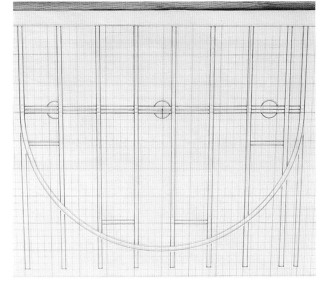

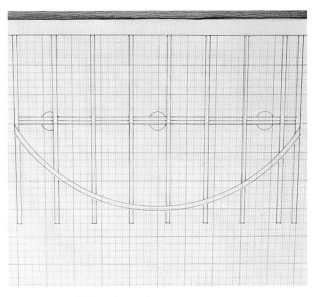

Los diseños circulares son la mejor alternativa para terrazas con curvas que requieren pasamanos. Sin embargo, las curvas circulares requieren de un gran voladizo lo cual puede ser un impedimento que puede limitar el tamaño final de la terraza. Las terrazas son formadas con curvas creadas con gran compás (trammel) que puede ser fabricado por usted mismo.

Las curvas elípticas irregulares deben ser usadas sólo en terrazas de baja altura debido a que los pasamanos o barandas son muy difíciles de construir. Estos diseños también son apropiados para terrazas grandes ya que el tamaño del voladizo es relativamente corto comparado con la curva circular.

Opciones para la construcción

Las vigas frontales endentadas (kerfed) son formadas abriendo una serie de ranuras delgadas al interior de la cara de la viga de soporte creando la flexibilidad necesaria para ajustarla a la curvatura de la terraza. Es hecha de un madero resistente de 2" de ancho. Si está endentando un madero de ciprés o cedro rojo de 1" de espesor, deberá ser cubierto con una lámina (ver foto a la derecha).

La viga frontal laminada es hecha doblando varias capas de maderos flexibles de ¼" ó ⅜" de espesor alrededor de la curva y uniéndolos uno tras otro con pegante y tornillos. La viga laminada puede usarse como acabado final, o puede ser un refuerzo decorativo para maderos de ciprés o cedro rojo.

Cómo instalar una terraza en curva

Instale los postes y vigas de soporte para el voladizo de la terraza. Corte las vigas de la plataforma un poco más largas de lo requerido e instálelas a la viga primaria y de soporte. Agregue bloques entre las dos vigas exteriores para mantenerlas a plomo.

Marque el espacio entre las vigas sobre un listón de 1 × 4 y clávelo sobre las vigas de la plataforma en el punto donde comenzará la curva. Mida la distancia entre los bordes interiores de las vigas exteriores al final de cada viga, luego divida la distancia en dos para determinar el radio de la curva. Marque sobre el listón de 1 × 4 el punto medio de la curvatura.

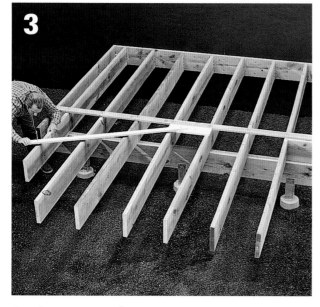

Construya un compás con un madero derecho de 1 × 2 clavando una punta en el punto medio de la curva. (Si el punto central de la curva está entre el espacio de las vigas, clave un listón de 1 × 4 entre ellas para usarlo como soporte). Mida la distancia del radio sobre el listón y perfore un agujero. Inserte un lápiz y mueva el listón alrededor del punto central marcando las vigas para luego hacer los cortes.

Variación: En el caso de curvas elípticas o irregulares, clave maderos como soportes temporales sobre las vigas exteriores al principio de la curva. Coloque una lámina larga o material flexible al interior de los maderos soportes y empuje la lámina para crear la curva deseada. Clave puntillas sobre las vigas para mantener la lámina en posición y marque líneas sobre la superficie vertical de las vigas.

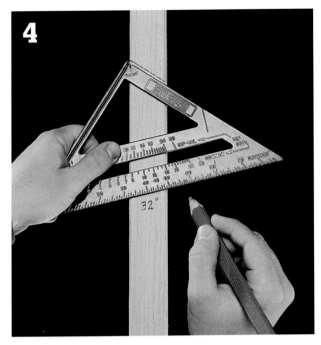

Use una escuadra triangular rápida para determinar los ángulos exactos donde se cortarán las vigas. Coloque la escuadra de tal forma que la parte superior es alineada con la marca sobre la viga, luego encuentre el grado de inclinación siguiendo el borde de la viga hacia abajo desde el punto de corte hasta donde se intersecta con la escuadra triangular.

Use la escuadra combinada para extender las medidas sobre el frente y las caras laterales de las vigas. En las vigas exteriores donde comienza la curva marque cortes cuadrados en el punto donde la curva toca el borde interior de la viga.

Corte cada viga con una sierra circular cuadrada al ángulo y altura correctas. Instale una plataforma como guía para el corte de la sierra. En las vigas exteriores donde comienza la curva, haga cortes de 90°.

En las vigas donde el corte en ángulo excede la capacidad de la sierra circular, utilice una recíproca para hacer el corte.

Crear una viga frontal endentada para la terraza en curva

Marque la parte interior de la viga frontal con líneas paralelas separadas a 1". Use una sierra circular o radial y gradúe el disco a una profundidad igual a ¾ del espesor de la viga (1⅛" para maderos de 2" de espesor). Haga cortes continuos sobre las marcas. Luego mantenga el madero mojado por unas 2 horas para facilitar su doblamiento.

Instale un bloque cruzado entre las dos primeras vigas a cada lado de la curva de tal forma que la mitad del bloque quede cubierto por el corte cuadrado fuera de la viga (foto adjunta). Ensamble la viga endentada (aún mojada) sobre las puntas de las vigas clavándola hasta la punta del bloque usando tornillos de 3". Doble poco a poco la viga frontal sobre cada viga de soporte y clávela con dos o tres tornillos de 3" en cada punta.

Cuando una unión es necesaria, marque y corte la viga frontal sobre el centro de la punta de la viga de soporte. Para evitar que se quiebre la punta, haga el corte sobre uno de los endentados.

Complete la instalación clavando la punta de la viga frontal sobre la última viga y juntando ésta al bloque cruzado. Utilice abrazaderas para mantener la viga frontal en posición a medida que la atornilla. *Nota: Si la viga frontal se aplana cerca de las vigas laterales, instale bloques cruzados adicionales y córtelos en la misma forma de la curva para poder sostener la viga en la posición correcta.*

Crear una viga frontal en curva con madera contrachapada

Instale un bloque entre las dos primeras vigas a cada lado de la terraza (ver paso 2, página anterior). Corte cuatro tiras de madera en contrachapado de ¼" de espesor del mismo ancho de las vigas. Clave la primera tira sobre la viga exterior y sujétela al bloque con tornillos para terraza de 1½". Doble la tira alrededor de las vigas y clávelas con tornillos. Si es necesario, instale bloques adicionales para mantener las tiras en la curvatura correcta. Si es necesario instalar varas de soporte, asegúrese que queden en los centros de las vigas.

Instale las otras tiras de contrachapado una a la vez usando tornillos de 1" para terraza y pegante de uso exterior para madera. Los tornillos deben quedar intercalados para evitar sobreposición. En la última capa, utilice una tira de contrachapado de cedro de ⅜". En el lugar donde las tiras se encuentran con las vigas, haga un corte en 10° para asegurar un empalme ajustado.

Cómo instalar la plataforma sobre una terraza en curva

Instale la cubierta sobre la parte cuadrada de la terraza, luego instale maderos sobre la parte curvada. Si es necesario puede hacer ajustes menores en la separación de los maderos para evitar cortar pedazos muy pequeños de madera al final de la curva. Cuando termine la distribución, trace una línea debajo de la plataforma siguiendo el borde de la viga frontal.

Quite los maderos de la plataforma y córtelos sobre las marcas con una sierra de vaivén. Instale de nuevo los maderos con tornillos apropiados y lije las puntas de los mismos con una lija de correa si es necesario.

Instalaciones con obstáculos

Si en el lugar donde piensa construir la terraza existe un árbol, una roca de gran tamaño, u otro obstáculo considerable, quizás sea mejor construir a su alrededor en lugar de remover el objeto. Aún cuando construir una terraza de esta forma requiere más trabajo, los resultados por lo general son beneficiosos y el esfuerzo vale la pena. Una terraza con un árbol incorporado en el diseño es mucho más atractiva que una simple plataforma de madera sobre un terreno que ha sido nivelado por un tractor.

Los mismos métodos usados para construir la estructura alrededor de obstáculos pueden ser puestos en práctica para crear aspectos creativos y funcionales tales como una maceta, un sitio de recreo para los niños, o un asador. En una escala mayor, estos métodos pueden ser usados para construir una bañera o una alberca (piscina) sobre el nivel del piso.

Una abertura en la estructura también puede dar acceso a servicios tales como conexiones eléctricas, grifos de agua, un compresor de aire acondicionado. Cubrir la abertura con una tapa removible (ver página 228) preservará el terminado parejo de la superficie de la terraza.

Los obstáculos de gran tamaño que interrumpen la distribución de las vigas pueden perjudicar la resistencia de la estructura. Por tal razón estas aberturas requieren de un enmarcado modificado para mantener la fortaleza necesaria. La instalación de vigas dobles en cada lado de la abertura compensa el peso de cabeceras dobles que a su vez soportan las vigas interrumpidas. Siempre consulte con su inspector de construcción cuando vaya a instalar grandes aberturas.

Las aberturas en las terrazas pueden salvar árboles en el momento de la construcción. Mantener aspectos naturales del terreno puede agregar valor a la apariencia de la propiedad. Consulte con especialistas en plantas para determinar el tamaño ideal de la abertura que contendrá árboles u otras plantas sobre la terraza.

Cómo diseñar una estructura con una abertura

Modifique el plano de la terraza, si es necesario, para crear el soporte necesario para las vigas interrumpidas por la construcción de la abertura. Si la abertura interrumpe una o dos vigas, enmarque ambos lados del orificio con dobles vigas. Si la abertura es muy grande, quizás deba instalar bases y postes adicionales a su alrededor para dar el soporte necesario. Consulte con su inspector para determinar los ajustes requeridos.

Refuerce la estructura de la abertura instalando colgantes para vigas dobles en cada lado del orificio, así como vigas de soporte frontales dobles entre estas vigas. Instale las vigas interrumpidas entre las dobles vigas de soporte, frontales y vigas primarias.

Corte interior de la foto
para mayor claridad

Corte e instale bloques en ángulo entre las vigas de soporte y frontales para dar soporte adicional a la estructura si es necesario. Los maderos de la plataforma pueden colgar a no más de 4" alrededor de la abertura.

Variación: Las cajas incrustadas pueden ser usadas para plantar flores u otras plantas. Constrúyala con madera de contrachapado para exteriores de ¾" de espesor y adhiérala a la estructura con tornillos. Una caja profunda puede ser sostenida con maderos. Cubra el interior de la caja con capas de papel para construcción, luego perfore agujeros de ½" sobre la base para proveer drenaje. Coloque papel sobre la base para evitar que la tierra se salga por los huecos.

El piso de la terraza

El tipo de piso que escoja, y la forma como lo va a instalar, impactará el aspecto de la terraza. El piso es la superficie final donde se camina, y por lo tanto debe ser durable, resistente a las resbaladas, y uniformemente instalado. La madera ha sido por muchos años el material ideal para los pisos, pero ahora existe una gran cantidad de alternativas fabricadas de materias reciclables (ver páginas 190 y 191). Además no requiere prácticamente ningún mantenimiento, este tipo de material es casi perfecto y no presenta defectos, y a menudo puede ser instalado con accesorios poco visibles. Ya sea que escoja madera o material contrachapado para instalar en su terraza, el siguiente capítulo le enseñará cómo instalarlo correctamente.

La plataforma de la terraza también puede contribuir a dar un aspecto estético a la estructura dependiendo de cómo la distribuye. Una manera de romper con la forma lineal en las grandes terrazas, es instalar la plataforma en forma diagonal o en estilo parqué en lugar de líneas paralelas o perpendiculares a la base de la estructura.

El siguiente capítulo le mostrará las opciones de diseños para las plataformas así como técnicas y sistemas de instalación disponibles.

En este capítulo:
- Pautas del diseño
- Instalación de la plataforma

Pautas del diseño

La plataforma es un importante elemento de la terraza y puede ser creada usando una variedad de tamaños de maderos y diferentes patrones de diseño. La distribución de los maderos determina el espacio y ubicación de las vigas de soporte. Una plataforma diseñada con maderos derechos en línea requiere de vigas de soporte separadas en el centro a 16". Una diagonal requiere vigas separadas a 12". Los diseños de parqué y otras formas pueden requerir soporte adicional, como dobles vigas o bloques extras. Para construir una plataforma resistente y firme use madera de 2 × 4 ó 2 × 6. Maderos más delgados tendrán la posibilidad de doblarse.

Los patrones en diagonal agregan una vista interesante a la terraza. Estos diseños requieren que las vigas de soporte estén más cerca que en diseños rectos.

Los patrones en parqué requieren dobles vigas de soporte y bloques también de soporte para instalar las esquinas de los maderos sobre la plataforma.

La abertura de la plataforma para un árbol requiere bloques adicionales entre las vigas. Las vigas cortas son unidas a los bloques por medio de colgantes para vigas.

Los patrones de los bordes presentan un acabado elegante a la terraza. Instale vigas recortadas para dar soporte a este tipo de borde.

Instalación de la plataforma

En lo posible compre los maderos lo suficientemente largos para cubrir toda la longitud de la terraza. Si debe cortar las puntas de los maderos, instálelos en forma escalonada para que no se encuentren en cada fila. Abra orificios para los tornillos o puntillas para evitar que los maderos se rajen al clavarlos contra las vigas.

Los maderos deben ser separados a ⅛" para crear drenaje. Los maderos se "curvan" en forma natural a medida que envejecen. Instálelos con el lado de la corteza mirando hacia abajo para evitar que la parte que se "curve" acumule agua.

A continuación encontrará instrucciones generales para los materiales de la plataforma. Siempre siga las recomendaciones del fabricante para la instalación del producto que ha escogido.

Herramientas y materiales ▸

Cinta métrica
Sierra circular
Pistola para
   clavar tornillos
Martillo
Taladro
Broca para madera
   de ⅛"

Cuerda de tiza / Palanca
Sierra de vaivén / manual
Maderos para la plataforma
Tornillos contra el óxido
   para la terraza de 2½"
Puntillas galvanizadas
   comunes (8d, 10d)
Láminas de cedro o ciprés

Cómo instalar la plataforma

Instale la primera fila de maderos de la plataforma a ras contra la casa. El primer madero debe estar perfectamente derecho y precortado a la longitud exacta. Clávelo con un par de tornillos resistentes a la corrosión de 2½" sobre cada viga de soporte.

Instale el resto de los maderos dejando que las puntas descansen sobre las vigas. Sepárelos más o menos a ⅛". Clave cada uno sobre cada viga con un par de tornillos para terraza de 2½".

Método alternativo: Clave los maderos con puntillas galvanizadas 10d en forma de ángulo para incrementar su agarre.

Si los maderos están arqueados, use una palanca para empujarlos a la posición correcta mientras los clava.

Abra agujeros de ⅛" al final de los maderos antes de clavarlos a la viga de soporte. Esto previene que los tornillos rajen la madera a medida que se introducen.

Después de haber instalado unas cuantas filas de maderos, mida desde el borde de la última fila hasta el borde frontal de la plataforma. Si la medida muestra que el último madero no va a quedar a ras con el frente, ajústelos creando espacios.

Ajuste el espacio entre maderos cambiando un poco la distancia en tres o cuatro filas. Los espacios pequeños de separación no podrán ser percibidos a simple vista.

(continúa)

7

Use una línea marcada con tiza para señalar el borde exterior de la plataforma. Corte los sobrantes con una sierra circular. Gradúe el disco de la sierra a ⅛" más profundo que el espesor de los maderos para evitar cortar el lado de la terraza. En los sitios donde la sierra no alcanza a cortar la madera, use una sierra de vaivén o manual para terminar el corte.

8

Para lograr una apariencia más atractiva, cubra el frente con madera de cedro o ciprés. Junte las esquinas en ángulo y clave la viga con tornillos o puntillas galvanizadas 8d.

Técnica alternativa para cubrir el frente: Instale los maderos frontales de tal forma que las puntas de la plataforma se sobrepongan sobre ellos.

Material contrachapado para la plataforma

Instale las vigas de contrachapado como lo hizo con las de madera (ver las páginas 106 y 107). Ubique cada viga con el lado correcto hacia arriba para dejar que el agua corra y separe cada fila de ⅛" a ¼" para crear el drenaje.

Abra agujeros guía de ¾" del diámetro de los tornillos pero no perfore al tamaño de la cabeza. Los materiales contrachapados permiten que los tornillos se ajusten a ras con la superficie. Use puntillas en espiral, tornillos galvanizados cubiertos con capa de cerámica, puntillas de acero inoxidable, o tornillos para terraza.

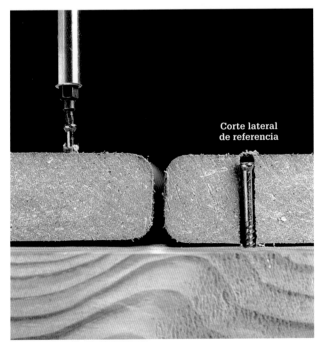

Corte lateral
de referencia

Método alternativo: Instale vigas de contrachapado con tornillos auto ajustables para este material. Estos tornillos no requieren de agujeros guías. Si el material se brota en el sitio del tornillo, puede usar un martillo para aplanarlo de nuevo.

Instale el resto de la plataforma. En el caso de vigas de 16 pies de largo o más cortas, deje un espacio de ¹⁄₁₆" al final de la terraza y en cada unión de las puntas, por cada 20° F. de diferencia de la temperatura en el momento de la instalación y la más alta durante el año.

Plataforma con sistema machihembrado

Coloque la tira inicial en la parte exterior final de la plataforma. Debe estar derecha y alineada correctamente. Clave la tira con tornillos galvanizados de 2½" incrustándolos debajo de la lengüeta en la parte inferior de la tira inicial.

Conecte la lengüeta dentro del canal de acople de la tira inicial. Debe haber más o menos ¼" de espacio entre el madero prefabricado y la tira inicial. Conecte el prefabricado a las vigas de soporte con tornillos galvanizados de 2½" comenzando desde el medio y extendiéndose hacia los extremos de la plataforma.

Continúe adicionando tiras prefabricadas. Deje un espacio de ⅛" entre las uniones de las puntas y asegúrese que están centradas sobre la mitad de las vigas de soporte.

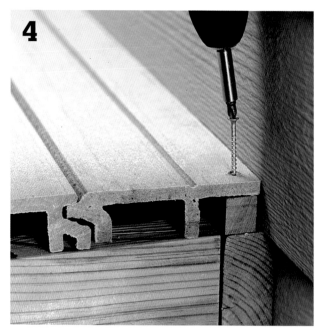

Instale la última tira prefabricada y clávela con tornillos galvanizados de 2½" desde la parte superior hasta la viga de soporte. Si es necesario, corte el ensamble del último prefabricado y reemplácelo con un madero de 1 × 1 y clávelos juntos a la viga. Instale una viga para cubrir las puntas expuestas (ver foto 4 en la página siguiente).

Plataforma con sistema T-clip

Inserte dos tornillos galvanizados de 2" dentro de los T-clips (ensambles en forma de "T"). Conecte un T-clip sin apretar sobre la viga primaria en el sitio donde se conecta con las vigas de soporte.

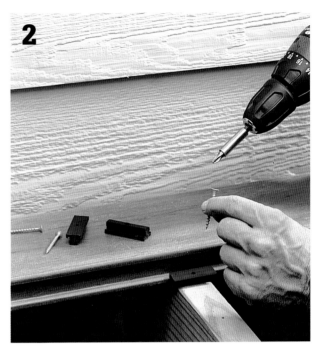

Coloque el madero prefabricado en forma ajustada contra los T-clips. Apriete apenas un poco los T-clips sobre la lengüeta inferior del prefabricado para mantenerlo en la posición correcta. Ahora apriete por completo los T-clips que están atornillados contra la pared de la casa.

Coloque otro prefabricado empujándolo en forma ajustada contra los T-clips frontales y atorníllelos sobre el nuevo listón prefabricado y apriete por completo los T-clips anteriores. Adicione otro prefabricado y repita el proceso hasta el final de la plataforma.

Cubra las puntas expuestas de los prefabricados. Corte las esquinas en ángulo y abra agujeros guía de ¾ de diámetro de los tornillos. Clave la cubierta con tornillos galvanizados de 3".

Plataforma con sistema de fibra de vidrio

Coloque la tira de los clips conectores sobre la parte superior de la primera viga. Céntrela sobre la misma y clávela con tornillos para terraza galvanizados de 2". Instale el resto de las tiras sobre las otras vigas alineándolas con la primera de tal manera que todas formen filas derechas.

Coloque la cara abierta del prefabricado sobre las vigas en forma perpendicular y descansando sobre cada fila de clips. Aplique presión sobre la superficie hasta que se ajuste sobre cada clip. Continúe el proceso a lo largo del prefabricado. Instale las tiras sobre el resto de la plataforma ajustándolas todas sobre los clips.

Corte las puntas sobrantes de los prefabricados a ras con el borde de las vigas externas usando una sierra circular con un disco de carbono para cortar fibra de vidrio o material sólido (como ladrillos).

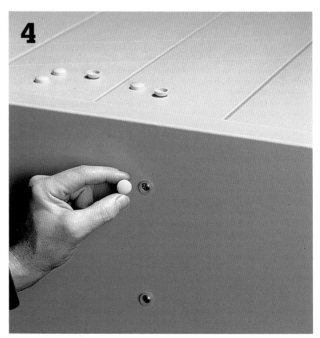

Use tornillos galvanizados de 2" para conectar la parte frontal prefabricada sobre las puntas del piso creando así un terminado decorativo. Cubra la cabeza de los tornillos con tapas especiales.

Plataformas en curva

1

Instale la cubierta sobre la parte cuadrada de la terraza, luego instale maderos sobre la parte curvada. Si es necesario puede hacer ajustes menores en la separación de los maderos para evitar cortar pedazos muy pequeños de madera al final de la curva. Cuando termine la distribución, trace una línea debajo de la plataforma siguiendo el borde de la viga frontal.

2

Quite los maderos de la plataforma y córtelos sobre las marcas con una sierra de vaivén. Instale de nuevo los maderos con tornillos apropiados y lije las puntas de los mismos con una lija de correa si es necesario.

Utilice una plantilla ▶

Instale los maderos de tal forma que las puntas sobrepasen el borde de la abertura. Haga una plantilla de cartón para dibujar la línea de corte. (Cuando se trate de un árbol, consulte sobre el tamaño ideal de la abertura para dejar espacio para su crecimiento). Corte los maderos en la marca con una sierra de vaivén.

Cómo instalar plataformas con clips de punta

Instale el clip sobre el borde del madero en cada viga de soporte. Utilice el bloque de instalación incluido para evitar averiar el clip.

Clave el tornillo en el agujero del clip en ángulo a través del madero hasta llegar a la viga. Un tornillo asegura dos maderos de la plataforma sobre cada viga.

Coloque el siguiente madero en su lugar. Ajústelo contra los clips para luego atornillarlo usando un bloque de retazo y un martillo o mazo.

Cómo instalar plataformas con clips estilo "biscuit"

Abra una ranura para el biscuit #20 sobre el borde de los maderos en el lugar donde se une con la viga de soporte. Utilice un conector de biscuit (conector de plaqueta). La altura de la ranura debe permitir que el borde inferior del clip en biscuit toque el borde de la viga.

Inserte el clip biscuit dentro de la ranura. Clave un tornillo en ángulo a través del agujero del clip dentro del madero y la viga. Un tornillo asegura dos maderos de la plataforma sobre cada viga.

Segundo madero

Ranura para los clips biscuit #20

Primer madero

Coloque una capa de pegante adhesivo para construcción sobre la ranura de la viga para evitar crujidos posteriores. Abra ranuras en los siguientes maderos y conéctelos con los clips del madero anterior.

Consejo ▸

Los sistemas de acople escondido presentados son una excelente alternativa para los métodos convencionales de puntillas y tornillos. La mayor ventaja es quizás su apariencia: puede evitar filas y filas de cabezas de puntillas y tornillos. Pero también trae otros beneficios. La madera instalada con tornillos es más propensa a contraer humedad si el agua se acumula en el lugar de clavado. Si utiliza puntillas, éstas se pueden salir con el tiempo cuando la madera se expande, contrae o mueve. Los conectores escondidos eliminan estos problemas.

Si utiliza sistemas de clips en punta o biscuit, tenga en cuenta que quizás deba remover secciones grandes de la plataforma para reemplazar o arreglar algún madero defectuoso o averiado en el futuro. Estos sistemas conectan los maderos y esconden los clips.

Cómo instalar plataformas con sistemas de montaje interno

Instale los sistemas de montaje a lo largo del borde de cada viga de soporte alternando el ensamble de un lado al otro de la viga en forma continua. Asegure el ensamble a la cara de la viga usando tornillos.

Conecte los maderos de la plataforma clavándolos con tornillos a través de los huecos prefabricados. Si tiene limitaciones de espacio, puede atornillar los maderos desde arriba.

Continúe instalando todos los maderos de la base desde abajo. Cuando llegue al último madero quizás tenga que atornillarlo desde arriba debido a limitaciones de acceso. Clave los tornillos atravesando el madero hasta llegar a la viga de soporte. Para mantener la apariencia escondida del ensamble, abra agujeros del diámetro de la cabeza del tornillo y luego tápelos con sobrantes de madera.

Cómo instalar plataformas con clips de montaje interno

Coloque los maderos en la posición correcta sobre la viga de soporte. Ubique un clip contra el madero dejando que la placa de separación toque el borde del mismo. Introduzca un tornillo en el agujero del centro del clip hasta la viga.

Enrosque el tornillo a través del clip de plástico hasta llegar al madero de la plataforma y asegúrelo.

Coloque el siguiente madero recostado contra la placa de separación del clip y atorníllelo hasta que quede apretado en su lugar. Un clip asegura dos maderos de la plataforma sobre cada viga.

Escaleras

Casi todas las terrazas, incluyendo las de poca altura, requieren de por lo menos un peldaño para llegar a la plataforma. En el caso de estructuras complejas con varios niveles construidas en terrenos con declive, quizás tenga que construir varias escaleras y posiblemente descansos. Debido a los riesgos que se corren cuando se usan escaleras, el Código de Construcción Internacional es muy específico en cuanto al tamaño y espacio entre los pasos, la altura del escalón, el tamaño mínimo del ancho de la escalera y el tamaño de la estructura para la zanca de la escalera. Aquí podrá consultar su inspector local de construcción para aclarar sus dudas y evitar violaciones al código, y poder construir una estructura segura que cumpla con los requisitos de la inspección.

Debido a que la caída vertical varía para cada terraza, necesitará hacer varios cálculos para determinar exactamente cuál será el diseño de la escalera. El presente capítulo le enseñará cómo hacerlo. También aprenderá sobre la construcción básica de escaleras, cómo construir una con bastantes escalones y un descanso, o simplemente cómo construir una caja enmarcada o un escalón suspendido cuando la plataforma está cerca al piso.

En este capítulo:
- Construcción de escaleras
- Construcción de escaleras con descansos

Construcción de escaleras

El diseño de escaleras requiere de cuatro cálculos:

El número de pasos depende de la caída vertical de la terraza. La caída vertical es la distancia desde la plataforma de la terraza hasta el suelo.

La elevación es el espacio vertical entre las contrahuellas. Los códigos de construcción requieren que sea de unas 8".

La profundidad del paso. Una forma conveniente de construir los pasos de la escalera es usar dos maderos de 2 × 6" para cada contrahuella.

La extensión. Se calcula multiplicando la profundidad de los pasos por el número de contrahuellas. La extensión permite ubicar el final de la escalera para instalar las bases de soporte.

Herramientas y materiales ▸

Cinta métrica
Lápiz
Escuadra para la estructura
Nivel
Plomada
Excavadora manual
Carretilla
Azadón
Sierra circular
Martillo
Taladro
Broca para madera de ⅛"
Broca en forma de pala de 1"
Llave de trinquete (inglesa)
Pistola para enmasillar
Arena / Gravilla
Cemento común (Portland)
Tornillos en forma de "J" (J-bolts)
Anclajes de metal para postes
Maderos de 2 × 12; 2 × 6
Listones de metal
Tornillos de cabeza cuadrada de ¼" × 1¼"
Colgantes en ángulo para vigas
Puntillas para colgantes 10d
Tornillos de cabeza cuadrada de ⅜" × 4" y arandelas de 1"
Puntillas galvanizadas 16d
Masilla de silicona
Madero derecho de 2 × 4
Estacas con punta
Cinta para enmascarar

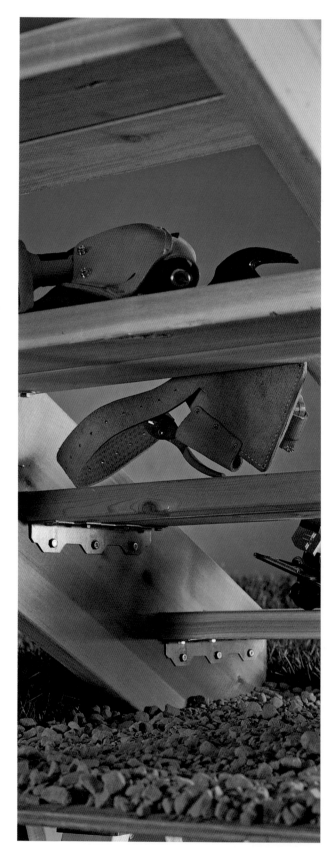

Materiales para las escaleras de terrazas ▸

La mayoría de los códigos locales de construcción requieren el uso de madera tratada a presión para los postes y la estructura de la zanca de la escalera. Instale los pasos y la contrahuella de la escalera con el mismo material de la superficie de la plataforma. En lo posible construya los pasos con el mismo patrón de la plataforma. Puede cubrir partes visibles de madera tratada a presión en la escalera con material igual al de la plataforma, o pintarlo con el color más cercano posible. Los códigos locales también pueden requerir pasamanos o barandas con escaleras de tres o más pasos.

Los pasos de la plataforma presentan escalones anchos. Cada paso es construido sobre una estructura de postes y vigas.

Estilos de escaleras

Las escaleras abiertas tienen soportes de metal que sostienen los escalones entre las zancas. Aquí los escalones son hechos con dos maderos de 2 × 6 para igualar la plataforma.

Los pasos encajonados, hechos con muescas en zancas y contrahuellas sólidas, dan un acabado final a la escalera. Abra agujeros guía en las contrahuellas para evitar que se agrieten.

Las escaleras largas a veces requieren de descansos. El descanso es una plataforma donde se juntan ambos extremos de la escalera (ver páginas 128 a 137).

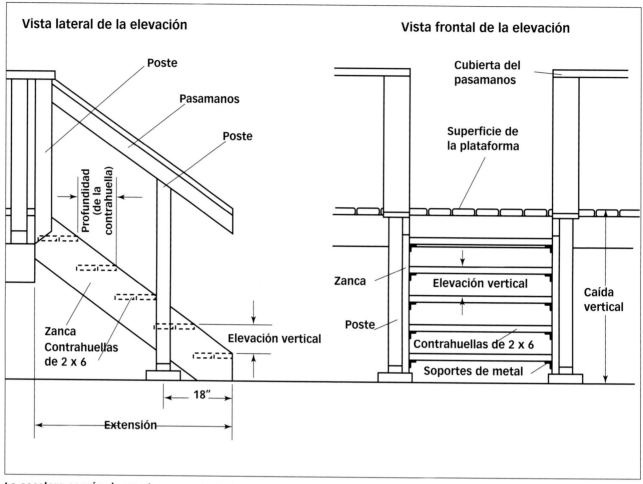

Vista lateral de la elevación

Poste

Pasamanos

Poste

Profundidad (de la contrahuella)

Zanca
Contrahuellas de 2 x 6

Elevación vertical

18"

Extensión

Vista frontal de la elevación

Cubierta del pasamanos

Superficie de la plataforma

Zanca

Elevación vertical

Poste

Contrahuellas de 2 x 6

Soportes de metal

Caída vertical

La escalera común de una terraza es hecha de zancas laterales de 2 × 12 y contrahuellas en pares de 2 × 6 sujetadas con soportes de metal. Los postes ubicados a 18" del final de la escalera ayudan a sujetar en conjunto las zancas y pasamanos. Entre los cálculos necesarios para construir una escalera se incluyen el número de pasos, la contrahuella de cada paso, la distancia de cada paso y la extensión de la escalera.

Cómo determinar las medidas para el diseño de una escalera ▶

				EJEMPLO DE MEDIDAS (Altura de la plataforma: 39")
1.	Determine el número de pasos: Mida la caída vertical desde la plataforma hasta el suelo. Divídalo por 7. Redondee el resultado al número entero más cercano.	Caída vertical:		39"
		÷ 7 =		÷ 5.57"
		# de pasos: =		= 6
2.	Encuentre la elevación de los pasos: Divida la caída vertical por el número de pasos.	Caída vertical: =		39"
		# de pasos: ÷		÷ 6
		Elevación: =		= 6.5"
3.	Mida la profundidad del escalón: Las contrahuellas hechas con dos maderos de 2 × 6 tienen un ancho de 11¼". Si el diseño es diferente, mida la profundidad de la contrahuella, incluyendo el espacio entre maderos.	Profundidad:		11¼"
4.	Encuentre la extensión de la escalera: Multiplique la profundidad por el número de contrahuellas (siempre es uno menos que el número de pasos).	Profundidad:		11¼"
		# de contrahuellas:		× 5
		Extensión: =		= 56¼"

Escaleras sencillas: cómo construir un paso encajonado

Construya un marco rectangular para el paso con maderos de 2 × 6 (las medidas de los maderos son estándar). Clávelos con tornillos. El paso debe tener al menos 36" de ancho y 10" de profundidad. Corte bloques para instalarlos al interior, separados cada 16".

Excave una trocha aplanada de unas 4" de profundidad. Allí descansará el paso. Llene la trocha con gravilla y compáctela con una aplanadora. Coloque el paso en la posición correcta y luego mida y ensamble los maderos de los pasos para formar el escalón.

Escaleras sencillas: cómo construir un paso suspendido

Clave listones adicionales de 2 × 4 contra uno de los lados de las vigas donde será instalado el escalón. Estos listones se extienden para que las vigas del escalón no interfieran con los colgantes conectados a la viga de soporte. Abra una muesca en la viga de soporte frontal de 1½" adyacente al listón de extensión usando una sierra de vaivén y un formón. *Nota: Para mantener una estructura resistente, las muescas en las vigas no deben tener más de 1½" de profundidad.*

Mida y corte los listones dejando unos 3 pies de espacio para el clavado dentro del marco de la terraza, y unas 10", o más, de escalón expuesto. Compruebe que los listones están todos nivelados y luego clávelos a los lados de las vigas con tornillos. Corte e instale los maderos de los pasos sobre el área del escalón.

Cómo construir escaleras sencillas en terrazas

Consulte el gráfico de elevación de la escalera para encontrar la medida de la zanca de la escalera y los postes. Con un lápiz y una escuadra marque el sitio donde la zanca será colocada al lado de la escalera.

Señale las base de los postes a 18" de distancia del final de la extensión de la escalera. Coloque un madero derecho de 2 × 4 sobre la plataforma en forma nivelada y cuadrada con el lado de la terraza. Use una plomada para marcar sobre el terreno en el centro de la base.

Abra los huecos e instale las bases y postes. Instale los anclajes sobre la base para ensamblar los postes. Consulte con el inspector de construcción local para comprobar si son requeridos postes de 6 × 6.

4

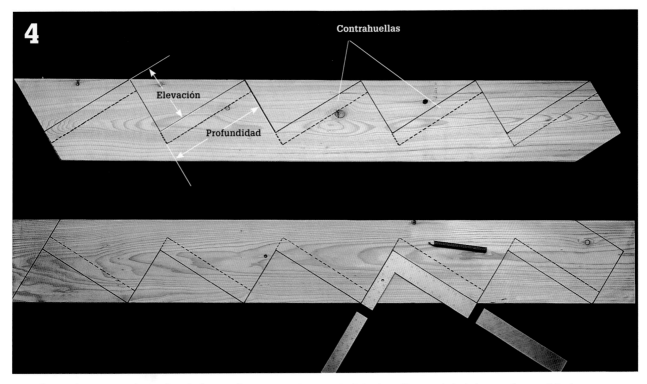

Contrahuellas

Elevación

Profundidad

Despliegue las zancas laterales de la escalera. Marque la distancia de la elevación en un lado de la escuadra con cinta de enmascarar, y la profundidad en la otra. Comience en una punta de la zanca colocando las marcas de cinta de la escuadra a ras con el madero. Marque la elevación y profundidad de cada paso, luego marque la contrahuella sobre la línea del escalón en la parte inferior de la línea de profundidad. Use una sierra circular para cortar las puntas de la zanca.

5

Instale los soportes de metal para los escalones sobre cada marca con tornillos de cabeza cuadrada de ¼" × 1¼". Abra agujeros de guía de ⅛" para evitar agrietar la madera.

6

Conecte los soportes en ángulo sobre la parte superior de las zancas con puntillas 10d. Los soportes deben quedar a ras con los cortes de las zancas.

(continúa)

Ubique la zanca de la escalera contra la plataforma sobre las marcas señaladas. La punta superior debe quedar a ras con la superficie de la plataforma. Clave la zanca con puntillas 10d a través del anclaje en forma de ángulo.

Abra agujeros guía de ¼" de diámetro sobre cada zanca y en cada poste. Ensanche cada agujero a ½"de profundidad con una broca en forma de pala de 1". Conecte las zancas a los postes con tornillos de cabeza cuadrada y arandelas de ⅜" × 4" con una llave inglesa o un taladro eléctrico. Selle la cabeza de los tornillos con masilla de silicona.

Mida el ancho de las contrahuellas. Corte los dos maderos de 2 × 6 para cada contrahuella usando una sierra circular.

Por cada paso, coloque el frente de cada contrahuella de 2 × 6 sobre el soporte de metal. El frente debe quedar a ras con el borde de las zancas.

Abra agujeros guía de ⅛", luego conecte el 2 × 6 frontal a los soportes con tornillos de cabeza cuadrada de ¼" × 1¼".

Coloque el madero 2 × 6 trasero sobre el soporte dejando un poco de espacio entre los maderos. Use puntillas 16d como guía para separarlos. Abra agujeros guía de ⅛" y clave los maderos a los soportes con tornillos de cabeza cuadrada de ¼" × 1¼". Repita la operación con el resto de los escalones.

Variación en la construcción de la escalera

Las zancas hechas de madera presurizada y con muescas prefabricadas están disponibles en centros de materiales para construcción. Los bordes de los cortes deben ser cubiertos con capas de sellador para prevenir que se pudran.

Construcción de escaleras con descansos

Diseñar y construir una escalera con descansos puede ser uno de los aspectos más difíciles en la construcción de una terraza. La precisión es esencial debido a que los códigos de construcción establecen estándares para su elaboración. Para asegurar que los pasos de la parte superior e inferior de la escalera tengan exactamente la misma distancia vertical y profundidad de las contrahuellas, el descanso debe ser ubicado en la posición y altura correcta.

Aún para los expertos en la materia, la construcción de descansos es un proceso que toma tiempo y trabajo. Inicie creando un diseño preliminar que cumpla con sus necesidades. A medida que planea y diagrama el proyecto, esté listo para hacer cambios que cumplan con los requerimientos del código y la variación del terreno. Mida el sitio con cuidado y dibuje todos los detalles posibles en papel antes de iniciar cualquier labor. La precisión y el trabajo meticuloso garantizarán que los pasos queden a nivel y uniformes en tamaño.

Tenga en cuenta que algunos códigos locales pueden requerir de barandas y pasamanos para escaleras con tres o más escalones.

Principios básicos de las escaleras

La función de una escalera es permitir que las personas se muevan de un nivel a otro en forma segura. Durante su diseño, el constructor debe tener en cuenta la caída vertical (la distancia vertical desde la superficie de la plataforma hasta el punto final), y la extensión (la distancia horizontal desde el punto de inicio hasta el final de la escalera).

Durante el proceso de diseño, la caída vertical es dividida entre una serie de pasos de igual tamaño llamado elevación. De igual manera, la extensión horizontal es dividida en tamaños iguales de profundidad. En una escalera con descanso, hay dos medidas de extensión a considerar: la distancia de la terraza con el borde del descanso, y desde el descanso hasta el punto final en el suelo. En términos generales, la extensión horizontal combinada de las escaleras, sin contar el descanso, debe ser de un 40 a 60% superior que el total de la caída vertical.

Para la seguridad y comodidad, los componentes de una escalera deben ser construidos siguiendo las guías establecidas con claridad, como se muestra en la página 129.

Un descanso funciona esencialmente como un paso largo que interrumpe la escalera. Para un constructor, el descanso suministra un punto conveniente para cambiar la dirección de la escalera. Para el usuario, es un lugar de reposo momentáneo en su camino hacia arriba.

Anatomía de una escalera con descanso

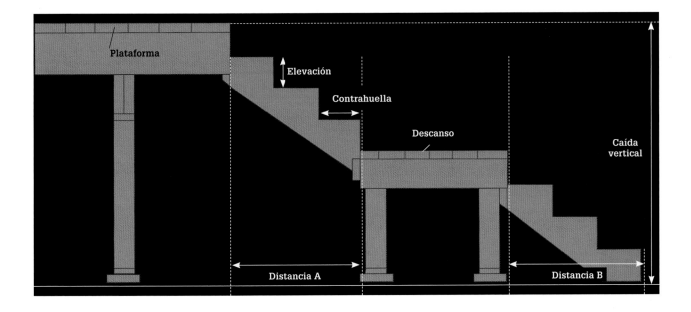

La parte difícil al hacer un plano de una escalera es ajustar su diseño inicial y las medidas de los pasos de acuerdo a las necesidades para asegurar que se acomoda al sitio de construcción y es cómoda de usar.

Las elevaciones no deben ser menores de 4" y no mayores a 8" de altura.

La profundidad horizontal de cada paso debe ser por lo menos de 10". El número de pasos en una escalera es siempre uno menos que el número de elevaciones.

La suma combinada de la elevación del paso y la profundidad debe ser de 18" a 20". Los pasos construidos con estas medidas son los más fáciles de usar.

La variación entre la mayor y menor elevación o contrahuella no puede ser mayor de ⅜".

El ancho de la escalera debe ser por lo menos de 36", para que dos personas puedan pasarse cómodamente.

Las zancas no deben estar separadas a más de 36" de distancia. Para adicionar soporte, se recomienda instalar una zanca central en escaleras con más de tres pasos.

Los descansos son considerados como pasos extendidos; su altura debe ser igual a las otras elevaciones en el resto de la escalera. Deben tener un área cuadrada de por lo menos 36" o ser tan anchos como la escalera misma. Las escaleras en forma de "U" deben tener descansos de mayor tamaño (al menos 1 pie más ancho que la suma combinada de las dos escaleras). Los descansos requieren a menudo apoyo adicional con maderos cruzados en diagonal entre los postes de soporte.

Las bases de concreto deben sostener todas las zancas que descansan en el suelo.

Actualización del código ▸

Algunos códigos locales ahora prohíben el uso de relleno de concreto para sostener el último espacio inferior de la zanca de la escalera. La naturaleza "flotante" de esta tabla permite que se mueva de arriba hacia abajo cuando el suelo se congela y ablanda, y eso causa que la escalera se mueva también. Utilice bases de concreto profundas en lugar de relleno para soportar la escalera (ver página 136).

Detalles de la construcción

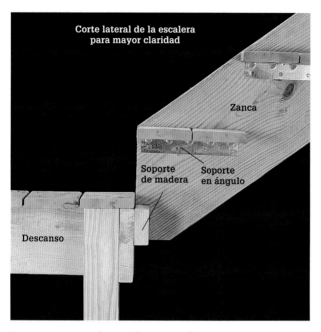

Corte lateral de la escalera
para mayor claridad

Zanca

Soporte
de madera

Soporte
en ángulo

Descanso

Contrahuella

Madero de
elevación de ¾"
de espesor

Las zancas para la escalera superior se sostienen sobre un soporte de madera de 2 × 4 conectado al lado del descanso. La zanca lleva una muesca para ajustarla al soporte. En la parte exterior los soportes en ángulo sostienen las contrahuellas.

Los pasos pueden ser encajonados en los maderos de elevación y pueden tener contrahuellas que sobresalen del borde frontal para un acabado más vistoso. Las contrahuellas no deben sobresalir más de 1".

Corte lateral de la escalera
para mayor claridad

Viga frontal

Soporte adicional para
la zanca de 2 × 6

Las bases de concreto sostienen las zancas de la escalera inferior. Los tornillos de anclaje en forma de "J" se instalan en el concreto cuando todavía está fresco. Después que se secan las bases, se conectan soportes de madera a los tornillos para crear la superficie para sujetar la zanca. Después de ser colocada en su lugar, la zanca se clava o atornilla a los soportes de madera.

Se recomienda instalar una zanca central para escaleras con más de tres pasos o con más de 36" de ancho. Estas zancas son sostenidas por maderos adicionales de 2 × 6 clavados a la parte inferior de la viga frontal por medio de abrazaderas de metal. El borde inferior del soporte es biselado para empatar con el ángulo de la zanca.

Cómo crear un plano preliminar

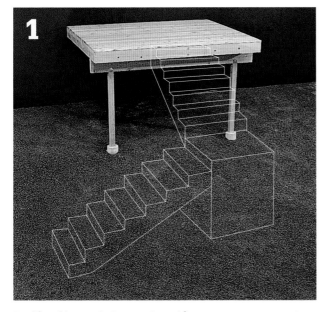

Evalúe el lugar de la construcción y trate de visualizar cuál es el mejor diseño de escaleras que se acopla a sus necesidades. Al crear un plano preliminar, es recomendable ubicar el descanso de la escalera de tal manera que la escalera superior e inferior sea de igual longitud. Fórmese una idea general del diseño.

Establezca un punto cercano para el comienzo de la escalera sobre la plataforma y un punto final sobre el suelo que concuerde con el diseño. Marque el comienzo sobre la viga frontal y luego los puntos finales con dos estacas separadas a la misma distancia del ancho de la escalera. Esto es apenas un plano provisional; luego, al hacer los cálculos necesarios, obtendrá las medidas exactas.

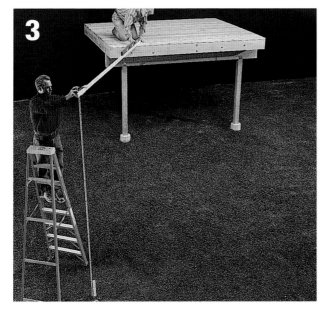

Determine la caída vertical de la escalera extendiendo un madero derecho de 2 × 4 nivelándolo desde el punto de inicio en la plataforma hasta el punto final directamente señalado sobre el suelo. Mida la distancia hasta el suelo. Esta es la caída vertical. *Nota: Si el punto final es más de 10 pies desde el punto inicial. Use una cuerda y una línea de nivel para establecer el punto de referencia desde donde va a medir.*

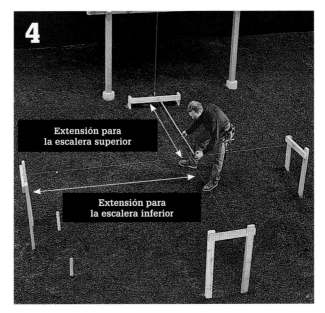

Extensión para la escalera superior

Extensión para la escalera inferior

Mida la extensión horizontal para cada escalera. Primero, use maderos de soporte para crear cuerdas en nivel que representen los bordes de las escaleras. Determine la extensión de la escalera superior midiendo directamente desde el punto debajo del borde de la plataforma hasta el borde del descanso. Mida la extensión para la escalera inferior desde el descanso hasta el punto final.

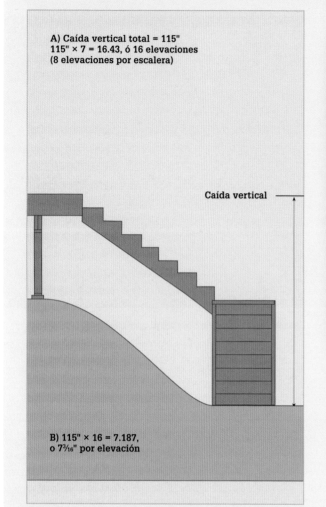

A) Caída vertical total = 115"
115" × 7 = 16.43, ó 16 elevaciones
(8 elevaciones por escalera)

Caída vertical

B) 115" × 16 = 7.187,
o 7³⁄₁₆" por elevación

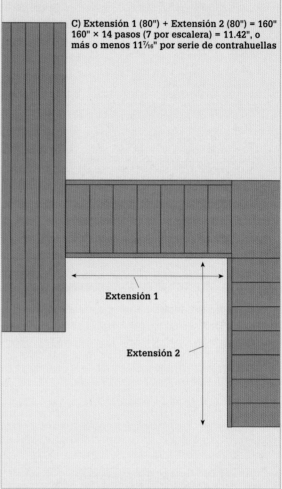

C) Extensión 1 (80") + Extensión 2 (80") = 160"
160" × 14 pasos (7 por escalera) = 11.42", o
más o menos 11⁷⁄₁₆" por serie de contrahuellas

Extensión 1

Extensión 2

ILUSTRACIONES ANTERIORES:

Determine el número de elevaciones que necesitará para dividir la caída vertical por 7 (redondeando las fracciones). Ver el ejemplo A. Luego determine la altura exacta para cada elevación dividiendo la caída vertical por el número de elevaciones (B).

Establezca la distancia horizontal de cada paso sumando las extensiones de ambas escaleras (sin incluir el descanso), y luego dividiéndolo por el número de pasos (C). Recuerde que el número de pasos en la escalera es siempre uno menos que el número total de elevaciones.

Si el diseño no concuerda con la guía de la página 129, ajuste el comienzo de la escalera, el final o el descanso, y luego haga los cálculos una vez más. Después de determinar las medidas, ajuste el diseño en el sitio de construcción siguiendo el plano final.

ILUSTRACIONES DE LA PÁGINA SIGUIENTE:

Marque las zancas sobre maderos de 2 x 12 con una escuadra; corte las secciones sobrantes con una sierra circular, y finalice los cortes de las muescas con una sierra manual. En las ilustraciones siguientes, las partes sobrantes no han sido coloreadas. En la construcción de una terraza estándar, las zancas externas llevan instaladas al interior soportes metálicos para los escalones. La zanca del medio en ambas escaleras lleva muescas como soportes para las contrahuellas. Las muescas deben coincidir con la altura de los soportes metálicos. En las zancas de la escalera superior se cortan muescas en los bordes de las puntas inferiores para acomodar soportes de madera de 2 x 4 instalados sobre el descanso (ver página 125). La punta superior de cada muesca debe quedar debajo de la punta de la contrahuella inferior a una distancia igual a una elevación más el espesor de la plataforma (ver página siguiente).

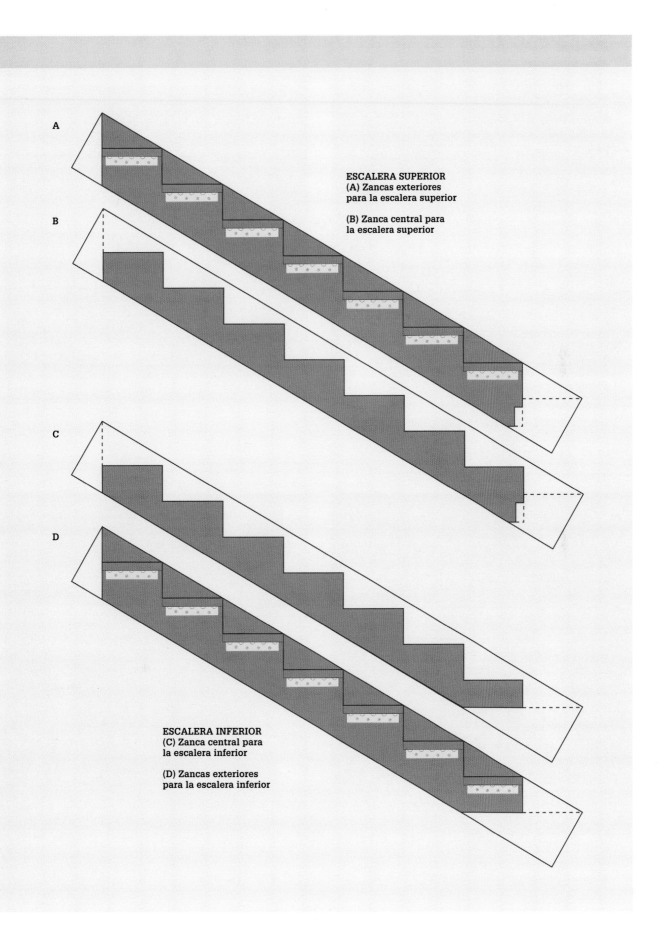

A

B

ESCALERA SUPERIOR
**(A) Zancas exteriores
para la escalera superior**

**(B) Zanca central para
la escalera superior**

C

D

ESCALERA INFERIOR
**(C) Zanca central para
la escalera inferior**

**(D) Zancas exteriores
para la escalera inferior**

Cómo construir escaleras con descanso

Comience el trabajo construyendo el descanso sobre una superficie plana con maderos de 2 × 6. Junte las esquinas con tornillos de 3" y compruebe que está cuadrado midiendo las diagonales. Ajuste la estructura hasta que las medidas queden iguales, y luego clave maderos de soporte en las esquinas para mantenerla cuadrada.

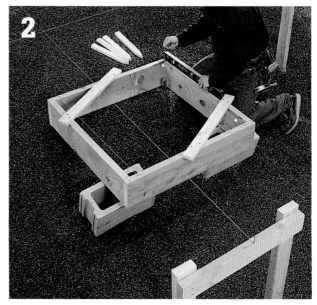

Siguiendo el plano del diseño, ubique exactamente la posición del descanso sobre el piso, luego coloque la estructur allí y nivélela. Clave estacas para marcar los sitios de las bases de concreto usando una plomada como guía. Instale las bases y los postes para el descanso.

Desde la parte alta de la terraza, mida una distancia igual a la caída vertical para la escalera superior. Instale un madero de 2 × 4 a lo largo de los postes a esa altura como punto de referencia. Coloque una regla recta sobre el madero recostado contra los postes del descanso para que quede a nivel, y márquelos en esa altura. Mida hacia abajo la distancia igual al espesor de los maderos de la plataforma y marque con líneas el lugar donde la estructura del descanso se va a ubicar.

Instale la estructura del descanso a los postes en las líneas de referencia. Compruebe que el descanso está a nivel y asegúrelo contra los postes con anclajes de vigas clavados con tornillos de cabeza cuadrada de ⅝" × 3". Corte la punta de los postes a ras con la estructura del descanso usando una sierra recíproca.

Quite los maderos de soporte de las esquinas del descanso, y luego corte e instale las vigas de la superficie. En el caso de un diseño de plataforma en diagonal. Separe las vigas cada 12". Cuando termine, corte las puntas de las vigas a ras con el descanso.

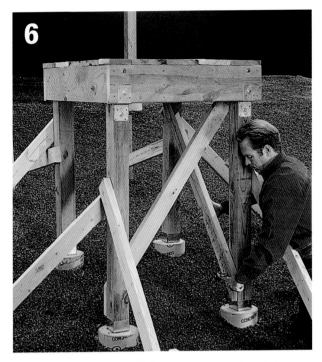

Para agregar soporte adicional, y para prevenir tambaleo, instale maderos permanentes de 2 × 4 cruzados en forma diagonal desde la base de los postes hasta el interior del marco del descanso. Ancle al menos dos lados de la estructura. Remueva los soportes temporales y las estacas que los sostienen.

Marque y corte las zancas para ambas escaleras (superior e inferior), ver la página 125. Corte muescas en las zancas centrales donde las contrahuellas van a descansar. Inicie los cortes con una sierra circular y termínelos con una sierra manual. Mida y corte todas las contrahuellas.

Use tornillos de cabeza cuadrada de ¾" para instalar anclajes en ángulo sobre las zancas donde van a descansar las contrahuellas. Luego colóquelos boca abajo e instale las contrahuellas con tornillos de cabeza cuadrada. Los espacios entre los maderos de as contrahuellas no debe ser más de ⅜".

(continúa)

Excave y vierta concreto en las bases para soportar cada zanca de la escalera inferior. Compruebe que las bases están niveladas y a la altura correcta en relación al descanso. Instale los anclajes metálicos en forma de "J" sobre cada base mientras el concreto esté fresco dejando que sobresalgan unas 2" de las zancas. Después que se seque el concreto, corte soportes de madera de 2 × 4, ábrales orificios e instálelos sobre los anclajes en forma de "J" con tuercas.

Instale un soporte adicional de 2 × 6 sobre el descanso para apoyar la zanca central (ver página 130), y luego coloque la escalera en su lugar. Las zancas externas deben quedar a ras con la parte superior de la plataforma. Utilice anclajes esquineros y puntillas para colgantes de vigas para clavar las zancas a la viga frontal y el soporte adicional. Ancle la parte inferior de las zancas clavándolas a los soportes de madera.

Mida y corte un soporte de madera de 2 × 4 del mismo ancho de la escalera superior, incluyendo las zancas. Use tornillos de cabeza cuadrada para anclarlo a la viga frontal del descanso. Déjelo a ras con las vigas de la plataforma. Corte las puntas inferiores de todas las zancas para que encajen sobre el soporte (ver página 130), e instale anclajes en ángulo sobre las zancas para sostener las contrahuellas.

Para sostener la zanca central en la parte superior de la escalera, mida y corte un madero de soporte adicional de 2 × 6 del mismo ancho de la escalera. Clave el soporte a la viga frontal con montantes de metal y tornillos.

Ubique las zancas para que queden sobre los soportes del descanso. Compruebe que están a nivel y separadas correctamente. Luego clave las partes inferiores sobre los soportes de madera con puntillas galvanizadas 16d. En la parte superior use anclajes en ángulo para sostener las zancas exteriores sobre la viga frontal de la terraza, y el central sobre la viga de soporte adicional.

Mida, corte e instale las contrahuellas sobre los soportes de metal, luego clávelos desde la parte inferior con tornillos de cabeza cuadrada de ¾". La separación entre los maderos de la contrahuella no debe ser mayor a ⅜". Después de completar la instalación de la escalera, instale los pasamanos (ver páginas 144 a 147).

Barandas de terrazas

Las terrazas construidas a una altura de 30" o más sobre el nivel del piso deben llevar una baranda instalada alrededor de su perímetro. Los códigos de construcción determinan la altura y la separación requerida para la baranda, pero quizás no tenga conocimiento que la madera no es la única alternativa para su construcción. Las barandas tradicionales de madera son fáciles de construir y relativamente poco costosas, pero existen otras alternativas atractivas y fascinantes. El siguiente capítulo le mostrará una variedad de sistemas de barandas, incluyendo algunos construidos con materiales prefabricados, con cable de acero, con paneles de vidrio transparente y tubería de cobre. Con la atención y creatividad de su parte, las barandas pueden ser una parte importante del diseño de la terraza, y no sólo una forma de prever accidentes.

Este capítulo también le enseñará cómo mejorar la apariencia de las escaleras con pasamanos y balaustres, y aún cómo crear un pasamanos en curva poniendo en práctica varias técnicas avanzadas de carpintería.

En este capítulo:

- Principios básicos de las barandas
- Barandas en curva
- Barandas de material contrachapado
- Barandas con paneles de vidrio
- Barandas con cable de acero
- Barandas con tubería de cobre

Principios básicos de las barandas

Las barandas deben ser fuertes, resistentes, y ancladas con firmeza a las vigas de la estructura de la terraza. Nunca instale postes de barandas a la superficie de la plataforma. Consulte los códigos locales como una guía en la construcción de las barandas; la mayoría de ellos requieren que las barandas tengan una altura mínima de 36" sobre el nivel de la plataforma. Los balaustres verticales deben estar separados a una distancia no mayor a 4". En algunas áreas quizás se requiera un pasamanos con agarradera para escaleras con más de cuatro escalones. Consulte con su inspector local para determinar los códigos requeridos para la construcción.

Herramientas y materiales ▶

Cinta métrica
Lápiz / Taladro
Sierra ingletadora
Brocas para madera
  ($\frac{1}{8}$", $\frac{1}{4}$")
Broca en forma de
  pala de 1"
Escuadra combinada
Punzón / Nivel
Llave inglesa
Pistola para enmasillar
Sierra recíproca
  o circular
Sierra de vaivén

Madera para barandas
  (4×4, 2×6,
  2×4, 2×2)
Sellador preservativo
  transparente
Tornillos de cabeza
  cuadrada de $\frac{3}{8} \times 4$"
  y arandelas de 1"
Masilla de silicona
Tornillos anti-
  corrosivos para
  terraza de $2\frac{1}{2}$"
Puntillas galvanizadas
  comunes 10d

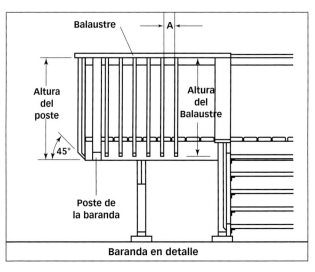

Consulte el plano del diseño para determinar la separación (A) y la longitud de los postes y balaustres. Los postes no deben estar separados más de 6 pies de distancia.

Las barandas son requisitos obligatorios para terrazas a más de 30" de altura del nivel del piso. Hay una gran cantidad de códigos y estipulaciones que dictan cómo construir las barandas. Consulte con su inspector local para aclarar cualquier código o regulación.

Tipos de barandas

Los balaustres verticales con postes y pasamanos son una buena alternativa para viviendas con líneas verticales marcadas. Un balaustre vertical (ver foto) es una buena solución cuando hay niños presentes.

Las barandas horizontales son a menudo utilizadas en casas estilo rancho. Son hechas con postes verticales, dos o más pasamanos anchos horizontales, y una cubierta del pasamanos.

Los paneles entramados adicionan un toque decorativo a toda la terraza y mucha más privacidad.

Códigos para las barandas ▶

Las barandas por lo general son requeridas en terrazas a más de 30" de altura sobre el nivel del piso. Seleccione el diseño que más concuerda con el estilo de la vivienda.

Por ejemplo, en casas de estilo rancho, seleccione una baranda con vigas horizontales anchas. En el estilo "Tudor", o medieval, con techos altos y pronunciados, escoja una baranda con balaustres verticales y separados a poca distancia. Vea las páginas 156 a 169 para información de cómo construir otros estilos de barandas, incluyendo una en curva.

Algunos códigos pueden requerir pasamanos de fácil agarre en las escaleras (ver página 155). Consulte con su inspector local.

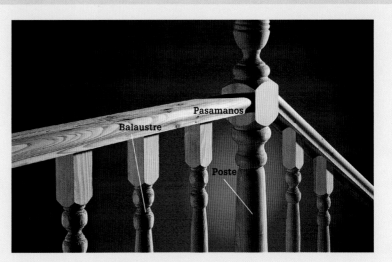

Los productos pre-elaborados permiten la fácil construcción de barandas decorativas. Estos incluyen pasamanos tallados, balaustres y postes.

Cómo instalar una baranda de madera en la terraza

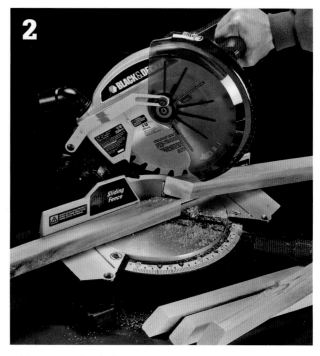

Mida y corte postes de 4 × 4 con una sierra ingletadora o circular. Corte la punta superior de los postes en forma cuadrada y la inferior en un ángulo de 45°. Luego cubra los cortes con sellador preservativo transparente.

Mida y corte los balaustres para la terraza principal con una sierra ingletadora o circular. Corte la punta superior en forma cuadrada y la inferior en un ángulo de 45°. Cubra los cortes con sellador preservativo transparente.

Abra dos agujeros guías de ¼" separados a 2" en la parte inferior de cada poste. Ensanche los huecos con una broca en forma de pala de 1" y a ½" de profundidad.

Abra dos agujeros guías de ⅛" separados a 4" cerca de la parte inferior de cada balaustre. Perfore otros dos agujeros guía de ⅛" en la parte superior de cada balaustre separados a 1½" de distancia.

Mida y marque la ubicación de los postes alrededor y en la parte exterior de la terraza con una escuadra combinada. Instale un poste en el borde exterior de cada zanca de la escalera.

Ponga cada poste con la punta biselada a ras con la parte inferior de la plataforma. Use una plomada para nivelarlo. Inserte un destornillador o una puntilla en los agujeros guía y haga una marca sobre la plataforma.

Quite el poste y abra agujeros guía de ¼" sobre la plataforma.

Instale los postes a la plataforma con tornillos de cabeza cuadrada y arandelas de ⅜" × 4" con una llave inglesa o taladro eléctrico. Cubra las cabezas de los tornillos con masilla de silicona.

Mida y corte pasamanos laterales de 2 × 4. Instálelos con el borde a ras con la parte superior de los postes y clávelos con tornillos anti-corrosivos de 2½".

(continúa)

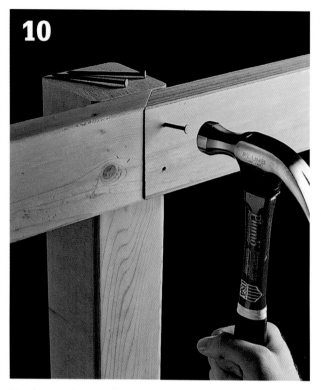

10

En el caso de pasamanos largos, junte maderos de 2 × 4 cortando las puntas en ángulos de 45°. Abra agujeros guía de 1/16" para evitar que las puntillas agrieten la madera y clávelos con puntillas galvanizadas 10d. Los tornillos pueden agrietar las puntas en ángulo.

11

Instale la punta de los pasamanos a los postes dejándolos a ras como muestra la foto. Abra agujeros guía de 1/8" y clave los rieles con los tornillos apropiados de 2½".

12

En el sitio de la escalera superior, mida la altura desde la superficie de la plataforma hasta la punta del poste (A).

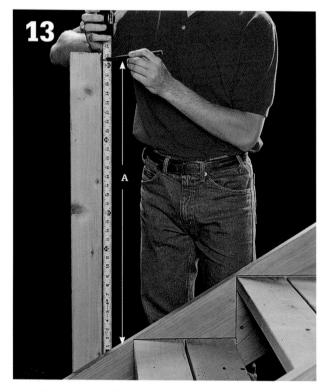

13

Transfiera esa medida (A) al poste de la escalera inferior midiéndola desde el borde de la zanca de la escalera.

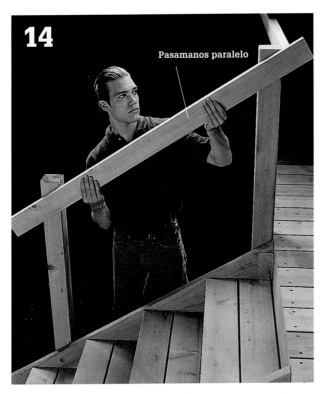

14

Pasamanos paralelo

Coloque un pasamanos de 2 × 4 recostado al interior de los postes de la escalera. Alinee el pasamanos con la esquina trasera del poste superior y marque con un lápiz sobre el poste inferior. Pida ayuda para instalar el poste temporalmente con tornillos de 2½".

15

Pasamanos de la terraza

Pasamanos de la escalera

Marque con una línea la intersección del poste con el pasamanos de la escalera en la parte trasera del mismo.

16

Marque con una línea la intersección del pasamanos de la escalera en el poste inferior de la misma.

17

Use un nivel para marcar una línea de corte a plomo en la punta inferior del pasamanos de la escalera. Remueva el pasamanos.

(continúa)

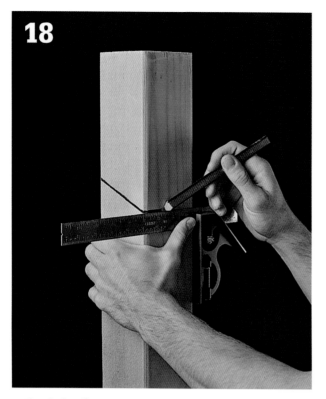

18

Extienda las líneas marcadas con lápiz alrededor del poste usando una escuadra combinada como guía.

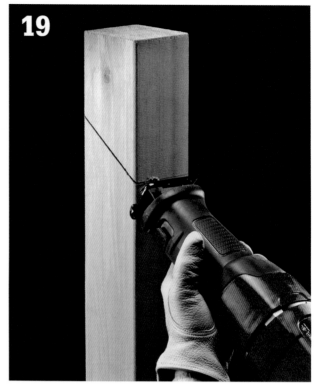

19

Corte la punta del poste inferior en forma diagonal siguiendo la línea marcada. Use una sierra recíproca o circular.

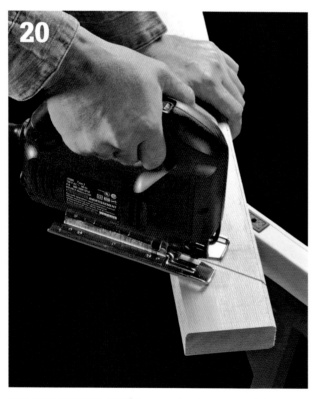

20

Use una sierra de vaivén para cortar el pasamanos de la escalera sobre la línea marcada.

21

borde del poste superior. Abra agujeros guía de ⅛" y luego clave el riel a los postes con tornillos adecuados de 2½".

Use un bloque de madera como medida para separar los balaustres. Comience al lado del poste del pasamanos que está a plomo. Coloque cada balaustre recostado en forma ajustada contra el bloque y a ras con la parte superior del pasamanos. Clave cada balaustre con tornillos de 2½".

Para la escalera, coloque el balaustre recostado a plomo contra la zanca y el pasamanos. Marque los cortes diagonales en la parte interior superior del balaustre usando el pasamanos como guía. Corte el balaustre sobre la marca con una sierra ingletadora. Cubra los cortes con sellador preservativo transparente.

Comience al lado del poste superior de la escalera, coloque cada balaustre en forma ajustada contra el bloque y a ras con la parte superior del pasamanos. Clave el balaustre con tornillos de 2½".

Coloque el madero de cubierta de 2 × 6 dejándolo a ras con el borde interior del pasamanos. Abra agujeros guía de ⅛" y clave la cubierta con tornillos de 2½" clavados cada 12". También clave tornillos sobre cada poste y sobre cada tres balaustres. En el caso de cubiertas largas, haga un corte biselado de 45° en las puntas. Abra agujeros guía de 1/16" y clávela a los postes con puntillas 10d.

(continúa)

26

En las esquinas, corte la punta de las cubiertas del pasamanos a 45°. Abra agujeros guía de ⅛" y clávelas a los postes con tornillos para terraza de 2½".

27

En la parte superior de la escalera, corte la cubierta a ras con el pasamanos de la misma. Abra agujeros guía de ⅛" y clávela con tornillos para terraza de 2½".

28

Mida y corte la cubierta para el pasamanos de la escalera. Marque el sitio donde se une con el poste y haga un corte biselado de las puntas de la cubierta.

29

Coloque la cubierta sobre el pasamanos de la escalera y los balaustres dejándola a ras con el interior del pasamanos. Abra agujeros guía de ⅛" y clávela con tornillos para terraza de 2½" cada 12". También clave tornillos sobre cada poste de la escalera y sobre cada tres balaustres.

Variaciones y estilos de barandas de madera

Una baranda con balaustres verticales es un diseño popular que se complementa con la mayoría de los estilos de las casas. Para mejorar la fortaleza y apariencia de la baranda, la variación avanzada aquí mostrada presenta un diseño de "muesca falsa". Los balaustres de 2 × 2 son montados en barandas horizontales de 2 × 2 que se conectan por medio de muescas cortadas en los postes (ver página 150).

Los rieles horizontales se complementan visualmente con las casas modernas de estilo rancho donde predominan este tipo de líneas. Para incrementar la resistencia y apariencia, el estilo mostrado presenta rieles de 1 × 4 instalados sobre los postes con cortes de muescas en los lados laterales. Una cubierta final instalada sobre el riel superior unifica y fortalece la estructura final (ver página 151).

Las barandas con estilo pared son construidas con paredes de vigas cortas de 2 × 4 instaladas a ras con los bordes de la plataforma. Las paredes y las vigas de amarre son cubiertas con terminados que se asimilan a las paredes de la casa. Un estilo de baranda de pared crea más privacidad y unifica la terraza con la vivienda (ver páginas 152 a 153).

Las barandas son requeridas en escaleras con más de tres escalones. Son por lo general diseñadas siguiendo el estilo del resto de la terraza (ver páginas 154 a 155).

Cómo construir una baranda con balaustres verticales

Corte los postes de la baranda de 4 × 4 (por lo menos de 36" más la altura de la viga frontal de la plataforma). Marque muescas parciales de 1½" de ancho por 2½" de largo donde irán a descansar los rieles de 2 × 2. Use una sierra circular con el disco a ½" de profundidad para hacer cortes desde el borde de los postes hasta el final de las marcas. Use un formón para limpiar y cuadrar las muescas. En las puntas de las esquinas, corte muescas sobre los lados contiguos de los postes.

Conecte los postes al interior de las vigas frontales. Para determinar la longitud de los rieles, mida la distancia entre las bases de los postes y agregue 1" por cada ½" de las muescas en cada poste. Mida y corte todos los balaustres. Instale los maderos de la plataforma antes de continuar con la construcción de la baranda.

Ensamble los rieles y balaustres sobre una superficie plana. Coloque los balaustres a no más de 4" de distancia y clávelos a los rieles con tornillos para terraza de 2½". Puede usar un bloque como guía para facilitar la instalación.

Ponga la baranda sobre la muesca de los postes y clávela con puntillas galvanizadas. Corte bloques de madera para cubrir la parte expuesta de las muescas y péguelos a los postes. La unión final debe parecer como un ensamble a "cruz y escuadra" (la punta de un madero es insertada en la abertura de otro madero).

Mida y corte la cubierta de los rieles de 2 × 6 y clávelos a la estructura con tornillos para terraza de 2". Corte las esquinas en ángulos de 45° para hacer las uniones.

Cómo construir una baranda con muescas

Corte los cuatro postes de 4 × 4 a la medida, sujételos con abrazaderas para marcar muescas de 3½" de ancho por ¾" de profundidad para ensamblar los rieles horizontales. Para las esquinas, corte las muescas en los lados contiguos de los postes. Ábralas con una serie de cortes paralelos, a más o menos ¼" de distancia, entre marcas.

Quite los sobrantes de los cortes con un martillo. Luego use un formón para emparejar hasta el fondo el corte de las muescas. Instale los postes al interior de las vigas frontales y termine con la plataforma antes de continuar con la construcción de la baranda.

Determine la longitud de los rieles de 1 × 4 midiendo la distancia entre las bases de los postes. Córtelos y clávelos en su lugar con puntillas especiales 8d que no agrietan la madera de cedro. Corte la punta de los rieles en 45° para hacer las uniones. Si hay un ensamble intermedio, debe ser hecho sobre el centro de uno de los postes.

Mida y corte los soportes de madera de 2 × 2 y clávelos entre los postes, a ras con el riel superior, con puntillas galvanizadas. Luego mida la cubierta de los rieles y clávela con tornillos para terraza de 2" atravesando los soportes. Corte las esquinas en 45° para hacer los ensambles.

Soporte de madera

Cómo construir una baranda con paredes

Corte los postes a la distancia correcta con una sierra circular ingletadora portátil. Si la sierra no tiene la envergadura para hacer un solo corte, hágalo en dos pasos.

El bloque se instala aquí

Conecte los postes al interior de las vigas frontales usando tornillos de cabeza cuadrada. Instale bloques entre las vigas para reforzar los postes. Instale la plataforma antes de continuar con la baranda.

Construya una pared con maderos de 2 x 4 igual a la altura de la baranda. Separe las vigas a una distancia de 16" desde el centro y clávelas con tornillos a lo largo de la base superior e inferior.

Coloque la pared sobre la plataforma a ras con los bordes de las vigas frontales, y luego clávela con tornillos para terraza de 3" sobre la base inferior. En las esquinas, clave las vigas de las paredes contiguas. En los puntos finales, clave las últimas vigas a los postes.

En las esquinas, instale soportes adicionales de 2 × 4 a ras con la parte interior y exterior de las bases superior e inferior para agregar superficie de clavado para otros maderos y elementos de acabado final.

En las esquinas interiores, instale un madero de 2 × 2 con puntillas 10d que no rajen la madera de cedro. Los materiales de la pared serán clavados a este madero.

En las esquinas exteriores, conecte maderos de 1 × 4 en ambos lados de tal manera que uno se monte sobre el otro. Los maderos se deben extender hasta cubrir la viga frontal. También instale estos maderos alrededor de los postes.

Corte y coloque en su sitio las cubiertas sobre el riel superior y clávelos al mismo con tornillos para terraza de 2". Las cubiertas deben empatarse en las esquinas en ángulos de 45°.

Instale el material que cubrirá las paredes en la parte interior y exterior de la misma con puntillas que no rajen la madera. Utilice cuerdas con tiza para marcar líneas de referencia y trate de imitar el acabado de las paredes de la casa. La primera cubierta deberá sobreponer un poco la viga frontal. Cuando sea necesario unir cubiertas, intercálelas para que los cortes no queden sobre la misma viga.

Cómo construir la baranda en ángulo de una escalera

Use la escuadra combinada para marcar la cara del poste superior de la escalera (donde el riel se va a instalar). En la mayoría de los diseños horizontales de escaleras, el riel superior debe quedar a nivel con el riel inferior. Marque los otros postes de la escalera a la misma distancia.

Coloque el riel contra la cara de los postes, y con el borde inferior recostado contra la zanca. Luego marque los cortes en ángulo sobre el madero al interior de los postes. Corte todos los rieles a la misma medida.

Asegure los rieles contra los postes con soportes de metal galvanizado en forma de "L" conectados al interior de los mismos.

Mida y corte soportes de madera de 2 × 2, y conéctelos a ras a la parte interior del riel superior usando tornillos de 2". Clave el soporte a los postes con puntillas galvanizadas clavadas en ángulo.

Mida y corte la cubierta para colocarla sobre el riel y el soporte adicional. Corte el poste en ángulo e instale la cubierta sobrepasando un poco la distancia del poste. Clávela con tornillos para terraza de 2" sobre el riel y soporte adicional.

Mida y corte el pasamanos de agarre anclándolo contra los postes con soportes. Corte las puntas en un ángulo de 45° y corte piezas en ambos lados en igual ángulo para unirlas de nuevo al poste (foto a la derecha).

Pasamanos de agarre ▸

Los pasamanos de agarre son requeridos en escaleras con más de dos escalones. El pasamanos debe ser tallado de tal forma que la pieza de agarre mida entre 1¼" y 2" de diámetro, y conectada en ángulo contra los postes en las puntas. La parte superior del pasamanos debe estar entre 34" y 38" de altura de los escalones, medido desde el borde del escalón.

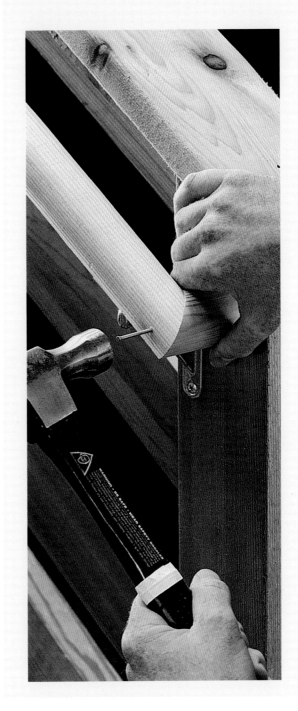

Barandas en curva

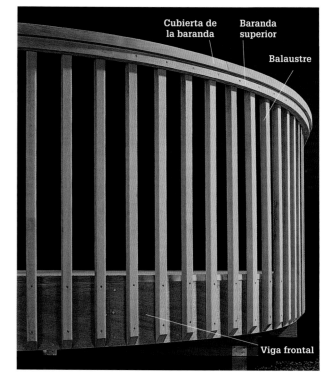

Diseñar y construir una baranda en curva requiere del básico entendimiento de geometría, y la habilidad de hacer dibujos detallados usando un compás, un transportador, y una herramienta especial de medidas llamada regla de escala.

Crear una baranda en curva es una técnica algo avanzada, pero los resultados merecen el esfuerzo. Construir la baranda requiere de doblar y pegar capas delgadas de madera alrededor de la viga frontal de la terraza en curva, que a su vez actúa como una forma de doblar la madera. Para lograrlo, necesitará gran cantidad de abrazaderas medianas para mantener la baranda en su posición mientras se seca. La cubierta de la baranda es formada por varios maderos cortados y unidos en ángulo desde una punta hasta la otra que forman toda la estructura para luego ser cortada en curva.

El método para construir una cubierta mostrado en las páginas siguientes es aplicado sólo para círculos simétricos completos, medios, o en cuartos. Si la terraza tiene una curva irregular o elíptica, es bastante difícil construir una cubierta para la baranda. En este tipo de curvas, es mejor limitar el diseño de la baranda e incluir sólo balaustres y cubiertas con material laminado.

Cubierta de la baranda — Baranda superior — Balaustre — Viga frontal

Los componentes de una baranda en curva incluyen: balaustres verticales clavados a la viga frontal en curva, la cubierta de la baranda fabricada con capas laminadas de contrachapado, y una baranda superior que es construida colocando secciones de maderos de 2 × 12 en ángulo para formar la curva y cortándolos con una sierra de vaivén.

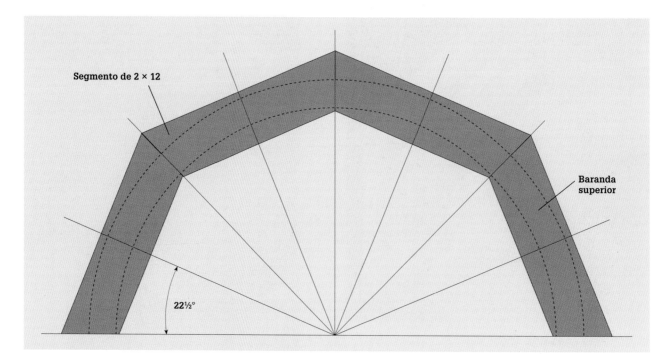

Segmento de 2 × 12

Baranda superior

22½°

Una baranda superior en curva es creada de segmentos de maderos de 2 × 12 cortados en ángulo. Después de colocarlos de principio a fin, se dibuja el ancho de la baranda (6") sobre cada segmento. En el caso de un semicírculo con un radio de 7 pies, se necesitarán cuatro segmentos de 2 × 12 con las puntas cortadas en un ángulo de 22½°. Para semicírculos con radios superiores, necesitará ocho segmentos con las puntas cortadas en un ángulo de 11¼°.

Cómo construir una baranda en curva

Para crear una baranda superior en curva, utilice pegante para exteriores para unir cuatro tiras de contrachapado de cedro de 1½" de ancho por ⅜" de espesor, usando la viga frontal en curva de la plataforma como base. Primero, cubra la viga frontal con papel "kraft" como protección y luego comience a pegar tiras de cedro a su alrededor. Ancle cada tira en su sitio con abrazaderas comenzando en una punta de la curva. Las tiras deben ser de diferentes longitudes para hacer un ensamble escalonado entre las capas.

Continúe trabajando alrededor de la viga frontal hasta llegar al otro lado. Debe colocar abrazaderas a ambos lados de las uniones donde se juntan las piezas de cedro. Corte las últimas tiras un poco más largas, y luego empareje las puntas de la baranda a la medida correcta cuando el pegante se haya secado. Para mayor seguridad, clave tornillos para terraza de 1" sobre la baranda en intervalos de 12" después que todas las tiras han sido pegadas. Retire las abrazaderas y luego lije los bordes para un mejor acabado.

Instale postes en las esquinas cuadradas de la plataforma. Luego, corte los balaustres de 2 × 2 a la longitud indicada, dejando la punta inferior en ángulo de 45°. Instálelos a la viga frontal con tornillos para terraza de 2½" usando un bloque como guía de separación para que queden a la misma distancia. Ancle la baranda superior en curva a las puntas de los balaustres y postes, y luego clávela con tornillos.

Después que la baranda superior en curva y los balaustres están en posición, conecte las barandas superiores de 2 × 2 sobre los balaustres en las secciones rectas de la terraza. Las puntas de la parte derecha deben quedar a ras contra las puntas de la parte curva. Mida la distancia entre la parte interior de los balaustres en cada punta de la curva, luego divida esa distancia por dos para encontrar el radio requerido para la cubierta en curva de la baranda.

(continúa)

Barandas de terrazas ▮ 157

Usando una escala donde 1" equivalga a 1 pie, dibuje el diagrama de la terraza. (Una regla en escala facilita el trabajo). Primero, dibuje el arco de la terraza con un compás siguiendo la medida del radio encontrada en el paso 4. Divida la parte en curva en un número parejo de secciones iguales usando un transportador para trazar líneas de radios desde el centro de la curva. En una curva semicircular, por lo general es suficiente dibujar ocho líneas de radio separadas cada una en un ángulo de 22½°. (En terrazas con radios superiores a 7 pies, divida el semicírculo en 16 secciones con ángulos de separación de 11¼°).

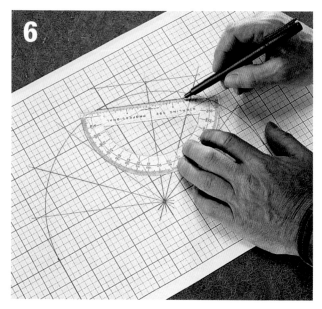

Desde el punto donde uno de los radios intersecta la línea curva de la baranda, utilice la regla en escala para marcar puntos de 5½" arriba y abajo de la intersección. A partir de esos puntos, use el transportador para dibujar líneas perpendiculares sobre los radios contiguos. El polígono creado por las líneas perpendiculares y los radios contiguos representa la forma y tamaño de todos los segmentos de 2 × 12 que se usarán para crear la cubierta de la baranda.

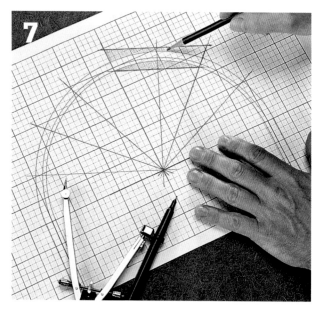

Dibuje un par de arcos paralelos separados a 5½", que representan la cubierta en curva de la baranda, al interior de las líneas de los segmentos de 2 × 12. Dibuje en sombra el espacio entre las líneas paralelas y los dos radios contiguos. Esa área representa la forma y tamaño de cada segmento en ángulo de 2 × 12. Mida el ángulo de intersección en las puntas del madero. En este ejemplo, los segmentos se unen en un ángulo de 22½°.

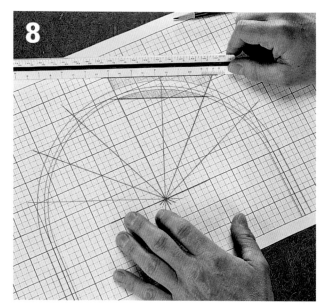

Mida la longitud del borde largo. Esa medida es la distancia total de cada uno de los segmentos de 2 × 12 que va a cortar. Cuente las áreas en sombra para determinar cuántos segmentos necesitará para completar la curva. En una curva semicircular con un radio hasta 7 pies, se necesitan cuatro segmentos con uniones en ángulo de 22½°. En curvas con radios superiores, necesita ocho segmentos con puntas en ángulo de conexión de 11¼°.

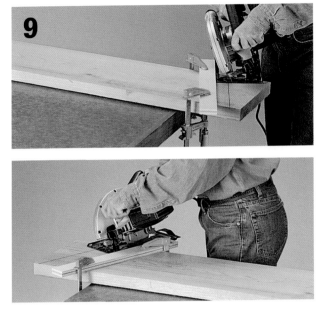

Mida y corte los maderos de 2 × 12 para los segmentos de la cubierta de la baranda, con las puntas cortadas en ángulo de 22½° hacia el interior. Coloque el disco de la sierra circular o de mesa en un ángulo de 15°, y luego haga cortes sucesivos sobre las líneas marcadas. En cortes de este tipo, los segmentos se traslapan y es menos posible ver grietas entre las uniones de los maderos.

Coloque las piezas de los segmentos sobre el riel en curva y ajústelos si es necesario para que queden en el centro sobre la parte superior del riel. Clave los segmentos provisionalmente en su lugar con tornillos para terraza de 2". Mida e instale la cubierta de 2 × 6 en la parte recta de la baranda.

Clave o ancle un madero fuerte en forma temporal de lado a lado del comienzo de la curva. Construya un compás grande clavando la punta de un madero largo de 1 × 2 sobre una pieza de 1 × 4 de 1 pie de largo. Mida desde la puntilla a lo largo del brazo del compás y abra agujeros a la distancia del radio deseado. En nuestro ejemplo, se abrirán dos agujeros separados a 5½" de distancia, representando el ancho de la cubierta sobre la baranda. Clave el extremo del compás sobre el madero provisional para que la puntilla se convierta en el centro de la curva de la terraza. Luego inserte un lápiz en uno de los huecos del compás. Lleve el brazo del mismo a lo largo de los segmentos marcando la línea de trayectoria. Mueva el lápiz al otro hueco y marque la segunda línea.

Retire el compás y desatornille los segmentos de madera. Use una sierra de vaivén para hacer los cortes sobre las líneas, luego coloque las piezas en curva sobre la baranda. Asegure la cubierta usando pegante para exteriores y clavándola con tornillos de 2½". Use una lijadora de correa para lijar las marcas del corte.

Opciones decorativas para las barandas ▸

Aún cuando ya haya decidido usar postes de madera y rieles en su terraza, hay muchas otras formas de construir el sistema de barandas para darle un acabado único y diferente. Un cambio radical que puede considerar es seleccionar un material poco común para los balaustres. Estos se pueden conseguir en varios metales (aluminio, acero inoxidable, hierro y cobre). Los balaustres de metal son construidos en forma derecha o en línea curva, torcido, o en formas arquitectónicas. Se instalan al interior de agujeros o se ajustan con tornillos sobre barandas o rieles de madera. Los paneles de vidrio templado son otra opción. Se ajustan por medio de tornillos, o se pueden deslizar sobre ranuras construidas en los rieles. También puede llenar el espacio entre los postes y rieles con telas de colores para exteriores. Algunas vienen con ojales de metal ya instalados para ser colgadas y ajustadas con cuerdas a prueba de agua.

Si va a usar balaustres de metal, considere instalar un riel central entre ellos. Los rieles tienen formas de flor de lis, o diseños clásicos y novedosos que dan un toque distintivo a los balaustres.

Los postes tampoco tienen que ser monótonos. Una opción es cubrirlos con capotas de plástico u otro material de varios colores, o decorarlos con capas de material similar a la piedra. En lugar de instalar pasamanos sobre la punta de los postes, extiéndalos más allá del riel y decórelos con tapas u otras decoraciones arquitectónicas de madera. Las cubiertas de los postes y las decoraciones arquitectónicas se adhieren a los mismos en forma simple usando tornillos o puntillas. Puede conseguirlas en centros de construcción en terminados de cobre y acero inoxidable, o también en vidrio pintado o como luces solares de bajo voltaje. También puede agregar un toque final a la parte inferior de los postes con aspectos decorativos hechos de diferentes materiales.

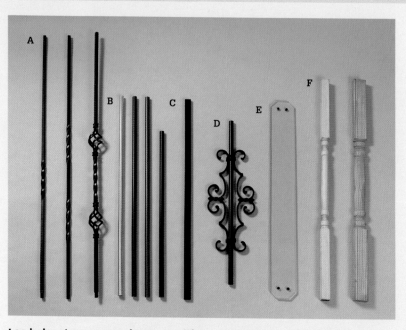

Los balaustres se consiguen en diferentes estilos y variedad de materiales. Los de metal son fabricados en diferentes líneas torcidas (A). También puede conseguir estilos tubulares (B) hechos de aluminio, acero inoxidable y cobre, o con acabados pintados. Las barras planas (C), o los rieles decorativos centrales (D) son otras opciones, así como tiras de vidrio templado (E). Los de madera (F) son por lo general más económicos que los otros estilos, pero también crean un elegante acabado.

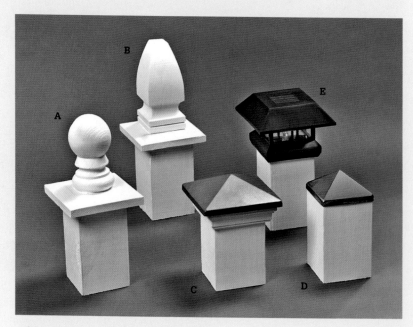

Adorne la parte superior de los postes con cubiertas decorativas. Los podrá conseguir en bolas (A) y en formas arquitectónicas (B). Considere cubrir los postes con colores (C), con cobre (D), o quizás con luces solares de bajo voltaje (E). Las capotas también ayudan a alargar la vida de los postes evitando que el agua penetre a través de las vetas de la madera.

Las cubiertas de los postes vienen en varios estilos, y son hechas de metal, contrachapados o madera. Fuera de dar un toque decorativo, protegen y extienden la vida de los postes evitando que el agua se introduzca a través de las vetas de la madera.

Si no quiere construir la baranda desde el principio, puede comprar barandas prefabricadas de PVC u otro material contrachapado fáciles de instalar y duraderas. Otra ventaja es que nunca tendrá que pintarla o cubrirla con protectores.

Las barandas de vidrio templado son una gran alternativa si la terraza ofrece una vista formidable. Aquí no hay balaustres o postes que cubran la visión —sólo vidrios transparentes y el espacio ilimitado—.

Los balaustres con líneas curvas le darán a la terraza un toque contemporáneo y único. Se unen con tornillos tal como se conectan los balaustres de madera.

El sistema de balaustres torcidos o en eje está disponible en varios tonos de metales y colores. Pueden dar un efecto único a los rieles de madera.

Las terrazas construidas con rieles comunes de madera pueden dar la impresión de encontrarse "tras las rejas", pero ya no son la única opción. Los sistemas de vidrio templado ofrecen la misma seguridad que los balaustres de madera, pero con la ventaja de tener una visión prácticamente sin obstrucción.

Barandas de material contrachapado

En la actualidad, una variedad de fabricantes de terrazas hechas de materiales contrachapados ofrecen sistemas de barandas fáciles de instalar. Además de la ventaja de usar materiales reciclables, los contrachapados son prácticamente libres de mantenimiento y vienen en una gran variedad de estilos y colores. Algunos sistemas vienen en paquetes que incluyen todos los componentes necesarios para construir hasta 6 pies de secciones de barandas. Otros fabricantes venden las piezas individuales y quizás tenga que cortarlas para adaptarlas a su diseño individual (ver los recursos en la página 315).

Herramientas y materiales ▸

Cinta métrica
Nivel / Taladro
Llave inglesa o taladro eléctrico
Sierra ingletadora
Martillo hidráulico para puntillas calibre 16

Herramienta para ajustar tuercas
Tornillos de cabeza cuadrada
Postes / Balaustres
Cubiertas de postes
Zancas

Los sistemas de barandas de materiales contrachapados son muy durables y requieren de mínimo mantenimiento.

Cómo instalar barandas de material contrachapado

Conecte los postes contrachapados a las vigas de la plataforma con un par de tornillos de cabeza redonda de ½" de diámetro, tuercas y arandelas. Ubique los postes a 72" de distancia desde el centro. No abra muescas en los postes.

Instale los soportes de las barandas, si es necesario, a los postes con tornillos a prueba de óxido. En el sistema de barandas en este ejemplo, una guía para instalar los soportes los ubica en su lugar sin necesidad de tomar medidas.

Ensamble los balaustres en el riel superior e inferior sobre una superficie plana. La guía para este ensamble mostrada en la foto separa los balaustres correctamente. Clave los rieles inferiores a los balaustres con puntillas con un martillo hidráulico calibre 16 o con tornillos adecuados siguiendo las recomendaciones del fabricante.

Clave los rieles superiores a los balaustres con puntillas con un martillo hidráulico calibre 16.

Coloque la sección ensamblada sobre los soportes en los postes asegurándose que quede a nivel. Clave un par de tornillos en los huecos del soporte al interior del pasamanos. Clave el riel inferior contra el poste con un par de puntillas en ángulo usando un martillo hidráulico calibre 16.

Barandas con paneles de vidrio

Para crear una vista prácticamente ininterrumpida, puede instalar un sistema de barandas de vidrio y abolir los balaustres por completo. En este ejemplo (ver Recursos en la página 315), el sistema es muy fácil de instalar sin utilizar herramientas especiales. Consiste de un marco de postes de aluminio y rieles superior e inferior que se conectan con tornillos. Los empaques de material de vinilo extruido que se insertan en ambos rieles sostienen los vidrios sin necesidad de tornillos. Los paneles de vidrio templado de al menos ¼ de pulgada de espesor, y los postes separados a 5 pies del centro, cumplen con los códigos de construcción. Se recomienda instalar todo el marco primero, y luego medir y ordenar los paneles para ser instalados sobre los rieles.

Herramientas y materiales ▶

Cinta métrica
Nivel
Llave de trinquete (inglesa) o taladro eléctrico
Taladro
Postes
Soportes de los postes
Paneles de vidrio templado
Soportes y conectores
Rieles
Zancas

Los paneles de vidrio templado son fáciles de instalar y cumplen con los códigos de construcción. No olvide seguir las instrucciones de instalación del fabricante.

Cómo instalar barandas de paneles de vidrio

Después de ubicar los postes, conéctelos a la plataforma de la terraza con tornillos largos de cabeza cuadrada. Instale todos los postes y los rieles inferiores antes de continuar.

Coloque la tapa de los postes sobre la punta superior de los mismos, luego mida y corte los rieles superiores a la distancia correcta. Ensamble los rieles y tapas usando tornillos. Compruebe que cada poste está a nivel antes de clavar los tornillos. Ajústelo si es necesario.

Mida la longitud de las ranuras al interior de los rieles superiores y corte las tiras de ensamble para los vidrios. Conecte los soportes del vidrio a los postes por medio de tornillos.

Mida la distancia entre los ensambles del vidrio y adicione ¾" para determinar la altura de los paneles de vidrio. Mida la distancia entre los postes y reste de 3 a 6" para hallar el ancho del vidrio, menos el espacio a cada lado. Compre el vidrio con esas medidas. Instale el riel inferior sobre los soportes.

Deslice el panel de vidrio sobre la ranura superior y luego inclínelo sobre la inferior para que descanse sobre los soportes. No son necesarios otros ensambles.

Barandas con cable de acero

Una serie de cables de acero trenzado puede reemplazar simples balaustres de madera y crear un terminado contemporáneo a la terraza. Los postes en este caso, deben ser instalados a corta distancia para soportar la tensión del cable y garantizar la seguridad.

Otra opción que puede mejorar la vista desde la terraza, es usar cables de acero trenzado como barandas entre los postes. En este caso, el cable pasa a través de agujeros en los postes en forma continua, y la presión es creada por medio de un ensamble especial del cable al final del mismo. Los cables deben estar distanciados a no más de 3 pulgadas, y con postes localizados a 3 pies de distancia desde el centro. Puede comprar postes metálicos prefabricados como los mostrados en este ejemplo, o puede usar de madera. Los postes de los extremos deben ser de 4 × 6 para que soporten la tensión del cable. Los postes intermedios pueden ser del tamaño convencional. También necesitará instalar tapas de riel de 2 × 6 aseguradas a todos los postes y agregar un bloque de 1 × 4 debajo de la tapa del riel para reforzar el lado lateral.

Herramientas y materiales ▸

Cinta métrica
Nivel / Taladro
Sierra con marco
Cortador de cable
Llaves

Alicates de cierre
    automático
Pulidora eléctrica
Aguja para
    ensartar cable

Consejo ▸

Corte el exceso de cable trenzado en el nudo usando una sierra con marco. Pula las puntas para suavizarlas.

Cómo instalar barandas con cables

Si instala postes de metal con pestañas, asegúrelos contra la plataforma con tornillos de cabeza cuadrada anticorrosivos y con arandelas.

Abra agujeros en los postes para ensartar los cables, los terminales con rosca, y los soportes de cierre automático. Pase los terminales de rosca de los cables a través del último poste e instale tuercas y arandelas a más o menos ¼" dentro de las roscas.

Pase los cables a través del poste intermedio hasta el final del poste opuesto. Trabaje en forma ordenada para evitar que se enreden los cables. Una aguja para ensartar el cable es una buena ayuda para pasarlos a través de los postes sin dañarlos. Conecte los rieles sobre la cubierta (ver foto anexa).

Inserte un soporte de cierre automático al final de cada cable y colóquelo en el hueco del cable en el poste. Quizás tenga que abrir una rosca en el hueco para acomodar el soporte. Hale el cable con fuerza. Los dientes al interior del soporte impedirán que el cable se suelte y lo mantengan tirante.

Ajuste el nudo de cada cable con una llave. Comience desde el cable central hacia el exterior. Un par de alicates de cierre automático evitarán que el cable se enrosque mientras hace el nudo. Ajuste el nudo hasta que no pueda flexionar el cable a más de 4" de distancia.

Corte el cable de sobra en el sitio del cierre automático con un cortador de cable o con una sierra de marco. Pula la punta del cable hasta emparejarla con el soporte, y cúbrala con una tapa.

Barandas con tubería de cobre

Use tubería de cobre de ¾", disponible en la sección de plomería de los almacenes de materiales para construcción, como balaustres decorativos para las barandas. Con el tiempo el cobre se oxidará y dará un atractivo tono verduzco. También pueden conseguirse balaustres de metal pintados de colores. Si no los consigue en su tienda local, búsquelos en el Internet; hay muchos fabricantes que pueden ser localizados de esta forma. Tenga en cuenta que en algunas regiones hacer muescas en los postes de 4 × 4 para instalar los tubos (como se muestra en este ejemplo), no es permitido por los códigos locales. Consulte a su inspector local para conocer las normas que se aplican en su región.

Cómo construir barandas con tubería de cobre

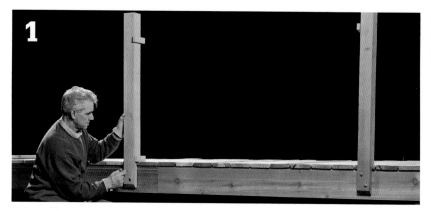

Instale los postes de la baranda como lo haría con barandas tradicionales. Mida y corte rieles de 2 × 4 en pares para instalarlos entre las caras o muescas de los postes.

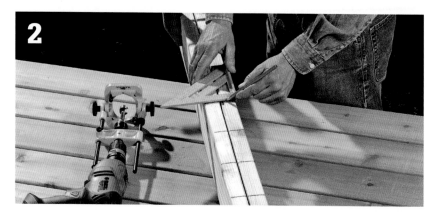

En el borde de un madero de 8 pies de largo y 2 × 4, marque la ubicación de los huecos cada 4½" comenzando desde el centro hacia los extremos. Use el madero como guía para crear el espacio consistente entre los balaustres. Ancle el madero a cada par de rieles alineando el punto central con el madero. Si alguno de los huecos queda a menos de 1½" de las puntas, ajuste los rieles cuanto sea necesario. Transfiera las marcas a los rieles con una escuadra rápida.

Abra huecos de ¾" de diámetro y a esa misma profundidad con un taladro y brocas Forstner, especiales para este tipo de trabajo.

Aplique un poco de masilla de silicona al interior de cada hueco del riel inferior e inserte el balaustre. La silicona evita que entre la humedad.

Coloque un madero de 1 × 4 debajo de la punta de los balaustres para mantenerlos uniformes. Ancle la parte inferior para evitar que se mueva y clave el riel superior en los tubos. Pida ayuda para facilitar el trabajo. Levante la estructura y martíllela sobre un bloque de madera hasta que todos los balaustres queden en su posición en ambos rieles.

En las escaleras, marque el sitio de los huecos separados a 5½" desde el centro. Voltee los rieles 180° y ánclelos juntos. Marque el centro de los huecos en los rieles y ábralos mientras están anclados sobre los pasos de la escalera. Use un nivel para crear el ángulo correcto para la guía del taladro si es necesario.

Conecte cada estructura de rieles entre los postes correctos con tornillos de 2½". Conecte las cubiertas de los rieles siguiendo los pasos de las páginas 147 y 148.

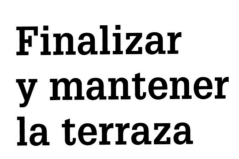

Finalizar y mantener la terraza

Debido a la naturaleza de la estructura, las terrazas están constantemente expuestas a los elementos externos, el daño de insectos y el desgaste normal por el uso. Para extender la vida de la terraza, es recomendable aplicar protectores al acabado más o menos cada dos años. Fuera de resaltar la belleza de la madera, o darle un nuevo color, un material de acabado de buena calidad reducirá los efectos negativos del agua y la luz solar sobre la estructura. Con el tiempo, tendrá que hacer reparaciones generales más notorias debido al envejecimiento normal y deterioro estructural. Por lo tanto, el sacrificio que conlleva el construir una hermosa terraza, es el mantenimiento continuo y necesario de su parte. Si se esmera en esta labor, su terraza durará por mucho tiempo y continuará siendo funcional y una parte agradable de su vivienda.

Este capítulo le enseñará sobre los productos comunes de limpieza y acabado disponibles para preservar la terraza. Aprenderá cómo aplicar acabados a la madera nueva, y cómo limpiar superficies gastadas o previamente terminadas en preparación para un nuevo acabado. También le enseñaremos cómo inspeccionar la estructura para establecer su grado de deterioro y cómo reemplazar las vigas, los postes, u otros componentes averiados, paso a paso. El capítulo concluye con consejos de cómo limpiar el vinilo y otros componentes y materiales contrachapados de la estructura.

En este capítulo:

- Limpiar, impermeabilizar y pintar la terraza
- Terminado de una nueva terraza de madera
- Mantener una terraza
- Reparar la terraza
- Limpiar una terraza de vinilo o contrachapado

Limpiar, impermeabilizar y pintar la terraza

Ya sea si está trabajando en el acabado final o restaurando la terraza, hay tres objetivos a seguir: limpiar la madera, protegerla, y darle el color deseado. Primero, tendrá que limpiar la madera o remover el acabado anterior para aplicar uno nuevo. De lo contrario, la pintura o el sellador no penetrarán y sellarán las vetas de la madera. Segundo, una capa protectora de tintura o un sellador preservativo protegerá la madera contra los efectos del clima limitando su habilidad de absorber humedad. La absorción de agua conduce al pudrimiento, atrae el moho, e invita al crecimiento de algas que pueden perjudicar el acabado prematuramente. Una capa protectora ayuda a bloquear los rayos ultra-violeta del Sol los cuales descolorizan la madera, envejecen el terminado y la secan al extremo de crear grietas. El tercer objetivo del terminado es el más obvio: las tinturas permiten cambiar el color de la estructura, ya sea resaltando o escondiendo su apariencia natural, dependiendo del producto que utilice.

Si considera los productos de acabado como instrumentos de limpieza, protección contra el medio ambiente y colorido, disfrutará de escoger los correctos para terminar su proyecto. A continuación presentamos una descripción general de estos productos.

Después

Antes

Limpiadores de la terraza

Si el terminado de la terraza ha perdido color, o está creciendo alga o moho sobre la madera, use un limpiador de terrazas para remover tales manchas. El limpiador restaurará la estructura a su color original. También removerá mugre y polvo o manchas de aceite creadas cuando se cocina. Si la terraza está sólo sucia y no afectada por el clima, puede disolver la solución con jabón normal de limpieza y luego usar un buen cepillo para limpiar. El jabón es quizás el único químico de limpieza que puede necesitar.

Sellador a prueba de agua

Este tipo de sellador y tintura de acabado con base de aceite, penetra la madera inyectando aditivos de lacre o silicona para evitar que absorba agua. La mayoría de las tinturas contienen elementos que eliminan el moho y repelentes contra rayos ultra-violeta para más protección. Use un sellador a prueba de agua cuando desee preservar el color y aspecto natural de la madera. Algunos productos adicionarán algo de color, pero por lo general no lo afectarán después del secado. A diferencia de las tinturas, el sellador tiene muy poco o nada de pigmento para proteger contra la pérdida de color debido al Sol. Deberá aplicar sellador más o menos cada año para mantener la protección contra los rayos ultra-violeta.

Tintura semi-transparente

Estas tinturas ofrecen una protección similar al sellador a prueba de agua, pero con más pigmento para ayudar a la madera a mantener su color. El objetivo primordial en este caso es pintar la madera, o combinar los diferentes tonos naturales sin obscurecer las vetas y textura. Las tinturas tienen una base de aceite y penetran en la madera, pero no crean una capa en la superficie de la misma. Son una buena solución para superficies horizontales o sillas de terraza porque no se despega. Deberá aplicarla cada dos a cuatro años.

Tintura de color sólido

Estas tinturas contienen más pigmento que las semi-transparentes y su composición se asemeja más a una pintura fina que a una tintura. Si desea cubrir la superficie por completo, un color sólido es la solución. Es una mezcla de aceite y látex, o látex únicamente, para que la pintura forme una capa sobre la superficie en lugar de penetrar. Si la superficie no se despega o raja, dará una protección superior contra el agua y el efecto de los rayos ultra-violeta. Sin embargo no es tan resistente al uso normal (caminar) como lo es la tintura a base de aceite. Los colores sólidos pueden mezclarse en miles de colores, y pueden durar cinco años o más, pero por lo general necesitará lijarlo o removerlo antes de pintar de nuevo. Evite usar colores sólidos en madera de cedro o ciprés. Estas maderas contienen ácidos tánicos y resinas que pueden emerger a través de las tinturas y dejar manchas.

Terminado de una nueva terraza de madera

Cubra la terraza con un acabado de sellador preservativo transparente, o con una tintura selladora. Esta clase de químicos protegen la madera del agua y podredumbre, y son comúnmente usados en cedro o ciprés porque preservan el color original de la madera. Si desea que la madera luzca un poco deteriorada, espere varios meses antes de aplicar el sellador preservativo.

Las tinturas selladoras, algunas veces llamadas "tonos", son por lo general aplicadas a maderas tratadas a presión para darles un tono de cedro o ciprés. Estas tinturas vienen en variedad de colores.

Para una mejor protección, use productos de terminado con base alquídica. Aplique una capa de sellador cada año.

Herramientas y materiales ▸

Lijadora de correa
Lija de papel
Aspiradora
Rociador a presión
Gafas protectoras

Brocha para pintar
Sellador preservativo
  transparente o
  tintura selladora

Consejo ▸

Use una lijadora circular u orbital para lijar la superficie o las áreas ásperas antes de aplicar el terminado sobre la plataforma, pasamanos o contrahuellas.

Un rociador o atomizador manual no es costoso y acelera el proceso de aplicación del sellador.

Cómo aplicar terminado a una terraza de cedro o ciprés

Examine la superficie de la madera rociando un poco de agua. Si la madera absorbe el agua rápidamente, está lista para ser sellada. De lo contrario, déjela secar por varias semanas antes de aplicar el sellador.

Lije las áreas ásperas y límpielas con una aspiradora. Aplique sellador transparente a toda la superficie con un rociador a presión. Si es posible, aplique sellador debajo de la terraza, a las vigas de soporte y a los postes.

Use una brocha de pintura para aplicar sellador en las rajaduras y áreas angostas que podrían acumular agua.

Cómo aplicar terminado a una terraza tratada a presión

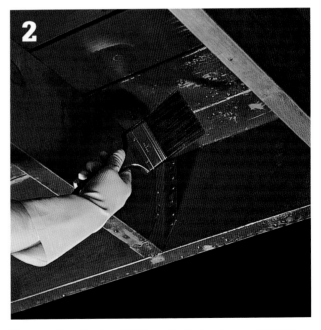

Lije las áreas ásperas y aspire la plataforma. Aplique la tintura selladora (tono) a toda la madera de la terraza con un rociador a presión.

Use una brocha de pintar para limpiar los chorros y gotas de pintura. Las maderas porosas pueden necesitar dos capas de sellador para un terminado parejo.

Mantener una terraza

Inspeccione la terraza una vez al año. Reemplace los anclajes o accesorios de conexión sueltos u oxidados, y aplique sellador para prevenir daños por agua.

Revise con cuidado las áreas que muestran deterioro. Luego reemplace o refuerce la madera afectada lo más pronto posible.

Restaure la madera antigua o afectada por el clima a su color original por medio de una solución brillante para terraza. Este tipo de químicos están disponibles en centros de materiales para construcción.

Herramientas y materiales ▸

Linterna
Punzón o destornillador
Taladro / Espátula
Cepillo de fregar
Guantes de caucho
Gafas protectoras

Rociador a presión
Tornillos para terraza
de 2½" resistentes
a la corrosión
Solución brillante
para terraza

Inspeccione las áreas escondidas con regularidad en busca de madera podrida o averiada. Aplique una capa nueva de sellador cada año.

Mantenimiento de una terraza vieja

Utilice un punzón o destornillador para inspeccionar áreas con madera podrida. Refuerce o reemplace la madera averiada.

Quite la madera dañada de las grietas o uniones usando una espátula. Los desechos pueden acumular humedad y pudrir la madera.

Clave nuevos tornillos para asegurar la madera suelta sobre las vigas. Si usa huecos de viejos tornillos o puntillas, los nuevos tornillos deben ser un poco más largos que los originales.

Cómo renovar una terraza

Mezcle la solución para la limpieza siguiendo las instrucciones del fabricante. Aplíquela con un rociador a presión. Déjela secar por 10 minutos.

Limpie toda la superficie con un cepillo de fregar. Use guantes plásticos y gafas protectoras.

Lave la superficie con agua. Si es necesario, aplique una segunda capa de solución en áreas muy sucias o manchadas. Lávela con agua y déjela secar. Aplique una capa nueva de sellador o tintura.

Reparar la terraza

Reemplace o refuerce la madera averiada de inmediato. La madera podrida puede expandirse y debilitar la estructura.

Después de reemplazar o reforzar la madera averiada, limpie la terraza y aplique una nueva capa de sellador preservativo transparente o tintura. Hágalo cada año para prevenir daños causados por el agua. Si necesita reparar más de unas pocas áreas pequeñas, quizás es tiempo de reemplazar toda la terraza.

Herramientas y materiales ▸

Palanca o barra
Taladro / Nivel
Punzón o destornillador
Martillo / Formón
Gafas protectoras
Rociador a presión
Sierra circular
Cepillo de fregar
Brocha de pintar
Elevador hidráulico
Taladro o martillo
  eléctrico
Broca para concreto
  de ⅝"
Llave inglesa / Balde

Sellador preservativo
  o tintura selladora
Puntillas galvanizadas
  (6d, 10d)
Maderos para terraza
Bicarbonato de soda
Tornillos resistentes a
  la corrosión
Anclajes para
  cemento de ⅝"
Tornillos de cabeza
  cuadrada de ⅜"
Guantes de caucho
Bloque de concreto
Retazos (contrachapa)

Cómo reparar vigas y maderos averiados

Quite las puntillas y tornillos de los maderos averiados con una palanca. Remueva el madero averiado.

Inspeccione las vigas de soporte en busca de deterioro. Las áreas descoloridas o blandas deben ser reparadas o reemplazadas.

Use un martillo y formón para quitar las áreas de las vigas podridas de la madera.

Aplique una capa gruesa de sellador preservativo sobre la viga averiada. Déjela secar y aplique una segunda capa. Corte una viga de refuerzo (viga hermana) de un trozo de viga presurizada.

Aplique sellador preservativo a toda la viga hermana. Déjela secar. Ubíquela en forma ajustada junto a la viga averiada y clávela con puntillas 10d o con tornillos espaciados cada 2 pies.

Ancle la viga hermana a la viga primaria o frontal clavándola en forma diagonal con puntillas 10d. Corte las vigas de reemplazo del mismo material original usando una sierra circular.

Si la terraza existente ya está envejecida, "envejezca" la nueva madera cepillándola con una solución mezclando una taza de bicarbonato de soda y un galón de agua tibia. Lave la madera y déjela secar por completo. (continúa)

Aplique una capa de sellador preservativo o tintura selladora a todos los lados de la nueva madera.

Coloque en posición la nueva madera y clávela a las vigas con tornillos o puntillas galvanizadas. El espacio entre maderos debe ser igual al resto de la plataforma.

Cómo reemplazar un poste

Construya un soporte con retazos de madera prefabricada, un bloque de concreto, y un elevador hidráulico. Coloque una capa de retazos de madera de 1½" entre el elevador y la viga. Levante la viga sólo un poco. *Nota: Debido a los últimos códigos, quizás deba reemplazar los postes con maderos de mayor espesor. Averigüe con su inspector local.*

Almohadilla de soporte

Quite las puntillas y los tornillos que sostienen el poste averiado a la viga y a la almohadilla de soporte. Remueva el poste y la almohadilla de la base de concreto.

Abra un agujero en medio de la base de concreto usando un taladro y una broca de ⅝". Inserte un tornillo de anclaje de ⅝" en el agujero.

Coloque el anclaje de metal galvanizado sobre la base de concreto y enrosque un tornillo de cabeza cuadrada de ⅜" con arandela dentro del hueco a través del anclaje y dentro de la base de concreto. Apriete el tornillo con una llave inglesa.

Corte el poste nuevo de un madero presurizado, y aplique sellador preservativo sobre las puntas. Coloque el poste en posición comprobando que está a plomo.

Clave la parte inferior del poste al anclaje de metal con puntillas 10d o 16d. Clave el poste a la viga instalando de nuevo los tornillos de cabeza cuadrada con una llave inglesa. Remueva el elevador hidráulico y el soporte.

Limpiar una terraza de vinilo o contrachapado

Las terrazas hechas de vinilo o material contrachapado pueden ser más durables y más fáciles de mantener que las de madera, pero no son inmunes a un poco de limpieza y mantenimiento de vez en cuando. Las plataformas sintéticas se ensucian y manchan debido al uso normal, y necesitará usar diferentes productos de limpieza según la clase de mancha que desea quitar. Aunque se sentirá tentado a lavar la terraza con una manguera de agua a presión, este tipo de solución puede averiar la estructura,

en especial los materiales contrachapados. El daño causado por agua a presión puede también afectar la garantía de los materiales. Un lavado a mano usando los limpiadores correctos puede ser una mejor solución. A continuación presentamos algunas sugerencias de cómo limpiar varios tipos de manchas en terrazas de vinilo o material contrachapado. Use guantes adecuados y gafas protectoras cuando trabaje con estos químicos.

Manchas de tierra y savia de árboles:
Remueva manchas comunes por el uso normal, excrementos de animales, o savia de los árboles con un jabón de uso doméstico diluido en agua. Haga una mezcla fuerte en un balde, cepille las manchas y enjuague con agua.

Manchas producidas por las conexiones o anclajes, las hojas o ácido tánico: Los anclajes de metal, las hojas de los árboles o manchas de resinas del ciprés o el cedro pueden dejar manchas oscuras sobre las plataformas de contrachapado. Para quitar este tipo de manchas, rocíe sobre la terraza productos de limpieza brillantes que contengan ácido fosfórico u oxálico, y luego enjuague toda la superficie con bastante agua corriente.

Manchas de aceite y grasa: Las manchas de este tipo resultan de cocinar sobre la terraza o por cremas de bronceado. Deben ser limpiadas de inmediato antes de que se sequen. Utilice un corta grasas casero (como un limpiador de marca con aroma a naranja "Simple Green"), o amoníaco, y cepille lo necesario hasta remover la mancha. Luego aplique agua enjabonada y enjuague con agua corriente.

Moho y mildiú: Use una solución diluida de blanqueador casero y agua o limpiador de terrazas con removedor de moho o mildiú para acabar con toda esa acumulación. Una solución preventiva es cepillar y limpiar la terraza al menos una vez por estación, especialmente en las áreas sombreadas o húmedas donde el moho y el mildiú pueden crecer con facilidad.

Manchas de vino y bayas: Use una solución diluida de blanqueador casero y agua para limpiar este tipo de manchas sobre la terraza. Dependiendo de la profundidad de la mancha, quizás no pueda removerla por completo, pero por lo general estas manchas desaparecen con el tiempo.

Manchas de crayón, lápices de colores y marcadores: Si tiene hijos pequeños, tarde o temprano estas manchas aparecerán. La clave para quitarlas es usar el solvente correcto. El aguarrás mineral quitará las manchas de crayón de cera, y el agua enjabonada quitará las manchas de marcadores a base de agua. Use alcohol desnaturalizado (disponible en los centros de materiales para construcción) para quitar manchas de marcadores de colores permanentes.

Herramientas y materiales para terrazas

Construir una terraza requiere de una gran variedad de materiales, y en este capítulo se los presentaremos. Necesitará plantillas, concreto y gravilla para fabricar las bases. Madera tratada para los postes y para la estructura en general. Una variedad de conectores y anclajes de ensamble. Accesorios para controlar la humedad. Materiales para construir la plataforma, las barandas y las escaleras. ¡Prepárese para hacer una lista larga de compras! Quizás es buena idea familiarizarse con la sección de construcción de terrazas en su almacén de materiales para construcción antes de iniciar el trabajo. De esta forma podrá encontrar fácilmente lo que necesita, cuando lo necesita.

Si ya tiene experiencia con otros proyectos de carpintería, quizás ya tenga la mayoría de las herramientas necesarias para la construcción. También necesitará algunas herramientas para trabajar con concreto. Revise la sección de herramientas especiales (páginas 202 y 203) que podría rentar durante el proyecto. Esto puede ahorrarle mucho tiempo y esfuerzo.

En este capítulo:

- Bases y madera estructural
- Madera de la terraza
- Contrachapados
- Tipos de ensamble
- Accesorios metálicos de ensamble
- Tornillos y puntillas
- Protección contra la humedad
- Pilares de la base
- Herramientas especiales

Bases y madera estructural

Por lo general, la madera presurizada es la preferida para construir los postes de la terraza, las vigas de soporte y estructurales. Ofrece una buena resistencia contra el deterioro y los insectos, está disponible en gran parte del país, y es menos costosa comparada con otras especies de madera resistentes al deterioro como el cedro y el ciprés. Es cortada en listones de 4 × 4, 4 × 6, y 6 × 6 para los postes. Tamaños más grandes pueden comprarse con órdenes especiales. Necesitará maderos tratados de 2× para la construcción de las vigas verticales y horizontales. Las verticales son por lo general de 2 × 8 o más grandes. Si la terraza es de gran tamaño, o diseñada con largas envergaduras, es posible que tenga que usar vigas prefabricadas en lugar de maderos presurizados. Las vigas prefabricadas deben ser destinadas para uso exterior.

Seleccione la madera más plana que pueda encontrar, sin rajaduras, fracturas o nudos grandes. Para evitar combes, amontone la madera en un lugar seco o cúbrala con un plástico hasta el momento de usarla. Lea la información estampada en los postes presurizados. Deberán ser aprobados hasta el nivel .40 de retención para el contacto con el terreno.

Composiciones químicas de la madera presurizada ▸

A partir de enero 1 de 2004, la industria maderera interrumpió voluntariamente el uso de arseniato de cobre cromado (CCA) para tratar la madera de consumo masivo. Esto fue llevado a cabo en unión con la Agencia de Protección del Medio Ambiente en un esfuerzo para reducir la exposición a arsénico, un químico altamente canceroso. Ahora se están usando dos químicos como alternativa: cobre cuaternario alcalino (ACQ) y cobre boro azole (CBA). Ambos químicos protegen la madera contra el deterioro y los insectos al igual que el CCA, pero los tratamientos son más corrosivos para los metales. Asegúrese de seleccionar conectores y anclajes que sean aprobados para el uso con madera tratada con ACQ y CBA.

La madera tratada está disponible en tamaños nominales para usar como vigas verticales u horizontales en las terrazas. Escoja la madera más limpia, plana y libre de grietas y rajaduras que pueda encontrar. Utilice el tamaño correcto de los postes para la terraza que está construyendo: 4 × 4 y 4 × 6 todavía son aceptados para las barandas y las escaleras, pero no cumplen con los requisitos para los postes de la terraza. Necesitará maderos de 6 × 6 o madera más ancha para este propósito.

Madera para construir las terrazas

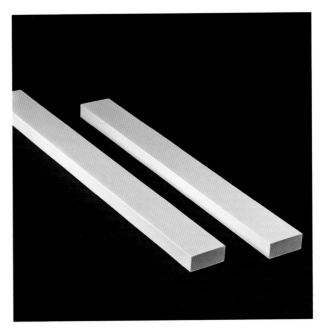

Las vigas prefabricadas que están clasificadas para el uso exterior son usadas como una alternativa para vigas horizontales hechas de madera de 2×. Pueden ser requeridas si está construyendo una terraza grande con envergaduras largas o poco comunes. El inspector local le ayudará a tomar esa decisión.

La madera contrachapada es cada día más popular a medida que mejora la tecnología. Aún cuando todavía no está clasificada para la mayoría de usos en la estructura, la madera de este material está cada vez más disponible para trabajos menos complejos como los pisos de la superficie de una terraza cerrada con mosquitera.

Consejo ▶

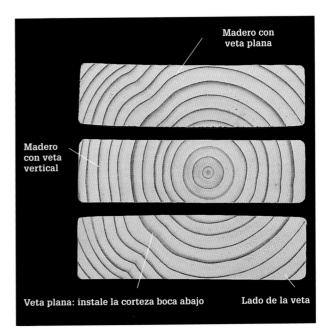

Selle las puntas cortadas de toda la madera, incluyendo la presurizada, con sellador preservativo transparente. Los químicos usados en este tipo de madera no siempre penetran completamente al interior de la misma. El sellador preservativo protege del pudrimiento a todo tipo de madera.

Inspeccione la veta de la madera para la terraza. Los maderos con veta plana tienden a "ahuecarse" y pueden acumular agua si no se instalan correctamente. Estudios han encontrado que este tipo de madera se ahueca hacia el lado de la corteza (no hacia el exterior como era estimado por la industria), y deben ser instalados con el lado de corteza hacia abajo.

Madera de la terraza

La madera natural continua siendo el material predilecto para la construcción de terrazas, especialmente debido a su precio. La madera presurizada, por ejemplo, cuesta menos de la mitad del costo de la contrachapada. Fuera del valor, la madera tiene una apariencia natural más atractiva, es fácil de manejarla, y está disponible en todos lados. Aún cuando la percepción de la madera contrachapada está cambiando a medida que crece en popularidad, cuando piensa en una terraza, es muy posible que piense en la superficie cubierta con madera natural.

Los dos materiales más populares para construir una terraza son la madera presurizada y el cedro. Dependiendo de donde viva, es posible que tenga otras opciones. Si vive en la costa Oeste de los Estados Unidos, el secoya quizás puede conseguirse, y si vive en el Sur, el ciprés es una madera común. El secoya, el cedro y el ciprés son resistentes a la descomposición y a los insectos, lo cual los hace excelentes opciones para la terraza. Puede aplicar terminados sobre las madera o dejarlas en su estado natural y envejecerán con un color grisáceo en unos pocos años. Si el costo es menos importante que la calidad, puede considerar el uso de madera de caoba o nogal, una variedad exótica de Sur América a veces llamada madera de hierro.

En el caso de madera presurizada o cedro, tendrá que seleccionar el espesor que se ajusta a su diseño y presupuesto. Una opción es usar maderos de 2× que permitirá espacios mayores entre las vigas sin doblarse, pero por lo general es hecha de un material de inferior calidad y puede contener más defectos naturales. Otra opción es usar madera para terrazas "cinco cuartos" (5/4). Su espesor es cerca de1 pulgada y los bordes son redondeados para ayudar a minimizar las astillas. Por lo general la madera 5/4 es más clara que la 2×, pero no tan rígida. Es posible que tenga que instalar la madera de 5/4 a menos distancia entre vigas. Ambas maderas se consiguen en longitudes de 16 o aún 20 pies, y están disponibles en centros de materiales para construcción.

Nogal

Cedro

Pino presurizado

Madera para la terraza

Tanto la madera de 5/4 como la 2x son apropiadas para la construcción de la terraza. Sin embargo, la de 5/4 será por lo general de mejor calidad y sus bordes redondeados previene las astillas —un detalle importante si camina descalzo o si tiene niños—.

Si escoge la madera a mano, seleccione piezas con vetas verticales (foto a la izquierda). Esta madera tiene menos tendencia a ahuecarse que la madera con veta plana (foto derecha), pero es por lo general más pesada.

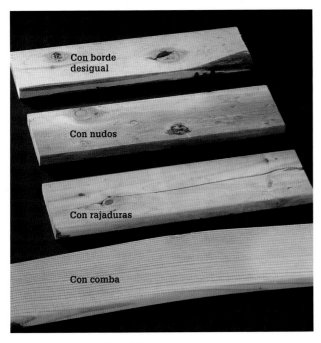

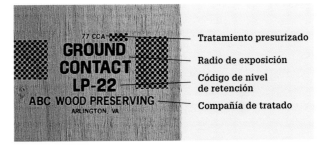

La información estampada en la madera presurizada lista el tipo de preservativo y el nivel de retención químico, así como el grado de exposición y el nombre y ubicación de la compañía de tratado.

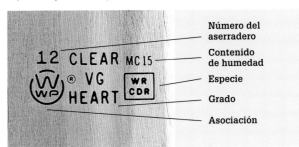

Sea exigente con la calidad de madera que va a comprar. Los defectos naturales de la madera pueden hacer más difícil su instalación o puede deteriorarse prematuramente. Busque acumulaciones de savia en la madera porque se volverá pegajosa en clima caliente y puede filtrarse a través de la madera creando manchas oscuras.

El grado de estampado del cedro lista el número del aserradero, el contenido de humedad, el grado de la madera y la afiliación a la asociación. El cedro rojo occidental (WRC) o cedro de incienso (INC) para las terrazas debe provenir del centro del árbol (corazón) con un máximo contenido de humedad de 15% (MC15).

Contrachapados

Las terrazas construidas con material contrachapado han estado disponibles apenas unas décadas, pero es una viable consideración a tener en cuenta. La mayoría de este material es fabricado al mezclar desechos plásticos con pulpa de madera o fibras diferentes a madera. Los componentes del plástico —polietileno y polipropileno— hace el material inmune a la descomposición, y no es atractivo para los insectos. A diferencia de la madera natural, no tiene vetas y no se astilla, y no tiene nudos o hay que cortar partes defectuosas. No hay componentes de madera en este material en absoluto. Es hecho de polietileno, PVC, poliestireno, o mezclas de fibra de vidrio. La garantía de estos materiales es excelente y pueden durar desde 10 años hasta de por vida dependiendo del producto. Algunas garantías son transferibles de un dueño de casa a otro.

Cuando estos materiales salieron al mercado, su apariencia era muy diferente a la madera y la variedad de colores era limitada. Hoy están disponibles en numerosas texturas similares a la madera y en muchos colores. La mayoría de estos productos no son tóxicos, son fáciles de cortar, clavar, ensamblar, y no requieren de terminados. El mantenimiento es por lo general limitado a una limpieza ocasional o al removido de una mancha. Sin embargo, es más flexible que la madera, y tendrá que usar vigas de soporte instaladas a menos distancia sobre la plataforma. También es más pesado que la madera y mucho más costoso.

Materiales contrachapados ▸

Los materiales contrachapados mezclan fibras de madera y plásticos reciclables para crear un producto rígido que, al contrario de la madera, no se descompone, astilla, ahueca o raja y no hay necesidad de pintarlo. Así como la madera, pueden ser cortados a las medidas necesarias usando una sierra circular.

Los materiales de PVC, vinilo y plástico son vendidos en conjuntos que contienen todos los elementos para su instalación, con excepción de los tornillos. Los conjuntos son agrupados según el tamaño, por lo general en múltiplos del ancho combinado de los maderos de la terraza y los ensambles. El lado negativo de este tipo de material es que se expande y contrae con los ciclos del clima.

El material de plástico reforzado de fibra de vidrio (FRP) durará toda la vida. Los fabricantes afirman que es tres veces más resistente que la madera y no es afectado por el calor, la luz del sol o climas extremos. Se puede ordenar a la medida, pero si es necesario, puede ser cortado con una sierra circular con disco de diamante o uno especial para cortar concreto.

Materiales contrachapados

Vinilo PVC

Plástico reforzado de fibra de vidrio (FRP)

Los diseños de las superficies para los materiales contrachapados vienen en una gran variedad de estilos. Las opciones dependerán del producto y el fabricante. Algunas se asemejan a la madera en forma muy convincente.

Los colores de los materiales cubren un gran espectro de tonos de madera, incluyendo el gris y el blanco. El color es parejo sobre toda la superficie, pero puede descolorarse en sitios donde es expuesto a la luz solar.

Aún cuando este material puede ensamblarse en forma tradicional con tornillos, también puede usar varios sistemas de rápido y fácil unión. Vea las páginas 109 a 117 para más información sobre estas opciones.

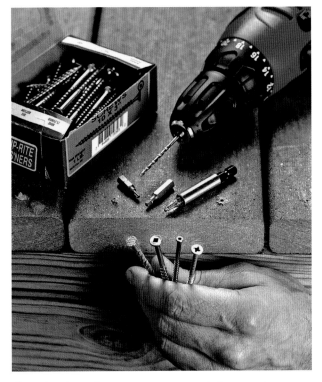

El contrachapado, u otros componentes similares para las terrazas, a menudo requiere de conectores especiales diseñados para reducir la acumulación del material alrededor de la cabeza de los tornillos. A veces se recomienda abrir agujeros guía en ciertos casos.

Tipos de ensambles

Algunas de las conexiones estructurales de la terraza requerirán de una variedad de tornillos de cabeza cuadrada o anclajes de concreto para sostener las cargas pesadas aplicadas a la misma. Al anclar la viga primaria a la casa, clavar los postes a las vigas de soporte, o al instalar los postes a las bases de concreto, necesitará usar conectores y ensambles de mayor tamaño. Siempre deberá usar accesorios de ensamble galvanizados, o a prueba de corrosión, para evitar que se oxiden con el contacto con los químicos para el tratamiento presurizado. Los códigos requieren que instale arandelas debajo de la cabeza cuadrada de tornillos, o antes de instalar tuercas. Las arandelas previenen que los tornillos dañen la madera y la asegura cuando se encuentra bajo presión.

Otra opción de ensamble a considerar es la resina epóxica de gran resistencia y aplicada por medio de una jeringuilla. Si está ensamblando postes o vigas primarias a una superficie de concreto, la resina epóxica pegará las partes en forma permanente sin la necesidad de anclajes metálicos adicionales.

A continuación presentamos una serie de ensambles conectores que puede necesitar para su proyecto.

Los tornillos de cabeza cuadrada galvanizados y las arandelas son los accesorios correctos para instalar vigas primarias a la vivienda. También pueden usarse para otro tipo de conexiones en la estructura.

Accesorios para el anclaje

Utilice tornillos de anclaje de ½" o más de diámetro, arandelas y tuercas para ensamblar vigas a los postes, o barandas a vigas. Deben ser galvanizadas o de material a prueba de óxido para evitar la corrosión.

Los tornillos en forma de "J", instalados en el concreto mojado de las bases, sirven como una segura conexión para unir las bases a los anclajes de metal.

Anclajes de cuña se clavan por los huecos y se expanden para dar un agarre apretado al interior del concreto. Una tuerca enroscada en la punta sostienen las vigas en su lugar.

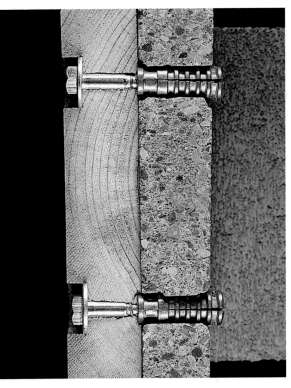

Los anclajes de escudo de metal se expanden cuando los tornillos son introducidos. Crean conexiones apropiadas ya sea en concreto sólido o en bloques de cimientos ahuecados.

Un tornillo clavado a través del cimiento desde un lado puede ser acompañado por una arandela para asegurar la viga primaria.

La resina epóxica de alta resistencia y un tornillo con rosca son una buena opción para anclar ensambles de metal a bases de concreto.

Accesorios metálicos de ensamble

Los conectores de placas de metal vienen en muchas formas y estilos. Están diseñados para conectar madera a madera o madera a concreto de una forma fuerte, fácil y segura. Por ejemplo, los anclajes de metal que unen los postes a las bases no sólo son una forma fácil de unir esas dos piezas, también crea el espacio entre las superficies para mantener los postes secos. Los colgantes de vigas son una forma rápida de colgar vigas pesadas de soporte en forma correcta. Las tapas de los postes, las correas en forma de "T" y los colgantes en ángulo son soluciones ideales para hacer uniones en serie, o cuando el espacio limitado no le permite clavar tornillos o puntillas detrás de la unión.

Siempre deberá usar accesorios de ensamble galvanizados o a prueba de corrosión. Algunos modelos son diseñados para uso interior y no tienen la protección adecuada contra el óxido. Las etiquetas del producto deberán identificar si los ensambles son adecuados para usar con madera presurizada o para uso exterior. Utilice puntillas de clavado del mismo material de los ensambles.

Los ensambles de los postes anclan los pasamanos de las barandas o escaleras a las zancas o vigas sin usar tornillos que lo atraviesen. Los ensambles son fabricados en medidas de 2 × 4 y 4 × 4.

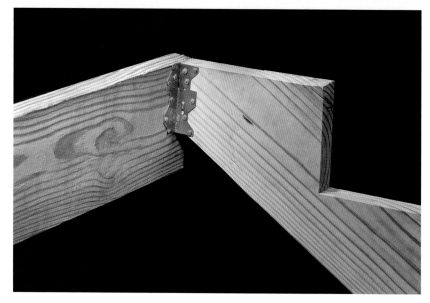

Los anclajes de la estructura pueden ser usados para unir vigas frontales en las esquinas o hacer otras uniones en ángulo como las zancas de las escaleras a las vigas frontales.

Ensambles colgantes para terrazas

Los anclajes de los postes mantienen la terraza en su sitio y levantan la base del poste lo suficiente para evitar que el agua entre en las vetas de la madera.

Los anclajes en ángulo ayudan a reforzar las conexiones de las vigas frontales y exteriores. También son usados para unir las zancas de la escalera a la plataforma.

Los colgantes de vigas son usados para unirlas a las vigas primarias y frontales. Los colgantes dobles se usan cuando el diseño del piso de la plataforma requiere una viga de doble espesor.

Los colgantes de las vigas en ángulo son usados para ensamblar plataformas con ángulos o con pisos de diseños poco comunes.

Los soportes de los escalones son ensamblados sobre la zanja con tornillos galvanizados de cabeza cuadrada de ¼ × 1¼".

(continúa)

El ensamble de poste-viga asegura las vigas sobre la parte superior de los postes y vienen en estilos ajustables o de una sola pieza.

El ensamble de vigas en forma de "H" junta vigas 2× o travesaños a la parte superior de la viga entre sus extremos.

El ensamble sísmico une dos vigas 2× o travesaños sobre la parte superior de la viga en las puntas.

El ensamble de colgantes irregulares junta un madero 2×, como una zanca de escalera, a la cara de la estructura en un ángulo ajustable.

Los conectores en ángulo irregular refuerzan las conexiones de la estructura en ángulos diferentes a 90°, o en las puntas de las vigas donde no caben los conectores de 45°.

Los conectores directos sobre las bases unen las vigas directamente sobre las bases de concreto en terrazas de poca altura.

Los conectores en forma de "T" refuerzan las conexiones entre vigas y postes, especialmente en vigas largas que requieren construcción dividida. Algunos códigos locales pueden aceptar su uso en lugar de ensambles de poste-viga.

Las placas de correa, también conocidas como plaquetas de puntillas o placas de remiendo, son utilizadas en variedad de aplicaciones de refuerzo.

Tornillos y puntillas

Cuando vaya a unir todas las vigas en la construcción de la terraza, necesitará una variedad de puntillas y tornillos para realizar el trabajo. Podría parecer que la tecnología en las puntillas y tornillos no ha cambiado en forma considerable, pero en realidad existe una gran variedad de productos para llevar a cabo los ensambles esenciales. Si construye la terraza con madera presurizada, asegúrese de usar conectores y ensambles cubiertos con una capa galvanizada, o con las características requeridas para ser usados con preservativos para la madera que son muy corrosivos (ACQ y CBA). Las puntillas con superficie en forma de espiral o anilladas ofrecen más agarre que las lisas. Utilice tornillos con punta de taladro y con cabezas de auto-enroscado para evitar abrir huecos guía. Algunos tornillos son diseñados especialmente para instalar material contrachapado. Tienen una variedad de roscas para evitar que el material salga a la superficie alrededor de la cabeza del tornillo cuando es clavado.

Si está construyendo una terraza de un tamaño considerable, considere utilizar un martillo hidráulico con puntillas en línea en lugar de clavar a mano. Las puntillas en línea son más eficientes que clavar una puntilla a la vez. A continuación presentamos una visión general de las opciones de ensamble.

Ya sea si está instalando la estructura o los maderos de la plataforma, las opciones de tornillos incluyen los anti-corrosivos o galvanizados. También puede comprar con capas de colores fabricados para resistir los químicos corrosivos de la madera presurizada. Los tornillos de colores o anti-corrosivos evitarán que se formen manchas negras que pueden aparecer en el cedro.

Tornillos y puntillas para las terrazas

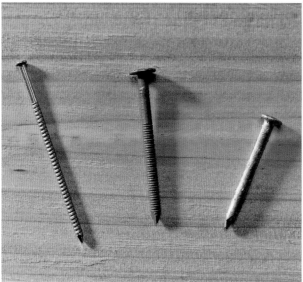

Utilice puntillas galvanizadas o de acero inoxidable para la estructura para ensamblar todas las vigas. Instale los conectores de metal con puntillas galvanizadas 8d o 10d.

Las puntillas en línea galvanizadas o cubiertas con capas anti-corrosivas, o los tornillos de iguales características usados con martillos hidráulicos, son la forma más efectiva de clavar vigas en grandes terrazas.

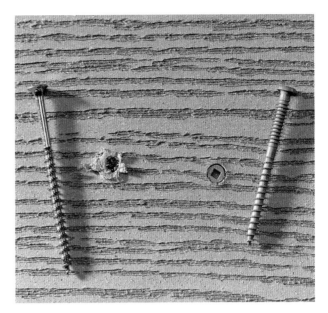

Compruebe que los accesorios de ensamble resistirán los efectos corrosivos de los químicos utilizados para tratar la madera. Los fabricantes por lo general incluyen esa información en las etiquetas de sus productos.

Una de las desventajas del material contrachapado es la tendencia a brotar a la superficie alrededor de las cabezas de los tornillos si no son clavados primero en huecos guía. Algunos tornillos son diseñados con cabezas especiales y variedad de roscas para evitar ese problema.

Si prefiere no ver la cabeza de los tornillos sobre la plataforma, pero quiere clavarlos desde la superficie, puede instalar tornillos que se les caen las cabezas. Una herramienta especial las corta después que el tornillo ha sido introducido. El hueco resultante es mucho más pequeño que la cabeza del tornillo.

Escoja los tornillos y puntillas con cuidado. Los tornillos con capas "brillantes" u óxido negro, y las puntillas sin protección, no resistirán el clima exterior o la madera tratada con químicos. Los accesorios de conexión son tan importantes para la duración de la terraza, como lo es la madera instalada.

Protección contra la humedad

Los códigos de construcción requieren que la viga primaria sea anclada directamente a la pared de revestimiento y estructura de la casa. Si su vivienda está cubierta con paredes de madera, aluminio, u otro material, necesitará remover ese material a la altura de la viga de amarre para conectar la viga primaria a la casa. Instale papel de construcción 15# o 30# con la membrana de auto-adhesivo detrás de la viga primaria para evitar daños causados por la humedad. La descomposición de esta área es la causa principal del deterioro prematuro de la terraza. La protección usando una lámina de metal galvanizada, es importante si no existe una cubierta detrás del material de la cubierta de la pared. Una vez la viga primaria está en posición, cúbrala con una lámina de metal galvanizada en forma de "Z" incrustada detrás de la cubierta de la pared para mayor protección.

Aún cuando el código de construcción no lo requiere, debería cubrir la parte superior de las barandas y postes con membranas de auto-adhesivo para mantener esas áreas secas y sin deterioro. La lámina de metal galvanizada, la membrana con auto-adhesivo, y el papel de construcción pueden conseguirse en la mayoría de los centros de construcción. Estos pequeños detalles pueden alargar la vida de la terraza considerablemente.

El papel de fieltro, también llamado papel de construcción, se instala detrás del material que cubre la pared. Úselo para reemplazar el papel averiado durante la instalación de la viga primaria. La lámina de metal galvanizada en forma de "Z", previene que la humedad entre detrás de la viga primaria. La membrana con auto-adhesivo ofrece protección adicional en climas húmedos o en lugares donde hay acumulación de nieve. Puede colocarse sobre la lámina galvanizada o sobre los postes y vigas (ver abajo), y se auto-adhiere sobre las puntillas o tornillos que toca.

Para aplicar la membrana con auto-adhesivo, corte una tira a la medida correcta y colóquela sobre el área a cubrir. Comience en una punta despegando la capa delgada de plástico que cubre el pegante. Presione la membrana con fuerza a medida que remueve el plástico sobre el área de instalación. Si instala piezas largas, pida la ayuda necesaria.

Instale la membrana con auto-adhesivo detrás de la viga primaria como protección adicional contra la humedad. Coloque la membrana contra el papel de construcción que cubre la casa usando el mismo método explicado a la izquierda.

Pilares de la base

Los pilares de la base, también llamados soportes, anclan la terraza al piso y crean un cimiento estable para los postes. La base transfiere el peso de toda la estructura al piso y evita que se levante en climas donde la superficie se congela. Por lo general el armazón de las bases es hecho de tubos largos huecos de fibra de papel reforzada y vienen en varios diámetros. Después que el tubo de la base ha sido colocado en el suelo debajo de la línea de congelamiento, se rellena con tierra a su alrededor, se presiona, y luego se llena con concreto. Los accesorios de metal conectados al concreto anclarán las bases a los postes permanentemente.

En el caso de los terrenos cuya composición presenta dificultad para sostener el peso, o si está construyendo una terraza de gran tamaño, puede utilizar tubos de plástico con base acampanada que sostienen cargas más pesadas, o también puede unir este tipo de base al tubo de cartón. En el caso de terrazas a poca altura que no están ancladas a la casa, puede utilizar bases de concreto prefabricadas en lugar de tubos clavados en el piso. Estas bases simplemente descansan sobre el terreno.

En los almacenes de materiales para construcción puede conseguir tubos huecos para las bases en diferentes diámetros. El diámetro que necesite dependerá del tamaño y peso de la terraza. El inspector de construcción le ayudará a determinar el tamaño correcto cuando solicite el permiso.

Las bases de concreto prefabricadas son por lo general aceptadas en terrazas de poca altura o separadas de la vivienda. Las muescas sobre la base están diseñadas para sostener las vigas sin otro tipo de soporte.

Corte interior de la foto para mayor claridad

Cuando construya terrazas de gran tamaño, o instale bases en terrenos sueltos o inestables, puede necesitar estructuras con base acampanada. Algunos estilos vienen en una sola pieza, o pueden unir un tubo de cartón sobre la base acampanada y juntarlo con tornillos.

Herramientas especiales

La construcción de una terraza de gran tamaño requiere de mucho tiempo y trabajo. Algunas herramientas especiales, como los taladros eléctricos o los martillos hidráulicos para puntillas en línea, pueden acelerar el proceso y ahorrarle mucho tiempo. Estas herramientas son costosas y es difícil justificar su compra si no van a ser usadas con regularidad, por lo tanto alquilarlas es la mejor opción. Existe una gran variedad de herramientas de esta clase, incluyendo las presentadas en estas páginas, que puede alquilar en centros de construcción a un precio razonable. También es la oportunidad de usar una herramienta que quizás quiera comprar, o usar y devolver la que nunca consideraría adquirir.

Una pistola de clavado automático de tornillos en línea acelera el trabajo de clavar las vigas, y puede evitar dolor en las rodillas. El sistema de estas herramientas utiliza series de tornillos y permite clavarlos rápido y sin parar. Un mecanismo interno ajustable evita que los tornillos sean clavados más de lo necesario.

Un nivel láser alumbra continuamente la línea de nivel en un plano de 360°. Es práctico para marcar líneas uniformes de la altura de los postes sin tener que medir. Las plataformas de las terrazas deben estar a nivel en todas las direcciones. Los postes deben estar a plomo y ubicados correctamente sobre las bases. Para poder nivelar y aplomar toda la estructura, quizás necesitará más de un simple nivel en su caja de herramientas. Considere comprar un nivel rápido y uno láser. Los niveles rápidos se ajustan en su lugar con una banda de caucho y tienen tres lecturas de niveles como guía para ayudarlo a ajustar postes con consistencia y rapidez. Son muy prácticos para instalar los postes de la estructura y las barandas.

Los taladros/martillos eléctricos combinan la rotación normal con movimiento penetrante parecido a un pequeño martillo hidráulico. Estas herramientas facilitan abrir grandes huecos guía sobre el concreto o paredes de ladrillo cuando vaya a instalar vigas primarias ancladas a la casa.

Si tiene que excavar bastantes huecos para las bases de la terraza, en especial si son hondos, alquile una excavadora eléctrica. Hay modelos disponibles para ser manejados por una o dos personas. Un motor a gasolina acciona la excavadora para abrir huecos con rapidez.

Los taladros con baterías pueden ahorrarle tiempo en trabajos de clavar tornillos. Debido a su buena capacidad de enrosque y presión, juntan estas dos fuerzas a la vez para un buen rendimiento. Son excelentes para clavar tornillos de diferentes clases y tamaños.

Las herramientas para enderezar la madera son poco costosas y muy prácticas para usar cuando se trata de instalar listones muy torcidos.

TERRAZAS
A LA MEDIDA

Terrazas de entretenimiento

Los momentos de diversión en las terrazas incluyen por lo general cocinar algunas comidas. Si el menú incluye sólo hamburguesas y 'hot dogs', la mayoría de la preparación ocurre sobre el asador. Pero, aún las comidas más simples requieren de viajes constantes a la cocina para mezclar la ensalada, calentar un plato especial, o para enfriar las bebidas. Las comidas más sofisticadas mantendrán al cocinero ocupado en la cocina, y esto significa menos tiempo para disfrutar de los amigos y familiares afuera en la terraza. ¿No sería ideal poder trasladar la cocina a la terraza para poder hacer todo lo que necesita en la preparación de las comidas?

Hace más o menos una década, las cocinas al aire libre eran más una fantasía que una realidad. Ahora ya no es el caso. En la actualidad, la gente ve las terrazas como un área exterior importante para el entretenimiento y diversión, y no sólo como un lugar para colocar una mesa y un asador. Una gran variedad de asadores, electrodomésticos, y espacios de almacenamiento pueden ayudar a transformar la terraza en una cocina completamente funcional. Los electrodomésticos son aprobados por Underwriters Laboratories® para uso en exteriores, y no necesitan cubrirse o estar debajo de un techo. Ahora puede cocinar y preparar las comidas en el mismo sitio donde las sirve. Estos aparatos son por lo general más costosos que los de uso interno, pero si ese estilo de vida es importante para usted, ahora puede disfrutarlo más que nunca sin limitaciones.

Imagínese las fiestas que puede tener si su terraza tiene todo lo que necesita para cocinar. Esta es una nueva costumbre que continua creciendo en popularidad. En la actualidad existen electrodomésticos para uso en exteriores que cumplen con todas las funciones de una cocina tradicional.

Ya sea que utilice la terraza para comidas íntimas, grandes fiestas, o conversaciones tranquilas, este espacio presenta la forma ideal para ampliar el área de la casa hacia el exterior.

Un juego de mesa y sillas hechas de metal o madera para uso exterior son una gran adición para cualquier terraza. Las mesas con grandes sombrillas son aún más prácticas, especialmente si la terraza está localizada en un lugar soleado.

Un juego de cocina exterior de excelente calidad, con electrodomésticos a prueba de óxido y gabinetes fabricados con madera sólida, no deja la menor duda que el dueño de la terraza toma en serio las comidas.

Electrodomésticos para espacios exteriores

Durante años los asadores de mejor calidad han incluido fogones laterales y dobles rejillas para mantener la comida caliente. En la actualidad puede comprar asadores que incluyen cajones de calentamiento con rayos infrarrojos, gabinetes de almacenamiento con cajones, espacios aislantes para el hielo, y plataformas para servir comida. Son relativamente económicos, los puede conseguir en almacenes especializados de construcción, y son una forma de tomar más en serio sus tareas de preparación de comida al aire libre.

Estas estaciones de cocina son apenas una de las muchas opciones que tiene para escoger. Para retos culinarios más sofisticados, puede adquirir hornos para uso externo, fogones múltiples, refrigeradores o congeladores de fabricantes con reconocida reputación. Los hornos y asadores funcionan con gas propano o natural dependiendo del modelo. Son diseñados como componentes modulares que se acomodan a los gabinetes u otros elementos de la cocina. Los refrigeradores exteriores son relativamente compactos y se ubican debajo de la encimera donde pueden ser protegidos un poco del clima. Su capacidad varía entre 3 a 6 pies cúbicos. Los lavaplatos, bares y estaciones especiales para la preparación de comidas, son otras opciones que puede considerar para la cocina en la terraza.

Una variedad de electrodomésticos, como refrigeradores, congeladores y compartimientos para enfriar vinos, pueden mantener las bebidas frías sin importar qué tan caliente sea el día.

Los asadores diseñados a la medida pueden estar configurados de muchas formas para satisfacer el espacio y las necesidades de preparación de comidas. Un electrodoméstico básico consta de un asador de gas y un compartimiento inferior para guardar el tanque. Una serie de cajones son prácticos para guardar los condimentos y algunos utensilios de cocina.

Un compartimiento caliente diseñado al interior del asador de isla puede servir para mantener ciertas comidas mientras cocina el plato principal. Algunos asadores de isla prefabricados incluyen este tipo de opción.

El barril de cerveza con enfriamiento mantiene fría su cerveza preferida en los días más calientes del verano, y por el tiempo que dure la fiesta. Todo lo que necesita es una conexión eléctrica.

Considere adicionar un lavaplatos a la cocina exterior. Esto facilitará la limpieza y preparación de las comidas. Consulte con su inspector para la instalación apropiada de líneas de agua caliente y fría, así como el desagüe.

Si el asador no está equipado con un fogón lateral, es una adición esencial para la cocina exterior. Este tipo de fogones están disponibles en forma individual y pueden ser instalados en cocinas isla o sobre gabinetes auxiliares.

Gabinetes y encimeras

Una vez abandonada la costumbre de cocinar con una sola pieza (con un simple asador), necesitará un lugar para guardar la estufa, el refrigerador y otros accesorios de cocina, en un sistema de gabinetes o una cocina de isla. Esto puede ser tan sencillo como un grupo de gabinetes y cajones, o tan sofisticado como desee. Casi que con seguridad deseará incluir gabinetes y cajones para guardar diversos utensilios de cocina y otros artefactos que necesita tener a la mano. Algunos fabricantes ofrecen estos productos a prueba de agua hechos de teca, ciprés, caoba, u otras maderas para exteriores. Están disponibles en sistemas modulares que pueden mezclarse y empatar con otros componentes. Los gabinetes de polietileno, de polímero de grado marino, y de acero inoxidable, son otras opciones a considerar: resisten la corrosión, son a prueba de agua y son hipoalérgenos. Es una buena idea comprar los accesorios primero y luego diseñar una isla o estante para acomodarlos.

Una variedad de materiales para las encimeras pueden crear una superficie vistosa y duradera en la cocina. La porcelana es resistente al agua y poco costosa. Viene en variedad de tonos y estilos casi que interminables. También puede escoger una encimera prefabricada de acero inoxidable, esteatita, granito o mármol, o construir una con vidrio templado. Si la cocina va a estar cubierta por toldo o techo, los materiales de superficie sólida son otra opción. Sin embargo, las superficies hechas de combinaciones de polímeros no son estables cuando son expuestas a la luz ultra-violeta y se pueden deteriorar con el tiempo.

Si construye su propia encimera, comience creando una base de cemento si va instalar porcelana enlechada u otro material permeable. Esto evitará que el agua penetre hasta los electrodomésticos o al interior de los gabinetes.

Construyendo una base de isla

Diseñar una cocina de isla a prueba de agua puede ser una tarea complicada pero a su vez una excelente oportunidad para explorar nuevos materiales de construcción. Comience con la estructura hecha de madera presurizada o de cedro, y cúbrala con una capa de cemento a prueba de agua. Luego, cubra las áreas expuestas con porcelana para exteriores, estuco, piedra enchapada o ladrillo. Puede usar madera en contrachapado para la estructura seguida de vinilo, fibra de

cemento o una capa de cedro para empatar con la cubierta de la pared de la casa. También tiene la opción de utilizar material contrachapado para construir la cocina en isla o el área del asador para que visualmente empate con el diseño de la terraza, o envolver todas las superficies con láminas de acero inoxidable o aluminio para darle un toque elegante y contemporáneo.

¿Desea construir por sí mismo o contratar a alguien? ▸

Dependiendo de dónde vive, podría contratar a un experto para diseñar y construir la encimera, la base y los gabinetes para los accesorios de cocina. Sin embargo, debido a que las cocinas en las terrazas son relativamente un nuevo concepto, quizás tenga que hacer el trabajo usted mismo. Las compañías que venden este tipo de artículos pueden ayudarlo en los diseños de la cocina. También puede encontrar diseños en libros especializados en el tema.

Tenga en cuenta que quizás deba instalar en la cocina una línea de gas natural y varios tomacorrientes protectores contra cortacircuitos. Si decide incluir un lavaplatos, necesitará

al menos una línea de agua potable y quizás desagües que vayan a un pozo seco o al sistema de alcantarillado de la casa. No olvide instalar estos servicios para que al momento de la inspección, cumplan con los códigos de construcción de su área. La acción correcta es solicitar los permisos pertinentes y hacer inspeccionar el trabajo. Si no está seguro de sus habilidades para trabajar con líneas de gas o conectar tomacorrientes, contrate un experto electricista y plomero para realizar la labor correspondiente.

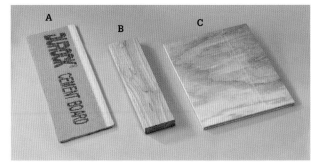

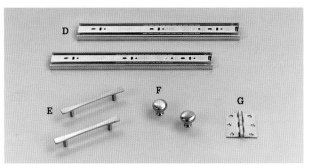

Es recomendable ampliar la capacidad de almacenamiento en la cocina adicionando una variedad de gabinetes. Los de uso exterior están hechos de polímeros durables resistentes al deterioro, o de acero inoxidable. Se consiguen en variedad de estilos y tamaños para cumplir con sus necesidades.

Utilice materiales resistentes al agua para la construcción de la estructura y cubiertas de la cocina de isla. La plataforma de cemento (A), maderas similares al cedro y ciprés (B), y contrachapado para exteriores (C) son opciones apropiadas. Para los gabinetes, escoja accesorios para los cajones resistentes a la corrosión (E, F, G).

Si es un carpintero adiestrado, considere construir sus propios gabinetes en la cocina de la terraza en lugar de comprarlos. Fabríquelos con el mismo material de la terraza para que se mezclen en forma uniforme con toda la estructura.

La esteatita es un material natural de consistencia moderada, y es apropiado para construir encimeras de uso exterior. La piedra es semi-porosa y debe ser cubierta con sellador periódicamente si es expuesta a la humedad. Esto ayuda a mantener la resistencia al agua.

El granito es un excelente material para las encimeras. Su consistencia es más fuerte que la esteatita y viene en muchos colores naturales y texturas. Es por lo general más costoso que la esteatita.

El concreto es más económico que la piedra natural. Puede ser pintado en variedad de colores y mezclado con otros componentes que agregan textura y presentación. También puede ser vertido para adaptarlo a la forma y diseño que desee.

La porcelana de patio enlechada también se usa en las encimeras de cocinas exteriores. No es costosa, es fácil de instalar, y viene en muchos colores, estilos y tamaños. Debe sellar las uniones periódicamente si se expone a la lluvia o es usada en un lavaplatos.

¿Está la terraza bien construida para tener una cocina? ▸

Construir una cocina en la terraza puede parecer una idea emocionante, pero piense con cuidado sobre las ramificaciones que puede tener si dedica parte de la estructura a este propósito. Tenga en cuenta que necesitará espacio para preparar las comidas y lugar para guardar utensilios mientras cocina. También debe considerar si va a dedicar parte de la encimera para comer, o va a instalar una mesa de patio. En cuanto a los servicios, ¿están las conexiones cerca de la terraza para instalar líneas de gas o plomería? Si va a instalar una cocina de isla, ¿hay espacio suficiente para colocarla, junto con otros muebles, sin saturar el espacio disponible? Al planear la cocina exterior, es buena idea usar cinta de enmascarar, pedazos de maderos o cartón para marcar los lugares de la cocina. Esto le dará una ayuda visual del espacio y su impacto en el resto de la terraza. Una cocina exterior debe mejorar las opciones de entretenimiento y hacer la terraza más práctica, en lugar de un sitio lleno o abrumador.

Terrazas placenteras

La terraza representa una inversión muy importante para su vivienda, y por lo tanto debería usarla lo más frecuentemente posible. No permita que los días calurosos del verano, las tardes frías del otoño, o la falta de Sol interfiera con los ratos que puede disfrutar de la terraza. Unos pocos accesorios escogidos cuidadosamente pueden crear la comodidad que espera y permitir disfrutar de ese espacio más temprano en la primavera y extender su utilidad más tiempo durante el resto del año. Si es un gran fanático de los deportes, un sistema de sonido o una televisión quizás es todo lo que necesita para pasar más tiempo en la terraza. Muchos de los fabricantes de este tipo de accesorios constantemente están innovando sus productos. Visite el Internet, o asista a ferias y exposiciones, para estar al tanto de los nuevos avances. Por lo general los productos exhibidos en los almacenes de su localidad son apenas una pequeña muestra de lo que ofrece este tipo de industria.

Las siguientes páginas presentan una variedad de accesorios para terrazas que harán de la suya un lugar más práctico y placentero para su estilo de vida.

El placer creado a partir de su terraza es una cualidad intangible basada en la forma, la funcionalidad y las condiciones naturales que la afectan. La sombra o la luz del sol, la ubicación de los muebles, los accesorios como tinas de agua caliente o cocinas, la sensación de privacidad, y la forma como ha sido diseñada, juegan un papel importante en la regularidad y regocijo al usarla.

Una cocina exterior con suficiente espacio para preparar y
servir comidas en forma casual, será una gran atracción para la terraza.

Si la terraza recibirá mucha luz solar, o si vive en regiones
calurosas, considere agregar un toldo retractable para los días calientes.
También puede cubrir parte de la terraza con un toldo permanente.

El uso de la terraza puede extenderse entrados los meses de
otoño, o aún durante el invierno, si incluye una fuente de calor. Una
chimenea, como la mostrada en la foto, es sólo una opción. También
puede considerar calentadores portátiles activados con gas propano
o natural, o instalar una caldera en una plataforma elevada para
mantener a sus usuarios confortables cuando llega el frío.

Los bancos anchos y fuertes invitan a la relajación,
especialmente si están ubicados en la parte sombreada de la terraza.
Dependiendo de la altura de la estructura, bancos fijos pueden
reemplazar las barandas.

Las luces empotradas en los escalones son claramente un elemento de seguridad, y también dan una elegante bienvenida a los visitantes nocturnos. Debe ser combinada con otras fuentes de luz para crear un ambiente placentero.

Los postes de las barandas son otros buenos lugares para adicionar tonos de luz. Puede instalar lámparas para postes de bajo voltaje en varios estilos que mejoran la presencia de su terraza. Ese tipo de acabados son los que impresionan.

Hay bastantes opciones de luces para la terraza. En la foto, los pilares de estilo náutico son ideales para terrazas construidas cerca del agua.

Una pérgola brinda sombra y un filtro de luz placentero. Es un lugar perfecto para plantar enredaderas que con el tiempo contribuirán a crear más sombra natural. La construcción de estas estructuras son buenos proyectos para los entusiastas, ya sea si se hace al momento de la creación de la terraza, o como una adición a la misma como toque personal.

La terraza será un lugar más atractivo para pasar tiempo allí si divide el espacio con detalles interesantes. Las macetas, los bancos, o las barandas con diseños únicos, contribuyen en conjunto a un gran acabado y diseño de buen gusto.

Los sistemas de sonido diseñados para uso exterior, incluyendo televisores a prueba de agua, pueden ayudar a transformar la terraza en un salón de entretenimiento. Agregue unas cuantas sillas cómodas y una mesa, y quizás se sorprenderá de pasar más tiempo en la terraza que en su propia sala.

Estas barandas blancas enrejadas, junto con la pérgola en el fondo, brindan a esta terraza una atmósfera brillante y acogedora. Gracias a la sombra natural, los bancos con cojines crean el espacio perfecto para leer o tomar una siesta en un día de descanso.

Accesorios eléctricos

La conexión eléctrica presentada en las siguientes páginas suministra instrucciones paso a paso para instalar luces y tomacorrientes en la terraza. Las instrucciones siguen las normas establecidas por el Código Eléctrico Nacional (NEC), que estipula los estándares mínimos para la conexión de materiales al aire libre. Debido a que el clima y las condiciones del suelo varían de región a región, siempre consulte su inspector local de construcción y los códigos de electricidad para clarificar otras restricciones en su área. Por ejemplo, algunos códigos requieren que los cables instalados bajo tierra deben ser protegidos por un conducto, aún cuando el NEC permite enterrar el cable UF sin ninguna protección en la profundidad correcta.

Nota: Este proyecto requiere de conocimientos generales de materiales eléctricos y técnicas de instalación superiores a las presentadas aquí. Asegúrese de tener el conocimiento necesario para hacer este trabajo antes de intentar seguir con el proyecto.

Compruebe la existencia de conexiones de servicios cuando esté planeando en abrir trochas para instalar cables bajo tierra. Evite los sistemas de riego y consulte la compañía eléctrica, de teléfonos, de gas, de agua y televisión por cable, para ubicar exactamente las líneas ya instaladas para estos servicios. Muchas compañías envían trabajadores para determinar la ubicación de las líneas que crean peligro.

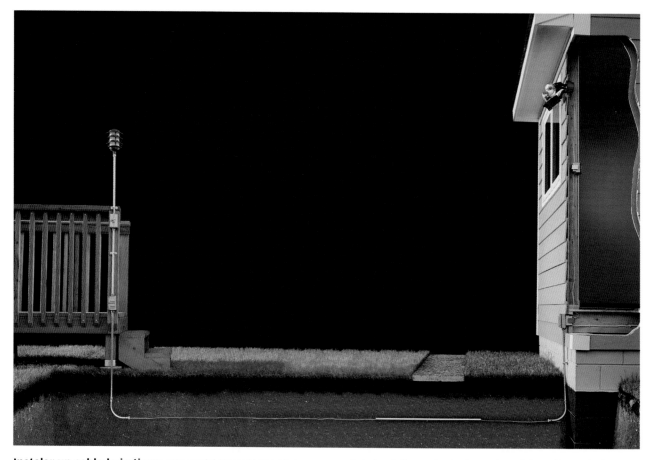

Instalar un cable bajo tierra para suministrar corriente a la terraza es un trabajo relativamente simple, y su beneficio es visto en las horas de entretenimiento de su familia.

Cómo instalar electricidad en una terraza

PLANEAR EL CIRCUITO

Visite su inspector local de electricidad para corroborar los requisitos para las instalaciones en exteriores y para obtener el permiso del proyecto. Debido a que este tipo de conexiones están expuestas a la intemperie, requieren el uso de materiales a prueba de agua, incluyendo el cable UF, material rígido o conducto de plástico PVC de categoría 40, cajas eléctricas a prueba de agua y conectores. Algunos códigos admiten el material rígido o conducto de plástico PVC, mientras otros sólo aceptan metal.

En la mayoría de las viviendas, el circuito externo para la terraza requiere de poca capacidad. Agregar un nuevo circuito de 15 amperios y 120 voltios es suficiente en casi todos los casos. Sin embargo, si el circuito va a incluir más de tres tomas de luces de alta capacidad (cada una clasificada para 300 o más vatios), o más de cuatro tomacorrientes, considere instalar un circuito de 20 amperios y 120 voltios.

Debe tener en cuenta la longitud del circuito al escoger el tamaño del cable. En circuitos muy largos, la resistencia normal del cable crea una baja considerable de voltaje. Si el circuito se extiende más de 50 pies, use cable con un calibre superior para reducir la baja de voltaje. Por ejemplo, un circuito de 15 amperios que se extiende más de 50 pies debe ser conectado con un cable de calibre 12 en lugar del usual de calibre 14.

Entierre los cables UF a 12" de profundidad si son protegidos por un tomacorriente interruptor de falla de circuito a tierra (GFCI), y el circuito no es mayor a 20 amperios. Entierre el cable al menos a 18" de profundidad si el circuito no está protegido o si es mayor a 20 amperios (**foto 1**).

Evite choques eléctricos asegurándose que todos los tomacorrientes estén protegidos por un interruptor GFCI. Un solo tomacorriente GFCI puede ser conectado para proteger otros artefactos en el circuito. Los tomacorrientes al exterior deben estar al menos 12" de altura del piso y encerrados en compartimientos a prueba de agua (**foto 2**).

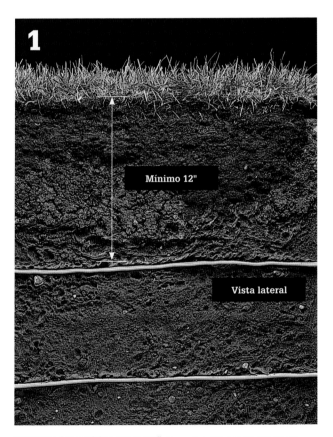

Entierre los cables UF a 12" de profundidad protegidos por un tomacorriente interruptor de falla de circuito a tierra (GFCI), y si el circuito no es mayor a 20 amperios. Entiérrelo a 18" si el circuito no está protegido o si es mayor a 20 amperios.

Instale los tomacorrientes GFCI en compartimientos a prueba de agua al menos a 1 pie de altura (no más de 6½ pies) sobre el nivel del piso.

EXCAVAR ZANJAS

Cuando entierre los cables, ahorre tiempo y minimice el daño en el terreno excavando en lo posible zanjas bien angostas. Planee el circuito de tal forma que reduzca la longitud de los cables. Si el terreno es arenoso, o muy sólido y seco, rocíe el terreno por completo antes de empezar a excavar.

Marque los bordes de la zanja que va a excavar con estacas y cuerdas.

Corte dos tiras de plástico de 18" de ancho y coloque cada una al lado de las líneas que delimitan la zanja.

Remueva pedazos de tierra al interior de la zanja con una pala. Corte terrones de 2" a 3" de profundidad para mantener las raíces intactas. Coloque la tierra sobre el plástico y manténgala húmeda pero no muy mojada. Debe ser removida en dos o tres días, o de lo contrario la grama debajo morirá.

Abra las zanjas a la profundidad requerida por su código local. Amontone la tierra sobre la otra tira de plástico (**foto 3**).

Para enterrar el cable debajo de un andén, corte el metal conductor unas 12" más largo que el ancho del andén, luego aplaste una punta del conducto para formar una punta. Clave el conducto a través de la tierra con un mazo de punta redonda usando un bloque de madera para no averiar el conducto (**foto 4**). Corte las puntas del conducto con una sierra dejando un par de pulgadas expuestas a cada lado de la zanja. Conecte los ensambles de presión y cubiertas de plástico a cada punta. El plástico evitará que el borde cortante del tubo dañe el empaque del cable al introducirlo.

Si se aleja de la zanja antes de terminar el trabajo, cúbrala temporalmente con retazos de madera contrachapada para evitar accidentes.

INSTALAR LAS CAJAS Y CONDUCTOS

Marque el sitio donde va a ubicar el tomacorriente GFCI sobre la pared al exterior de la casa. Abra huecos guía en las esquinas de la marca y luego utilice un pedazo de cable grueso para sondar la pared en busca de cables de corriente o tubos de plomería. Termine el corte con una sierra recíproca o manual. *Variación en albañilería:* Para hacer cortes sobre suoperficies de concreto, perfore una línea de agujeros al interior de la marca de la caja con una broca para concreto. Luego remueva el desperdicio con un cincel y un martillo de bola.

Instale cable NM desde el panel de cortacircuito hasta el orificio del GFCI. Deje unas 24" de cable de sobra en el panel y unas 12" en el GFCI. Ancle el cable a las vigas del armazón de la casa usando grapas para cable. Corte 10" en la punta de la cubierta protectora del cable, y luego ¾" del cable aislante.

Marque la trayectoria de la zanja con estacas y una cuerda, luego excave la zanja a la profundidad requerida.

Clave el conducto debajo del andén y de otros obstáculos. Use un bloque de madera y un martillo para empujarlo.

Lleve los cables a la caja GFCI, empuje la caja al interior del corte y luego apriete los tornillos de ajuste hasta que quede asegurada.

Abra un orificio prefabricado por cada cable que entrará en la caja GFCI. Inserte los cables dejando al menos ¼" de la envoltura dentro de la caja. Empuje la caja en el orificio y apriete los tornillos hasta que quede a nivel con la pared (**foto 5**).

Coloque la tapa de espuma sobre la caja GFCI y luego conecte el anillo de extensión en la misma usando los tornillos incluidos. Selle cualquier grieta alrededor del anillo con masilla de silicona.

Mida y corte el IMC (conductor de metal intermedio) para instalarlo desde la parte inferior del anillo de extensión hasta unas 4" de altura desde la zanja. Una el conductor al anillo con una conexión de compresión (**foto 6**). Ancle el conducto a la pared con abrazaderas de tubo y tornillos para concreto. Puede usar anclajes de cemento y tornillos de cabeza protuberante para usar en concreto. Abra huecos guías para las anclas con brocas para concreto.

Luego conecte las uniones de compresión a las puntas de la conexión de metal, y luego únalo a la punta del conducto. Enrosque la envoltura de plástico alrededor de la parte expuesta del borde del metal para prevenir que dañe el cable.

Una las plaquetas de conexión a la parte trasera de la caja receptora a prueba de agua, luego conecte la caja al marco de la estructura a través de las plaquetas con tornillos galvanizados.

Mida y corte un trozo del conductor IMC para instalarlo desde la parte inferior de la caja del tomacorriente hasta unas 4" de altura desde la zanja. Una el conductor a la caja con una conexión de compresión. Junte la extensión y la envoltura de plástico a la parte inferior del conducto utilizando conectores de compresión, ver (**foto 7**).

Corte un segmento del conductor IMC para unir la parte superior del tomacorriente al sitio de la caja del interruptor. Una el conducto a la caja del tomacorriente con una conexión de compresión. Ancle el conducto al marco de la terraza con abrazaderas de tubo.

Ajuste las plaquetas de conexión a la parte trasera de la caja del tomacorriente, luego conecte la caja en forma suelta al conducto con una conexión de compresión. Ancle la caja al marco de la terraza por medio de los tornillos galvanizados incluidos, incrustándolos a través de los huecos de la plaqueta al interior de la madera. Apriete la conexión de compresión utilizando una llave inglesa. Mida y corte un pequeño segmento de conducto IMC para conectar la parte superior de la caja del tomacorriente hasta el lugar en la terraza donde va a instalar la luz. Junte el conducto por medio de una conexión de compresión, ver (**foto 8**).

En la casa, instale un conducto desde la parte inferior del anillo de extensión hasta 4" arriba de la zanja.

En la terraza, una el conducto a la parte inferior de la caja del tomacorriente hasta 4" arriba de la zanja.

Una el conducto a la caja del tomacorriente extendiéndolo desde la parte superior hasta la altura de la luz con una conexión de compresión.

INSTALAR EL CABLE

Mida y corte todos los cables UF dejando 12" de sobra en cada caja. Corte en las puntas unas 3" de cubierta aislante con una navaja dejando los alambres expuestos.

Lleve el cable con un alambre guía a través del conducto comenzando desde la caja GFCI. Enganche los cables a una punta del cable guía y envuélvalos en cinta aislante hasta cubrir la envoltura. Hale el cable con cuidado por el conducto (**foto 9**).

Coloque el cable al interior de la zanja sin enredarlo. Use un cable guía para halarlo por el conducto si pasa por debajo de un andén.

Utilice el cable guía para halar el cable a través y hasta el final del conducto al interior de la caja del tomacorriente al lado opuesto de la zanja (**foto 10**). Desconecte el cable del cable guía.

Corte la cinta aislante en ambas puntas del cable y la punta doblada de los alambres. Doble de nuevo una de las puntas de los alambres y agárrelo con unas pinzas de punta. Sujete el cable con otras pinzas y abra su envoltura exponiendo la punta del cable más o menos unas 10". Luego repita el mismo procedimiento con el resto de los otros cables, después corte el residuo de la envoltura de los cables por medio de una navaja. Corte ¾" de envoltura aislante en la punta de cada alambre por medio de una herramienta combinada.

Mida, corte y luego instale el cable que viene desde la caja del tomacorriente de la terraza hasta el interruptor exterior por medio de un cable guía. Corte 10" de la envoltura en cada punta del cable, luego corte ¾" de envoltura aislante en cada alambre utilizando una herramienta combinada.

Conecte el cable a tierra (pigtail) a la parte trasera de cada caja metálica y anillo de extensión. Junte los cables a tierra con un conector de cables. Introduzca los cables al interior de las cajas y conecte temporalmente las cubiertas a prueba de agua hasta que sean revisadas durante la inspección general (**foto 11**).

CONECTAR LOS TOMACORRIENTES

En el tomacorriente GFCI, conecte el cable negro alimentador proveniente de la fuente eléctrica al terminal de latón marcado como "line" (línea). Conecte el cable blanco eléctrico al tornillo de terminal plateado también marcado como "line".

Conecte el cable corto blanco (pigtail) al tornillo de terminal plateado marcado como "load" (carga), y luego conecte el cable corto negro (pigtail) al tornillo de latón del terminal marcado como "load" (carga).

Conecte el cable corto negro (pigtail) a todos los restantes cables negros del circuito por medio de un conector de cables. Conecte el cable corto blanco (pigtail) a todos los restantes cables blancos del circuito.

En la casa, use cable guía para halar el cable a través del conducto hasta la caja GFCI.

En la terraza, use cable guía para halar el cable a través del conducto hasta la caja del tomacorriente e interruptor.

Cable corto a tierra (Pigtail)

Conecte un cable a tierra a cada caja de metal y anillo de extensión y junte todos los cables a tierra con un cable corto (pigtail). Instale las cubiertas para la inspección general.

Conecte los cables a tierra al tornillo a tierra en el GFCI. Junte el cable corto a tierra a los alambres a tierra por medio de un conector de cables (**foto 12**).

Introduzca con cuidado todos los cables al interior de la caja. Conecte la caja GFCI, luego coloque la capa de espuma sobre la caja y después instale la cubierta de la caja a prueba de agua.

Conecte los cables negros del circuito al tornillo de latón en cada tomacorriente restante del circuito de la terraza. Conecte los cables blancos del circuito a los terminales de tornillo plateado en el tomacorriente. Por último, una el cable corto a tierra (pigtail) al tornillo a tierra en el tomacorriente, luego junte todos los cables a tierra por medio de un conector de cables.

Introduzca con cuidado todos los cables al interior de la caja y conecte el tomacorriente también a la caja con tornillos montantes. Coloque la capa de espuma sobre la caja y por último la cubierta a prueba de agua.

CONECTAR LAS LUCES DECORATIVAS

Ensarte los cables de lámpara a través del conducto. Enrosque la unión a la base de la lámpara (**foto 13**).

Pase los cables a través del conducto hasta la caja del interruptor. Coloque la lámpara dentro del conducto y apriete la conexión de compresión.

CONECTAR LOS INTERRUPTORES

Los interruptores para uso exterior tienen cubiertas a prueba de agua con un interruptor de palanca incorporado. La palanca opera un interruptor de polaridad sencilla montado al interior de la cubierta.

Conecte el cable negro del circuito a uno de los tornillos terminales del interruptor, y conecte el cable negro de la lámpara al otro tornillo terminal.

Conecte el cable negro a uno de los terminales de tornillo del interruptor, y conecte el cable blanco al cable blanco del circuito (**foto 14**). Utilice un cable conector para unir los cables.

Para instalar un tomacorriente GFCI, conecte el cable negro alimentador de la fuente eléctrica al tornillo terminal de latón (line), y el cable blanco al tornillo terminal plateado (line). Use cables cortos y conectores de cables para unir los restantes cables negros del circuito al terminal de tornillo de latón (load), los cables blancos del circuito al terminal de tornillo de latón (load), y los cables verdes o de cobre al tornillo a tierra.

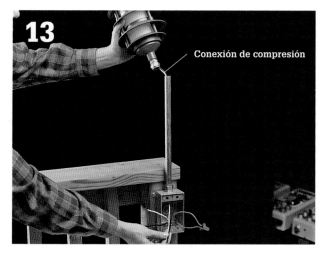

Pase los cables a través del conducto hasta llegar a la caja del interruptor, luego conecte la lámpara por medio de una conexión de compresión.

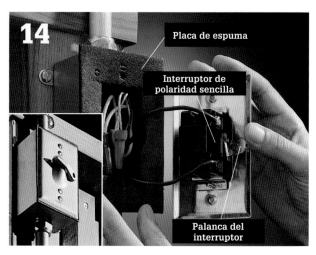

Para instalar un interruptor a prueba de agua, conecte el cable negro del circuito a uno de los tornillos terminales del interruptor, y el cable negro de la lámpara al otro tornillo terminal. Use cables conectores para unir los cables blancos del circuito y los cables a tierra.

Cómo instalar luces de bajo voltaje sobre los escalones

Las luces empotradas de bajo voltaje son excelentes para las terrazas. Si se instalan en forma discreta sobre los escalones, dan un toque elegante a las macetas e iluminan el camino sobre las escaleras.

ABRA LOS ORIFICIOS PARA INSTALAR LAS LÁMPARAS

Use plantillas o dibuje la forma inferior de la lámpara sobre el escalón para marcar el agujero a cortar. Centre la lámpara en el escalón, de 1 a 2" del borde (el hueco se ubicará en el centro entre los espacios de los maderos de 2 × 6 en la mayoría de las escaleras de terrazas).

Perfore agujeros en las esquinas y luego corte los huecos con una sierra recíproca (**foto 1**).

Compruebe que las lámparas caben en el espacio (deben quedar apretadas), y ajuste los huecos si es necesario.

INSTALAR LOS CABLES DE LAS LÁMPARAS

Lleve el cable a las escaleras desde un sistema de bajo voltaje o desde un nuevo transformador. Abra un agujero en el escalón inferior si es necesario y pase el cable debajo de las escaleras a lo largo del borde interior.

Hale una parte del cable a través de cada uno de los huecos de las lámparas y asegúrelos temporalmente con cinta pegante (**foto 2**).

CONECTAR LA LÁMPARA

En la mitad de la primera sección de cable, separe los dos conductores unas 3 a 4" por medio de un corte en el centro del cable.

Corte unas 2" del empaque aislante de cada cable. Después, corte el alambre en el centro de la parte que ha quedado expuesta y enrosque ambas puntas con la punta de uno de los cables de la lámpara, a uno de los cables exteriores de conexión (**foto 3**).

Repita la acción con la otra lámpara y con los otros cables del circuito.

Introduzca los cables dentro del hueco y coloque la lámpara en el mismo.

Pruebe cada lámpara antes de instalar la siguiente.

Marque el sitio de las lámparas y abra los huecos con una sierra.

Traiga el cable desde una fuente de bajo voltaje existente, o desde un transformador, hasta el sitio de la escalera.

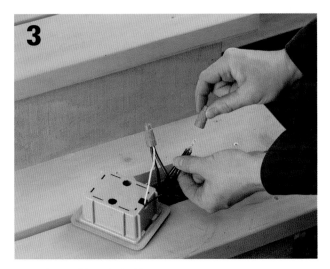

Junte los cables de la lámpara con los cables de bajo voltaje usando conectores de cables exteriores.

Cómo instalar luces de bajo voltaje en las barandas

Estas luces en forma de lazo tienen pequeñas bombillas incrustadas al interior de tubos delgados de plástico flexibles, y separadas a poca distancia una de otra. La mayoría de estas instalaciones se conectan a tomacorrientes y usan electricidad casera. Esto es suficiente para el uso interno en las viviendas, pero limita su uso exterior. Las versiones de bajo voltaje son activadas por medio de transformadores y pueden ser conectadas en forma discreta a los circuitos de luces exteriores. Están disponibles en almacenes especializados y a través de catálogos.

INSTALAR EL CABLE

Instale un cable desde un transformador cercano o desde un circuito de bajo voltaje usando una conexión en "T".

Corra el cable sobre el poste al final de la baranda y asegúrelo con ganchos o grapas. Deje suficiente cable al final para conectarlo a las luces (**foto 1**).

ASEGURE LAS LUCES EN FORMA DE LAZO

Asegure las luces a la parte inferior del pasamanos de la baranda usando un riel en forma de "U". Corte el riel a longitud correcta y clávelo al pasamanos.

Presione las luces contra el riel (**foto 2**).

CONECTE LAS LUCES A LA CORRIENTE

Conecte el cable especial a la punta de la instalación con un conector de rosca.

Una los cables de las luces al cable de extensión con un conector diseñado para cable exterior de bajo voltaje (**foto 3**).

Al final cubra la punta del cable de las luces con una tapa de plástico.

Instale un cable de bajo voltaje desde un transformador o un circuito de bajo voltaje hasta el final de la baranda. Asegúrelo con grapas.

Instale un riel en forma de U debajo del pasamanos de la baranda y presione las luces contra el riel.

Conecte los cables de las luces a la conexión de cable especial con el conector diseñado para uso en exteriores.

Terrazas con bañeras

Por lo general construir una bañera sobre una terraza es hecho de dos formas. Si la diseña a la altura ideal, puede construir un espacio donde pueda descansar la bañera sobre una placa de concreto y construir el resto de la terraza a su alrededor.

Pero, en una terraza a baja altura, o en una muy alta, la solución más práctica es instalar la bañera sobre la superficie de la terraza y construir una plataforma secundaria a su alrededor creando una adición parcial. Como se muestra en las páginas siguientes, el diseño de la estructura de la terraza debe ser modificado para garantizar que podrá sostener el peso de la bañera cuando se encuentre llena de agua. Por tal razón, asegúrese que los planos de la terraza son aprobados por el inspector antes de iniciar la construcción.

Instalar una bañera requiere de una serie de conexiones de plomería y electricidad. Al planear la instalación, tenga en cuenta la localización de los tubos de plomería, los cables eléctricos, los interruptores y los paneles de acceso. Aquí se aconseja llevar a cabo la inspección de estos servicios antes de instalar la estructura de la terraza.

Ya sea si está instalada sobre la superficie, o incrustada en la estructura, una bañera es una buena adición a la terraza.

Diferentes clases de bañeras en las terrazas

Las bañeras no deben estar limitadas a ser instaladas sólo en las terrazas de poca altura. Sin embargo, deberá planear una estructura y bases adicionales para sostener la bañera con seguridad sin importar la altura total. Esta es otra importante razón por la cual debe hacer revisar los planos por un inspector antes de construir.

Cuando esté planeando construir una bañera en la terraza, considere ubicarla junto a la plataforma principal. De esta forma no interrumpirá con el tráfico o bloqueará espacios que quizás necesitará para colocar muebles o reunir grupos de personas.

Si el lugar no ofrece la suficiente privacidad para una bañera, es fácil crear una pared con tales propósitos. Un material colorido que dé sombra y corte el viento puede prestar esa función. Así podrá disfrutar del sol y del agua con una sensación de paz.

Planear la instalación de una bañera

Una ventanilla de acceso hecha de retazos de madera puede esconder la instalación de un servicio, como una llave de agua o un compresor de aire acondicionado. Instale soportes a lo largo del interior de la estructura para colocar las ventanillas. Estas pueden ser de un tamaño de 2 × 4. Abra agujeros en la cubierta para facilitar abrirla.

En su diseño, incluya postes y vigas para soportar el máximo de peso esperado, incluyendo la bañera llena de agua. En la mayoría de los casos, eso significa alterar el diseño para incluir más vigas y postes debajo de la bañera.

Cómo construir una bañera en la terraza

Instale la viga primaria, las bases, los postes y las vigas de soporte siguiendo el plano inicial. Marque los sitios de las vigas de soporte e instálelas siguiendo los requerimientos del código. Muchos códigos de construcción requieren que las vigas no estén separadas más de 12" medidas desde el centro si la terraza va a sostener una bañera. Si la tina necesita nueva tubería de plomería o líneas eléctricas, haga inspeccionar el lugar antes de continuar con la construcción.

2

Instale los maderos de la plataforma y luego marque el lugar donde se colocará la bañera y la estructura que la sostendrá.

3

Corte e instale maderos de 2 × 4 para la base inferior y superior de las paredes de la plataforma de la bañera.

4

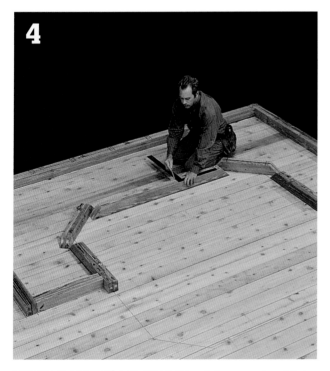

Marque la ubicación de las vigas en la base superior e inferior. Las vigas deben ser colocadas cada 16" (medidas desde el centro), y al final de cada base.

5

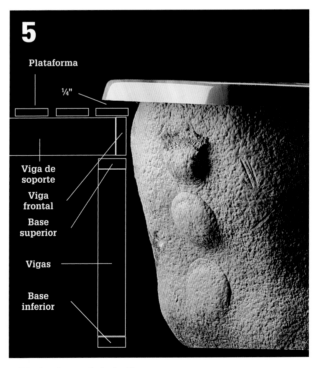

Plataforma

¼"

Viga de soporte

Viga frontal

Base superior

Vigas

Base inferior

Mida la altura de la bañera para determinar la altura de las vigas en las paredes de la plataforma. Incluya el espesor de ambas bases de la pared, de las vigas que descansarán sobre la pared, y el material sobre la plataforma de la terraza. La superficie de la plataforma terminada debe ser de ¼" más baja que el borde de la bañera.

(continúa)

Construya las paredes clavando las bases a las vigas. Coloque las paredes en posición vertical sobre la marca y clávelas a la plataforma con tornillos para terraza de 2½".

Junte las vigas en las esquinas con tornillos para terraza de 3". Compruebe que las paredes están a plomo y ajústelas en la posición correcta si es necesario.

Clave la viga frontal de 2 × 6 en forma angular a lo largo del borde trasero de la plataforma, luego corte e instale vigas de 2 × 6 a través de la base superior a cada 16" de distancia. Clávelas a las bases superiores. Las puntas de las vigas deben quedar a 1½" del borde de la base para dar campo a la viga frontal.

Bloques diagonales

Corte las vigas frontales de 2 × 6 a la medida indicada y clávelas a las vigas con puntillas 16d. En los segmentos angulados de la pared, corte bloques en diagonal y clávelos entre la viga frontal y las vigas adyacentes con tornillos para terraza.

10

Corte los maderos para la plataforma y clávelos sobre las vigas con tornillos para terraza de 2½". Si la bañera requiere de aberturas para la plomería o electricidad, instálelos ahora.

11

Coloque la bañera en su lugar y después construya paredes con maderos de 2 × 2 a su alrededor. Mida, corte e instale los materiales para cubrir las paredes expuestas.

12

Construya los escalones de la bañera para dar acceso a la plataforma usando el mismo material de las paredes para crear las contrahuellas. Si los códigos lo requieren, instale barandas alrededor de la plataforma elevada de la bañera.

Espacios debajo de terrazas

Las terrazas construidas en el segundo piso pueden crear ventajas e inconvenientes al mismo tiempo. En la parte superior, se abrirá un espacio lleno de luz y con una vista agradable del contorno, pero en la parte inferior por lo general se crea un espacio oscuro y frío, con pocos beneficios, y sin protección contra la lluvia o la caída de agua. Como resultado, este espacio a menudo se convierte en un sitio de almacenamiento de muebles y otras cosas menos deseadas.

Pero existe una forma de recobrar ese valioso y conveniente espacio exterior. Puede instalar un sistema para canalizar el agua que cae sobre la plataforma superior, y de esa forma puede dejar el área completamente seca para convertirla en un sitio agradable y funcional. También puede encerrar el espacio con una malla y transformarlo en un patio interior.

El proyecto de un espacio debajo de la terraza presentado a continuación (ver Recursos en la página 315) ha sido diseñado para que usted pueda realizarlo. Los componentes pueden acoplarse a casi que cualquier terraza estándar y vienen en tres tamaños para acomodar las diferentes distancias entre las vigas (12", 16", y 24" desde el centro). Después que el sistema se instala y el área queda seca por completo, podrá agregar otros elementos como luces y ventiladores de techo, o un sistema de sonido, para convertir este lugar en un agradable espacio exterior.

El sistema funciona capturando el agua que cae entre los espacios de las vigas y canalizándola hacia el exterior de la terraza. Dependiendo de su diseño, puede dejar que el agua caiga desde los paneles del techo hacia el borde de la terraza, o puede instalar canales para que transporten el agua a un solo lugar en el piso. Puede encontrar las instrucciones para crear canales en las páginas 239 a 241.

Herramientas y materiales ▸

Nivel (de 4 pies de largo)
Cuerda de tiza
Pistola para enmasillar
Tijeras para metal
Sierra de vaivén
  (para las canales)
Canales (debajo de
  la plataforma)

Masilla de acrílico a
  prueba de agua
Tornillos de 1" a prueba
  de agua
Sistema de canales
  (opcional)
Taladro

En esta foto, el sistema de cubierta debajo de la terraza hecho de vinilo resistente al agua, crea un techo atractivo y durable que mantiene seco el espacio inferior a lo largo de todas las estaciones.

Consejos para el diseño

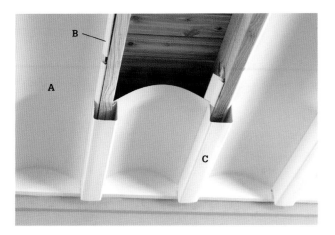

El sistema debajo de la terraza, (ver referencias en la página 315), consta de cuatro partes principales: los rieles de las vigas montados sobre las mismas que ayudan a sostener los otros componentes. Los paneles colectores (A) se instalan debajo de las vigas para recolectar el agua que cae desde arriba. El agua fluye hacia los lados de los paneles hasta caer en pequeños recolectores al lado de las vigas (B) y luego a los canales de las mismas (C) (para vigas internas), y canales de borde (para las vigas exteriores). Los canales llevan el agua al exterior de la terraza.

Para un acabado final, pinte las vigas de la terraza que van a quedar expuestas después de instalar el sistema. Por lo general, la parte inferior de la viga primaria (unida a la casa) y la viga exterior (al borde exterior de la terraza) permanecen expuestas.

Considere los elementos arquitectónicos a su alrededor al seleccionar el sistema para cubrir la parte inferior de la terraza. En la foto, el sistema ha sido integrado con la superficie de la terraza y las escaleras para un acabado funcional y armonioso.

Cómo instalar un sistema para cubrir debajo de la terraza

Mida diferentes partes de la estructura para comprobar que está a nivel. Esto es importante para establecer el declive adecuado para un buen fluido de agua.

Si la terraza no está nivelada, debe compensar este aspecto al crear el declive del sistema. Para determinar la cantidad de corrección necesitada, sostenga un lado del nivel contra la viga e inclínelo hasta que quede perfectamente a nivel. Mida la distancia desde la viga hasta que toque el nivel, y divida esa medida por la longitud del nivel. Por ejemplo, si la distancia es ¼" y el nivel mide 4 pies, la terraza está fuera de nivel ¹⁄₁₆" por cada pie.

Para establecer el declive para el sistema del techo, marque las puntas de las vigas más cercanas a la casa. Mida hacia arriba desde el borde 1" cada 10 pies de distancia (más o menos ⅛" por cada pie). Marque ambos lados de cada viga interna y las partes internas de las vigas exteriores.

Marque cada declive de referencia con una cuerda con tiza: sostenga una punta de la cuerda en la marca hecha en el paso 3, y sostenga la otra punta sobre el borde inferior de la viga donde se junta con la viga exterior de la terraza. Marque la línea de referencia en todas las vigas.

Instale el protector de vinilo contra el agua a lo largo de la viga primaria sobre las cavidades de las vigas. Clávelo con tornillos inoxidables de 1". Cubra los bordes superiores del protector con masilla de acrílico de buena calidad donde se junte con la viga primaria en ambos lados. Aplique otra capa de masilla debajo del protector de agua para mayor seguridad.

Comience instalando los rieles sobre las vigas a 1" de distancia de la viga primaria. Coloque la parte inferior de cada riel sobre la línea marcada con tiza y clávelo con tornillos inoxidables de 1" en la puntas. Luego clave uno o dos tornillos en el medio. Evite clavar los tornillos muy a fondo o deformar el riel; es mejor dejar un poco de espacio para movimiento.

Instale el resto de los rieles en ambas caras de las vigas interiores dejando entre 1½" y 2" de distancia entre cada uno. También instale los rieles sobre la parte interior de las vigas exteriores. Corte la punta del riel al final de cada viga con las tijeras para cortar metal, si es necesario.

Mida la longitud total de cada cavidad de la viga y corte el panel colector ¼" más corto que la cavidad. Esto da espacio para la expansión de los paneles. En cavidades de vigas más angostas, corte los paneles a la medida siguiendo las recomendaciones del fabricante.

(continúa)

Marque y corte los paneles colectores para que queden ajustados contra la viga primaria. Sostenga el lápiz contra la viga y muévalo recostándolo contra la viga para transferir la medida al panel. Luego corte el panel sobre la línea marcada.

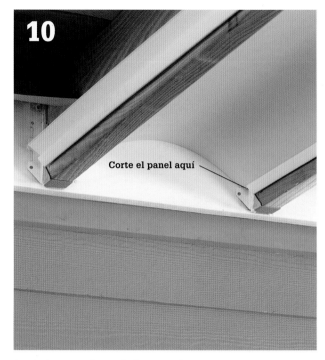

Corte el panel aquí

Corte las esquinas de los paneles conectores para acomodar los colgantes de las vigas y otros accesorios. Esto es necesario sólo en la cavidad de la viga al lado de la casa. En el lado exterior, el espacio de expansión de ¼" deberá acomodar cualquier accesorio de ensamble.

Instale los paneles colectores con el lado texturizado a la vista, comenzando desde la casa. Inserte un lado del panel sobre los rieles de la primera viga y luego empújelo con cuidado hacia el lado opuesto hasta que quepa en los otros rieles. Cuando quede bien instalado, los paneles deben quedar bien ajustados contra las vigas y debe haber ¼" de espacio contra la viga frontal.

Prepare los canales de las vigas cortando cada canal ¼" más corto que la longitud de la viga donde va a ser instalado. Si las vigas descansan sobre una viga estructural, vea la Variación en la página 238. Al final de cada canal contra la casa, corte las puntas en ángulos de 45° para ayudar a que la canal se ajuste por completo contra la viga primaria.

Haga unos cuatro o cinco cortes de ⅛" sobre la superficie inferior de la punta externa de la canal. Esto ayuda al drenaje del agua sobre el borde de la canal.

Aplique aquí silicona

Conecte una tira de espuma con auto-adhesivo (suministrada por el fabricante) en la punta de cada canal que toca la casa. Coloque una capa de silicona sobre la espuma para sellarla contra la canal. La tira de espuma sirve para atrapar el agua.

Instale cada canal abriéndola un poco a medida que la empuja sobre los rieles de las vigas hasta que se ajuste en su lugar. La canal debe quedar ajustada contra los paneles colectores y la viga primaria, y debe dejar ¼" de espacio de expansión en la viga frontal.

Prepare las canales de los bordes siguiendo los mismos pasos que las vigas interiores. Instale cada una insertando un lado sobre el riel, y luego empujándola hacia arriba hasta instalar el otro lado en su posición. Comience la instalación de las canales desde la casa hasta llegar al borde exterior de la terraza.

(continúa)

17

Instale una capa de silicona del mismo color de los paneles a lo largo del sitio donde se unen con la viga primaria. Esto es para dar un acabado vistoso y no es requerido para detener filtraciones de agua.

18

Si no es posible conectar paneles colectores porque la distancia entre las vigas es muy angosta, descubra el panel con el problema y corte más o menos ⅛" del borde del mismo. Coloque de nuevo el panel sobre los rieles. Si es necesario, corte el panel de nuevo en pequeños incrementos hasta que se ajuste correctamente.

Instalaciones alrededor de los postes de soporte ▸

Plataforma de la terraza

Viga frontal

Panel colector

Canal de la viga

Viga de soporte

Poste

Canal de relección de agua

En el caso de terrazas con vigas de soporte que descansan sobre una viga estructural, corte las canales de las vigas interiores y del borde a 1½" más cortas que la viga. Instale una canal de recolección de agua tradicional hacia el interior de la viga frontal para recolectar el agua que sale de las canales (ver las páginas 239 a 241). En el lado opuesto de la viga, instale una nueva serie de rieles de canales que queden ajustados a la viga y déjelos ¼" de distancia de la viga frontal. Los rieles y paneles deben cubrir la viga y pueden ser instalados de la misma forma. También puede dejar esa área sin cubrir si no necesita protección contra el agua debajo de la misma.

Canales de recolección de agua

Un sistema básico de canales de recolección de agua para una terraza rectangular incluye una canal derecha con un desagüe en una punta. Las partes prefabricadas de plástico o vinilo son apropiadas para este tipo de aplicación. Las canales vienen por lo general en longitudes de 10 y 20 pies, por lo que quizás podrá usar una sola pieza sin necesidad de hacer uniones. De lo contrario, puede unir secciones de canales con conexiones especiales. Averigüe cuál es la mejor opción para usted. Si tiene limitaciones para sostener o conectar la parte trasera de la canal, puede usar colgantes de correa que pueden ser conectados a la estructura sobre la canal.

Cómo instalar una canal de recolección debajo de la terraza

1

Con una cuerda con tiza, marque una línea sobre la viga u otra superficie de soporte para establecer el declive de la canal de recolección. La línea corresponderá al borde superior de la canal. El declive recomendado es de 1/16" por cada pie de distancia. Por ejemplo, en una canal de 16 pies, el principio de la canal es 1" más alta que el final. El desagüe debe ser localizado apenas al interior del punto inferior de la canal. Marque la viga con la cuerda de tiza entre ambas puntas para crear el declive deseado. El punto superior de la canal debe quedar apenas debajo del borde del sistema de canales del techo.

(continúa)

2

Instale la salida del desagüe cerca del final del recorrido de la canal para que la punta de la misma quede a ras con la línea de declive. Si va a encerrar el área debajo de la terraza, escoja un lugar escondido para el desagüe lejos de sitios congestionados.

3

Instale los ganchos para colgar la canal (dependiendo del tipo de ganchos usados, es mejor instalarlos antes de colocar la canal). Instale un gancho cada 24" de distancia. La parte superior de la canal debe quedar a ras con la línea trazada.

Opciones para las canales ▸

Las canales vienen en diferentes materiales, incluyendo PVC, metal esmaltado y cobre. En la mayoría de los casos debería usar el mismo material usado alrededor, pero a veces otros materiales para dar contraste y diferente decoración puede dar buenos resultados.

4

Corte las secciones de la canal a la medida correcta usando una sierra para metales. Conecte una cubierta final al comienzo de la canal principal, luego conéctela dentro del desagüe (dejando espacio para expansiones, si es necesario) y asegure la canal en su sitio.

5

Junte las secciones de las canales, si es necesario, por medio de conectores. Instale una sección corta de canal con una cubierta en el lado opuesto del desagüe. Pinte el área donde se instalará el tubo de desagüe si no está marcado.

6

Gancho

Corte el tubo vertical de desagüe a la medida e instale un codo en la parte inferior. Junte el tubo a la salida del desagüe, asegúrelo contra el poste u otro soporte vertical por medio de ganchos (foto anexa).

7

Corte el tubo de drenaje para instalarlo desde el codo del tubo de desagüe hasta el punto ideal. Coloque la pieza para que dirija el agua lejos de la casa y de sitios transitados en el patio. Adicione un bloque para extender la canal si lo desea.

Otras vías de desagüe ▸

Quizás tenga que ser un poco creativo cuando tenga que cambiar la dirección del tubo de desagüe en un patio encerrado. Como lo muestra esta foto, dos codos permiten un cambio de 90° en el tubo de drenaje.

Terrazas a nivel del piso

En gráfica aparece una terraza popular y muy simple de construir. Su tamaño rectangular y moderado no requerirá de gran esfuerzo para su construcción, ni tampoco mucho dinero. Los planos y diseños presentados son muy fáciles de interpretar y podrá construirla fácilmente en sólo dos o tres fines de semana, aún sin muchos conocimientos de construcción o carpintería. En apenas unas semanas, puede transformar su patio en un lugar agradable para llevar a cabo reuniones, cocinar, entretener a sus amigos o familiares, o simplemente para relajarse. Será un lugar donde todos disfrutarán de las comodidades que puede crear al aire libre.

Extienda su espacio para vivir e incremente el valor de su vivienda.

Diagrama general

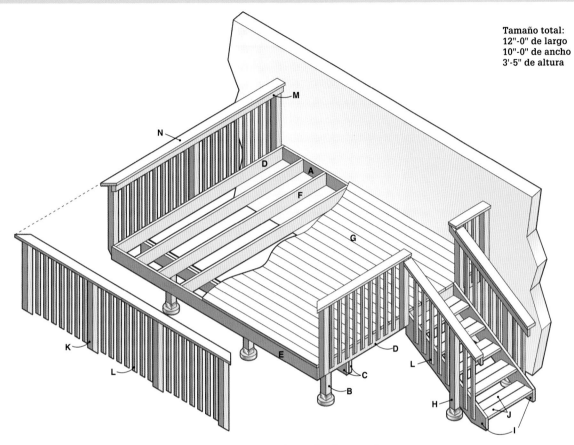

Tamaño total:
12"-0" de largo
10"-0" de ancho
3'-5" de altura

Materiales

Armazón para la base de 10" de diámetro (3)
Armazón para la base de 8" de diámetro (2)
Tornillos en forma de "J" (J-bolts) (5)
Anclas de metal para postes de 6 × 6" (3)
Anclas de metal para postes de 4 × 4" (2)
Cubiertas de metal para postes de 6 × 6" (3)
Colgantes para vigas de 2 × 8" (16)
Conectores en ángulo de 1½" × 10 (10)
Tornillos galvanizados para terraza de 3" y 2½"
Puntillas galvanizadas 16d
Tornillos galvanizados
Tornillos de cabeza cuadrada de ⅜ × 4" y arandelas
   (20); de ⅜ × 5" y arandelas (22); y de ¼ × 1¼" y
   arandelas (80)
Puntillas 10d
Puntillas para colgantes de las vigas 10d
Lámina metálica contra el agua (12 pies)
Silicona uso exterior (3 tubos)
Concreto
Gravilla

Lista de la madera

Cant.	Tamaño	Material	Parte
4	2 × 8" × 12'	Madera tratada	V. primaria (A), V. de soporte (C), V. frontal (E)
1	6 × 6" × 8'	Madera tratada	Postes de la terraza (B)
10	2 × 8" × 10'	Madera tratada	Vigas del borde laterales (D), Vigas (F)
25	2 × 6" × 12'	Cedro	Plataforma (G), Cubierta de la baranda (N)
7	4 × 4" × 8'	Cedro	Postes de escalera (H), Postes de baranda (K)
2	2 × 12" × 8'	Cedro	Zancas (I)
5	2 × 6" × 6'	Cedro	Contrahuella (J)
32	2 × 2" × 8'	Cedro	Balaustres ((L)
2	2 × 4" × 12'	Cedro	Riel superior (M)
2	2 × 4" × 10'	Cedro	Riel superior (M)

Plano de la estructura

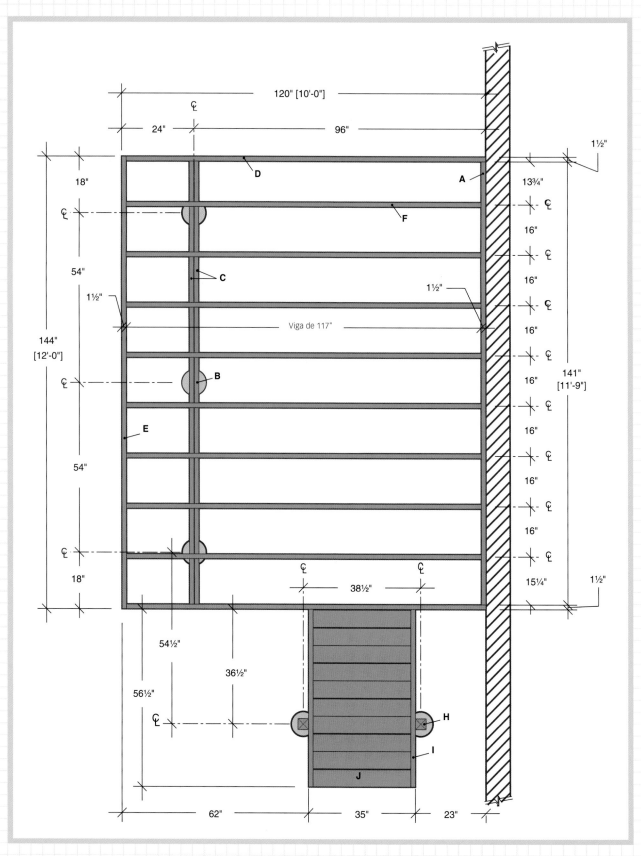

Elevación

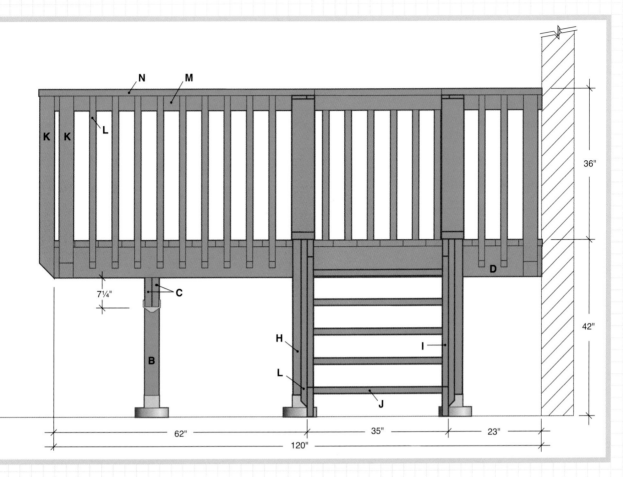

36"

42"

7¼"

C

N
M
K K L

D

B
H
I
L
J

62"   35"   23"
120"

Escalera en detalle

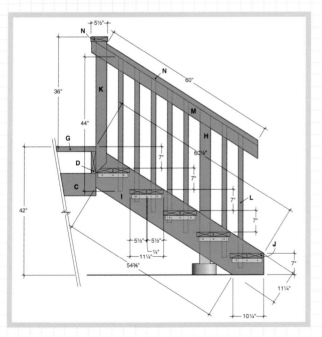

5½"
N
N   60"
36"
K
44"
M
H
G
D   60½"
7"
C
I   7"
42"   L
7"
5½" 5½"   7"
¼"   J
11¼"   7"
54⅜"
11¼"
10¼"

Baranda en detalle

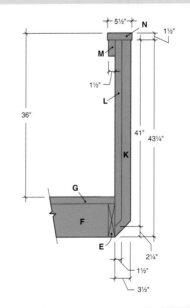

5½"   N   1½"
M
1½"
L
36"   41"   43¼"
K
G
F
E
2¼"
1½"
3½"

Cómo construir una terraza a nivel del piso

INSTALAR LA VIGA PRIMARIA

Dibuje una línea nivelada sobre la pared de la casa para mostrar dónde será instalada la viga primaria y las vigas de soporte. Instale la viga de soporte teniendo en cuenta que la superficie de la plataforma debe quedar a 1" debajo del nivel del piso interior de la casa. Esta diferencia de altura evita que la lluvia o la nieve derretida entre en la casa.

Corte la cubierta de la pared sobre la línea usando una sierra circular. Para evitar que la cuchilla de la sierra corte el papel debajo de la cubierta, gradúe la profundidad del disco según el espesor de la cubierta. Termine el corte con un formón sosteniendo el lado angulado hacia el interior para hacer un corte derecho.

Corte la lámina galvanizada de protección contra la humedad con tijeras para metal a la misma longitud del corte de la pared. Introduzca la lámina debajo de la parte superior de la cubierta de la pared.

Mida y corte la viga primaria (A) de un madero presurizado. Centre la viga al interior del corte sobre la pared dejando espacio en cada extremo para luego instalar las vigas laterales.

Ponga la viga en posición debajo de la lámina galvanizada de protección. Clave la lámina en su sitio con tornillos galvanizados para terraza.

Abra huecos guías en pares de ¼" a 16" de intervalo a través de la viga y dentro de la viga frontal de la casa. Ensanche la superficie de cada hueco a ½" usando una broca de pala de 1" de diámetro. Una la viga a la pared con tornillos de cabeza cuadrada de ⅜ × 4" y con arandelas usando una llave inglesa.

Aplique una capa gruesa de silicona entre la viga y la lámina protectora. También cubra los tornillos de cabeza cuadrada y las grietas en las puntas de la viga.

VERTER EL CONCRETO EN LAS BASES

Siguiendo las medidas mostradas en el plano de la estructura (página 244), marque las líneas centrales de las dos bases exteriores sobre la viga y clave las puntillas en esos puntos.

Instale los soportes provisionales y extienda una cuerda desde la viga primaria hacia cada sitio. Las cuerdas deben estar perpendiculares a la viga primaria. Luego mida a lo largo de la cuerda para encontrar los puntos centrales de todos los postes.

Instale más soportes provisionales y extienda otra cuerda paralela a la viga primaria a lo largo de los puntos centrales en los postes.

Compruebe que las cuerdas estén cuadradas midiendo la diagonal de esquina a esquina. Ajuste las cuerdas hasta que las medidas queden iguales.

Mida a lo largo de la cuerda cruzada y marque el punto central con un trozo de cinta para enmascarar.

Use una plomada para transferir los centros de las bases al piso y clave una estaca para marcar cada punto.

Quite las cuerdas y excave las bases de los postes con una excavadora manual o eléctrica. Vierta de 2 a 3" de gravilla en cada hueco para crear drenaje. *Nota: Nota: Cuando mida el tamaño y profundidad de las bases, deberá cumplir con las estipulaciones de los códigos locales, los cuales pueden requerir ensanchar las bases.*

Corte los tubos de las bases a la longitud correcta con una sierra manual o recíproca e insértelos en los huecos dejando 2" de sobra sobre la superficie. Coloque tierra a su alrededor para sostenerlas, y luego llénelas de concreto presionando la mezcla con una vara para eliminar las burbujas de aire al interior.

Empareje la superficie utilizando un madero de 2 × 4. Inserte el tornillo en forma de "J" en cada base dejando de ¾" a 1" de rosca expuesta al aire libre. Amarre las cuerdas de medición una vez más y coloque los tornillos en "J" exactamente en el centro de los postes. Utilice una plomada como guía. Limpie la rosca de los tornillos antes que se seque el concreto.

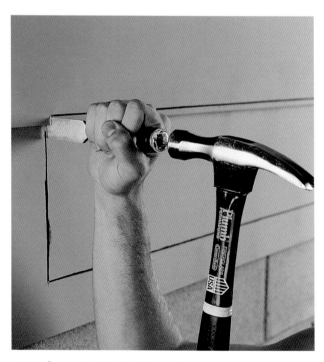

Después de marcar la ubicación de la viga primaria y cortar la cubierta de la pared con una sierra circular, use un formón para cortar las esquinas del trazado.

Después que los postes han sido colocados a plomo en su sitio, use un madero derecho de 2 × 4 y un nivel para marcar la parte superior de la viga en cada poste.

INSTALAR LOS POSTES

Coloque un madero derecho de 2 × 4 a lo largo de las bases, paralelo a la viga primaria. Con una punta recostada contra el tornillo en forma de "J", marque una línea de referencia sobre cada base.

Coloque el ancla de metal del poste sobre cada base centrándolo sobre el tornillo y cuadrándolo con la línea de referencia. Conecte el ancla enroscando una tuerca en cada tornillo y ajustándola con una llave inglesa.

Corte los postes a la medida correcta agregando unas 6" para la emparejada final. Coloque los postes sobre las anclas y asegúrelos con una puntilla.

Usando un nivel como guía, use estacas y soportes para aplomar los postes. Acabe de clavar los postes a las anclas.

Determine la altura de las vigas extendiendo un madero derecho de 2 × 4 desde el borde inferior de la viga primaria hasta la cara del poste. Nivele el 2 × 4 y trace una línea sobre el poste.

Desde esa línea, mida 7¼" hacia la parte inferior del poste y trace una línea. Usando un nivel, transfiera esa medida a los postes restantes.

Use la escuadra combinada para extender las medidas completamente alrededor de cada poste. Corte el poste en esa medida final con una sierra circular o manual.

INSTALAR LAS VIGAS DE SOPORTE

Corte las vigas de soporte (C) mucho más largo de lo requerido para emparejarlas al final.

Junte ambas vigas con puntillas galvanizadas para terraza de 2½". Marque la ubicación de los postes en las caras y bordes superiores usando la escuadra combinada.

Conecte las anclas de las vigas a las puntas de los postes. Ubíquelas sobre el poste y clávelas con puntillas para colgar vigas 10d.

Levante la viga sobre el ancla con la cara en comba hacia arriba. Alinee las líneas de referencia de la viga con las anclas. *Nota: Necesitará ayuda de por lo menos dos personas cuando instale vigas de este tamaño y longitud, y a esa altura.*

Clave el ancla a la viga en ambos lados usando puntillas para colgar vigas 10d.

INSTALAR LA ESTRUCTURA

Mida y corte las vigas a la longitud correcta usando una sierra circular.

Conecte las anclas de las vigas a la viga primaria con puntillas 10d.

Mida y corte la viga frontal (E) a la longitud correcta usando una sierra circular. Clávela a la punta de las vigas laterales con puntillas galvanizadas 16d.

Cuadre la estructura midiéndola de esquina a esquina y ajustándola hasta que las medidas queden iguales. Clave en ángulo las puntas de las vigas sobre la parte superior de la viga frontal y emparéjela a la medida.

Refuerce cada esquina interior de la estructura con un soporte en ángulo, y clávelos con puntillas diseñadas para colgar vigas 10d.

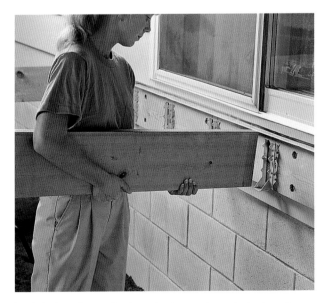

Instale las vigas sobre los colgantes con la comba hacia arriba.

(continúa)

Para ubicar las bases de la escalera, revise las medidas del plano y extienda un madero derecho de 2 × 4 perpendicularmente desde la terraza. Use una plomada para transferir los puntos centrales al piso.

INSTALAR LAS VIGAS INTERNAS

Marque el borde de las vigas internas (F) sobre la viga primaria y la viga frontal (ver el plano de la estructura en la página 244), utilizando una cinta métrica y una escuadra combinada.

Conecte los colgantes de las vigas a la viga primaria y viga frontal clavándolos con puntillas 10d. Use un retazo de madera de 2 × 8 para crear un espacio consistente entre cada colgante.

Mida, marque y corte las vigas internas con una sierra circular. Colóquelas sobre los colgantes con la comba mirando hacia arriba y clave ambas puntas con puntillas 10d. Clave puntillas en todos los huecos del colgante.

Alinee las vigas con las marcas de referencia sobre la viga y clávelas en ángulo en su lugar.

INSTALAR LA PLATAFORMA

Corte el primer madero de la plataforma (G) a la longitud correcta, después colóquelo contra la casa, y clávelo con un par de tornillos galvanizados para terraza de 2½" sobre cada viga interna.

Coloque el resto de los maderos con las puntas colgando sobre las vigas laterales. Deje un espacio de ⅛" entre cada madero para crear drenaje, y clávelos con un par de tornillos galvanizados para terraza.

Después de instalar unos cuantos maderos, mida la distancia desde el borde de la plataforma hasta el borde de la terraza. Si la medida puede ser dividida en fracciones iguales a 5⅝, el último madero quedará a ras con el borde exterior. De lo contrario, ajuste el espacio a medida que instala las filas de los maderos restantes sobre la plataforma.

Si la plataforma sobrepasa el borde de la viga frontal, utilice una cuerda con tiza para marcar el borde y córtelo a ras con una sierra circular. Si es necesario, finalice el corte con una sierra recíproca o manual cuando la sierra circular no se pueda usar.

CONSTRUIR LA ESCALERA

Revise el plano de la estructura en la página 244 para localizar la ubicación de las bases de la escalera.

Ubique las bases extendiendo un madero de 2 × 4 desde la plataforma, instale una plomada y marque los puntos centrales en el piso con estacas.

Excave los huecos con una excavadora manual o eléctrica y construya las bases de la misma forma que construyó las de la terraza.

Instale las anclas de metal para los postes sobre la base, y luego instale los postes (H) dejándolos un poco más largos para la emparejada final.

Corte las zancas para las escaleras (I) a la longitud correcta y use una escuadra para marcar la altura y contrahuella de cada escalón (ver la escalera en detalle en la página 245). Marque las líneas de cada contrahuella. Corte los ángulos al final de la zanca utilizando una sierra circular. (Para mayor información sobre la construcción de las escaleras vea las páginas 120 a 137).

Luego de conectar las zancas a la plataforma, clávelas a los postes. Abra dos huecos guía en las zancas y postes, luego ensanche su superficie. Clave las zancas con tornillos de cabeza cuadrada.

Coloque un soporte en ángulo de 1½ × 10" a ras con la parte inferior de cada línea trazada. Conecte los soportes con tornillos de cabeza cuadrada de 1¼".

Ajuste los soportes a las puntas superiores de las zancas con tornillos de cabeza cuadrada de 1¼". Mantenga los soportes a ras con las puntas cortadas de las zancas. Coloque las partes superiores de las zancas al lado de la plataforma. La punta superior de la zanca debe quedar a ras con la superficie de la plataforma.

Conecte las zancas con puntillas para colgar vigas 10d a través de los soportes angulados dentro de la viga, y perforando huecos guía de ¼" desde el interior de la viga hacia las zancas. Ajuste las zancas con tornillos de cabeza cuadrada de ⅜ × 4".

Para conectar las zancas a los postes de la escalera, abra dos huecos guía de ¼", y extienda la profundidad de los mismos a ½" con una broca de pala de 1". Use una llave inglesa para ajustar las zancas con tornillos de cabeza cuadrada de 4" y arandelas.

Mida la longitud de las contrahuellas de la escalera (J) y corte dos maderos de 2 × 6 para construir cada uno. En cada contrahuella, coloque el madero frontal sobre el soporte en ángulo dejando el borde a ras con la línea trazada sobre las zancas. Conecte la contrahuella al soporte con tornillos de cabeza cuadrada de 1¼".

Instale la contrahuella trasera dejando ⅛" de espacio entre las mismas. Clave la contrahuella al soporte con tornillos de cabeza cuadrada de 1¼".

Instale las contrahuellas en el escalón inferior con tornillos clavados a través de las zancas.

INSTALAR LA BARANDA

Corte los postes (K) y los balaustres (L) a la medida correcta (ver la baranda en detalle en la página 245) con la sierra recíproca o circular. Corte las puntas superiores en forma cuadrada y las inferiores en un ángulo de 45°.

Marque y perfore dos agujeros guía de ¼" en la parte inferior de cada poste. Los huecos deben quedar separados 4" de distancia y ampliados ½" con una broca de pala de 1".

Perfore dos agujeros guía de ⅛", separados a 4" de distancia, en la parte inferior de cada balaustre. En la parte superior, perfore dos agujeros guía de ⅛", y separados a 1½" de distancia.

Marque la ubicación de los postes en la parte externa de la plataforma usando una escuadra combinada. *Nota: Ubique los postes esquineros a no más de 4" de distancia entre ellos.*

Clave cada poste en su lugar. Mantenga el lado angulado a ras con el borde de la plataforma y compruebe que estén a plomo. Use un punzón para marcar el sitio de los huecos guía al lado de la plataforma. Quite los postes y abra los huecos de ¼" en las marcas. Conecte los postes de las barandas al lado de la plataforma con tornillos de cabeza redonda de ⅜ × 5" y arandelas.

Coloque la cubierta sobre los postes y balaustres. Las esquinas anguladas deben estar bien ajustadas. Clávelas con tornillos de terraza.

Corte las cubiertas de la baranda (M) a la longitud correcta. Corte el madero en 45° en las esquinas para hacer un ensamble ajustado. Clávelas a los postes con tornillos para terraza de 2½" manteniendo el borde superior de la cubierta a ras con los postes. Una las cubiertas en ángulos de 45°.

Ensamble parcialmente la cubierta superior de la baranda de la escalera con tornillos galvanizados de 3". Marque el sitio del poste de la baranda, y la baranda superior, debajo de la cubierta de la baranda de la escalera. Marque el lugar de la baranda superior sobre el poste de la escalera. Use un nivel para marcar a plomo la línea de corte en la parte inferior de la baranda. Quite la baranda.

Corte el poste de la escalera a la altura final sobre la línea diagonal, y corte la cubierta de la baranda de la escalera a lo largo de las líneas. Coloque de nuevo la baranda y ajústela con tornillos para terraza.

Conecte los balaustres entre los postes a intervalos iguales no mayores de 4". Use tornillos para la terraza y mantenga su punta superior a ras con la cubierta de la baranda. En la escalera, coloque los balaustres a plomo entre la zanca y el riel superior. Dibuje una línea de corte diagonal en la parte superior y córtelos con una sierra recíproca.

Confirme las medidas y corte las secciones de las cubiertas de la baranda (N). Ubique las secciones de tal forma que el borde interior sobresalga al borde interior de la baranda ¼". Conecte la cubierta de la baranda con tornillos para la terraza. En las esquinas, corte las puntas en ángulo de 45° e instale la cubierta sobre los postes.

Corte la cubierta para la baranda de la escalera. Marque el ángulo del poste de la baranda sobre una cara de la cubierta, y corte en ángulo las puntas de la misma. Conecte la cubierta a la parte superior de la baranda con tornillos. *Nota: Los códigos locales de construcción pueden requerir un pasamanos de agarre. Consulte con su inspector.*

Terrazas en el segundo piso

sta sencilla terraza rectangular suministra un espacio exterior seguro y conveniente. La ausencia total de una escalera mantiene a los niños bajo vigilancia y a los visitantes inesperados alejados de la vivienda. También facilita la construcción de la estructura en general.

Imagínese cómo sería de conveniente tener este tipo de edificación adicional sólo a un paso de su sala o comedor, sin la necesidad de subir o bajar para entretener a sus invitados al aire libre, para relajarse o cenar.

Si está considerando la posibilidad de agregar una escalera, puede consultar el capítulo al respecto en la página 119.

Simplicidad, seguridad y conveniencia son las características de esta terraza elevada.

Diagrama general

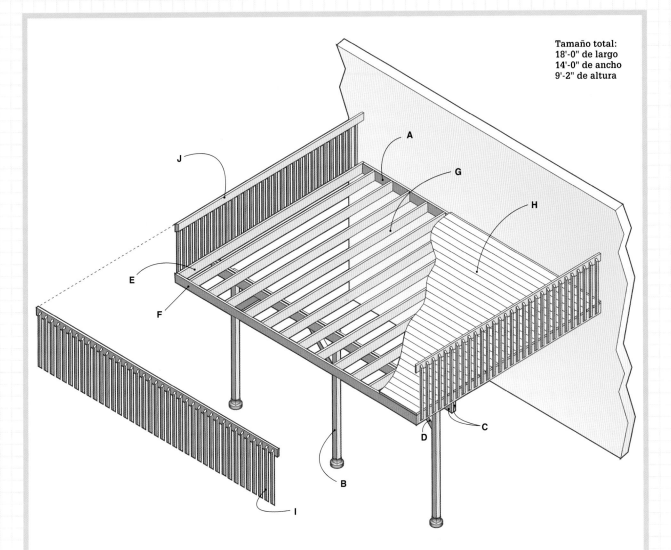

Tamaño total:
18'-0" de largo
14'-0" de ancho
9'-2" de altura

Materiales

Armazón para la base de 12" de diámetro (3)

Tornillos en forma de "J" (J-bolts) (3)

Anclas de metal para postes de 6 × 6" (3)

Colgantes para vigas de 2 × 10" (26)

Tornillos galvanizados para terraza de 3", 2½"

Puntillas para los colgantes de las vigas

Tornillos de cabeza cuadrada de ⅜ × 4" y arandelas
(28); y de ¼ × 5" y arandelas (16)

Tornillos de carruaje ⁵⁄₁₆ × 7", arandelas y tuercas (6)

Puntillas galvanizadas 16d

Protector metálico contra el agua (18 pies)

Silicona para enmasillar (3 tubos)

Concreto

Gravilla

Lista de la madera

Cant.	Tamaño	Material	Parte
2	2 × 12" × 20'	Madera tratada	Vigas de soporte (C)
2	2 × 10" × 18'	Madera tratada	Viga primaria (A), Viga frontal (F)
15	2 × 10" × 14'	Madera tratada	V. internas (G), V. del borde (E)
3	6 × 6" × 10'	Madera tratada	Postes de la terraza (B)
2	4 × 4" × 8'	Madera tratada	Soportes (D)
32	2 × 6" × 18'	Cedro	Plataforma (H), Riel superior (J)
2	2 × 6" × 16'	Cedro	Riel superior (J)
50	2 × 2" × 8'	Cedro	Balaustres (I)

Plano de la estructura

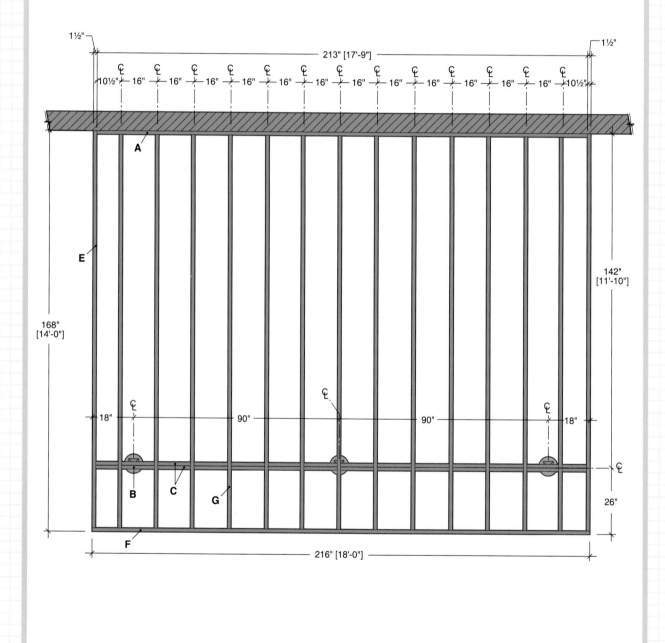

Elevación

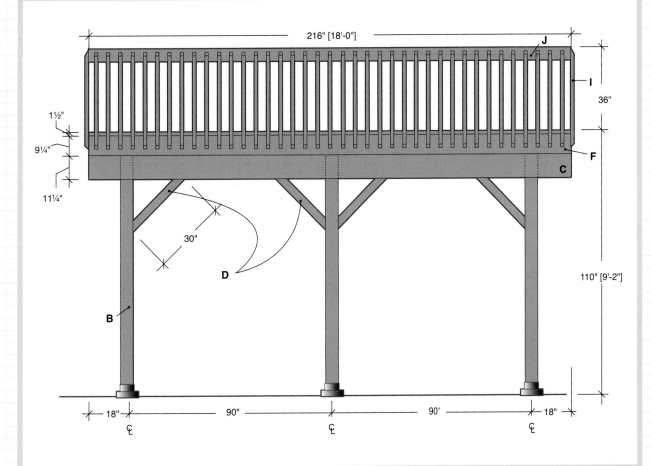

216" [18'-0"]

J

I

36"

1½"

9¼"

11¼"

F

C

30"

D

B

110" [9'-2"]

18"   90"   90"   18"

Baranda en detalle

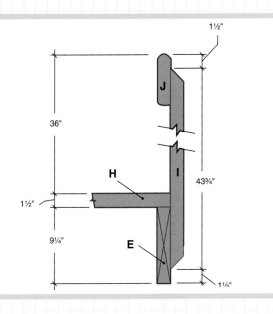

1½"

J

36"

H   I

43¾"

1½"

9¼"

E

1½"

Viga frontal en detalle

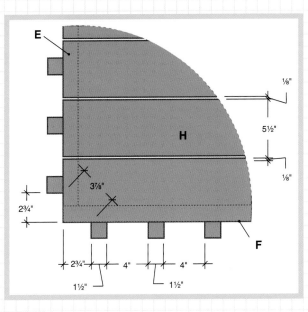

E

⅛"

5½"

H

⅛"

2¾"   3⅞"

F

2¾"   4"   4"

1½"   1½"

Cómo construir una terraza en un segundo piso

INSTALAR LA VIGA PRIMARIA

Dibuje una línea nivelada sobre la pared de la casa para mostrar dónde será instalada la viga primaria y las vigas de soporte. Instale la viga de soporte teniendo en cuenta que la superficie de la plataforma debe quedar a 1" debajo del nivel del piso interior de la casa. Esta diferencia de altura evita que la lluvia o la nieve derretida entre en la casa.

Corte la cubierta de la pared sobre la línea usando una sierra circular. Para evitar que la cuchilla de la sierra corte el papel debajo de la cubierta, gradúe la profundidad del disco según el espesor de la cubierta. Termine el corte con un formón sosteniendo el lado angulado hacia el interior para hacer un corte derecho.

Corte la lámina galvanizada de protección contra la humedad con tijeras para metal a la misma longitud del corte de la pared. Introduzca la lámina debajo de la parte superior de la cubierta de la pared.

Mida y corte la viga primaria (A) de un madero presurizado. Luego centre la viga al interior del corte sobre la pared dejando espacio en cada extremo para instalar las vigas laterales.

Ponga la viga en posición debajo de la lámina galvanizada de protección. Clave la viga en su sitio con puntillas galvanizadas.

Abra huecos guías en pares de ¼" a 16" de intervalo a través de la viga y dentro de la viga frontal de la casa. Ensanche la superficie de cada hueco a ½" usando una broca de pala de 1" de diámetro. Una la viga a la pared con tornillos de cabeza cuadrada de 4" y con arandelas usando una llave inglesa.

Aplique una capa de silicona entre la viga y la lámina protectora. También cubra los tornillos de cabeza cuadrada y las grietas en las puntas de la viga primaria.

VERTER EL CONCRETO EN LAS BASES

Para establecer un punto de referencia para ubicar las bases, cuelgue una plomada desde la punta de las vigas hasta el suelo.

Coloque un madero derecho 2 × 4 de 14 pies de largo perpendicular a la casa en el lugar donde la plomada toca el suelo. *Nota: Si está construyendo en un terreno en declive, el sistema de cuerdas para localizar las bases es más apropiado (ver las páginas 46 a 51).*

Compruebe que las medidas estén cuadradas usando el método triangular 3-4-5. Desde el madero 2 × 4, mida 3 pies contra la pared y haga una marca. Luego, mida 4 pies hacia afuera de la casa y haga otra marca sobre el 2 × 4. La línea diagonal entre las marcas será de 5 pies cuando el madero está perfectamente cuadrado contra la casa. Ajústelo si es necesario por medio de estacas para mantenerlo en posición.

Extienda otro madero de referencia desde la casa hasta el otro extremo de la viga primaria siguiendo el mismo procedimiento.

Mida a lo largo de ambos maderos y marque el punto central de las bases (vea el plano de la estructura en la página 252).

Coloque un madero derecho de 2 × 4 entre las marcas y clave estacas para marcar el lugar de las bases.

Quite los maderos y excave las bases de los postes utilizando una excavadora manual o eléctrica. Vierta de 2 a 3" de gravilla en cada hueco para de esa forma crear el drenaje necesario. *Nota: Cuando mida el tamaño y profundidad de las bases, tenga en cuenta que deberá cumplir con las estipulaciones que dictan los códigos locales, los cuales pueden requerir ensanchar las bases hasta un diámetro de 18".*

Utilice una plantilla hecha de maderos de 2 × 4 para ubicar las bases de los postes en el piso, luego marque los puntos con estacas.

Instale cada poste a plomo con un nivel. Use estacas y soportes para mantenerlos en su lugar hasta que las vigas se instalen.

Corte los tubos de las bases a la longitud correcta con una sierra manual o recíproca e insértelos en los huecos dejando 2" de sobra sobre la superficie. Coloque tierra a su alrededor para sostenerlas, y luego llénelas de concreto presionando la mezcla con una vara para eliminar las burbujas de aire al interior.

Empareje la superficie con un madero de 2 × 4. Inserte el tornillo en forma de "J" en cada base dejando de ¾" a 1" de rosca expuesta. Limpie la rosca de los tornillos antes que se seque el concreto.

INSTALAR LOS POSTES

Coloque un madero derecho de 2 × 4 a lo largo de las bases, paralelo a la casa. Con una punta recostada contra el tornillo en forma de "J", marque una línea de referencia sobre cada base para ayudar a orientar las anclas de los postes.

Coloque el ancla de metal del poste sobre cada base centrándolo sobre el tornillo y cuadrándolo con la línea de referencia. Conecte el ancla enroscando una tuerca en cada tornillo y ajustándola con una llave inglesa.

La parte superior de los postes (B) serán nivelados al final con el borde inferior de la viga primaria, pero al principio córtelos varias pulgadas más largos para permitir la emparejada final. Coloque los postes sobre las anclas y asegure cada uno en su lugar con una puntilla.

Usando un nivel como guía, use estacas y soportes para aplomar los postes.

Determine la altura de la viga de soporte usando una marca hecha con una cuerda cubierta con tiza y una línea como nivel. Extienda la cuerda de la tiza desde la parte inferior de la viga primaria (compruebe que la cuerda esté a nivel) y haga un marca a lo largo de la cara del poste. Utilice la línea y el nivel para transferir la medida a los otros postes restantes.

MUESCAS EN LOS POSTES

Retire los postes de las anclas y córtelos a la altura final.

Mida y marque una muesca de 3" × 11¼" en la cara exterior de la parte superior de cada poste. Use una escuadra para trazar las marcas en todos los lados. Inicie el corte con una sierra circular y termínelo con una recíproca o manual.

Conecte de nuevo los postes a las anclas con la muesca mirando hacia el exterior de la terraza.

INSTALAR LAS VIGAS DE SOPORTE

Corte las vigas de soporte (C) mucho más largo de lo requerido para emparejarlas al final después que la plataforma ha sido cuadrada.

Junte ambas vigas con puntillas galvanizadas para terraza de 2½". Marque la ubicación de los postes en las caras y bordes superiores usando la escuadra combinada como guía.

Levante la viga, una punta a la vez, sobre el ancla manteniendo la cara en comba hacia arriba. Alinee las líneas de referencia de la viga con las anclas. Nota: Instalar vigas de este tamaño y longitud, y a esa altura, requiere de cuidado. Necesitará ayuda de por lo menos dos personas.

Expanda la superficie de dos huecos de ½" de profundidad usando una broca en forma de pala de 1", luego perfore huecos guías de ⁵⁄₁₆" al interior de la viga y el poste.

Inserte un tornillo de carruaje en cada hueco. Coloque una tuerca y arandela en el lado extendido del hueco y apriételo con una llave inglesa. Selle ambos lados de los tornillos con masilla de silicona.

Corte a ras la punta de los postes con el borde superior de la viga de soporte, usando una sierra recíproca o manual.

(continúa)

INSTALAR LA ESTRUCTURA

Mida y corte la punta de las vigas (E) a la longitud correcta usando una sierra circular.

Conecte las vigas finales (laterales) al final de la viga primaria con puntillas galvanizadas 16d.

Mida y corte la viga frontal (F) a la longitud correcta usando una sierra circular. Clávela a la punta de las vigas laterales con puntillas galvanizadas 16d.

Cuadre la estructura midiéndola de esquina a esquina y ajustándola hasta que todas las medidas queden iguales. Cuando la estructura quede cuadrada por completo, clave en ángulo las puntas de las vigas sobre la parte superior de la viga frontal.

Empareje las puntas de la viga frontal a ras con las puntas de las vigas finales con una sierra recíproca o manual.

INSTALAR LOS SOPORTES

Corte los soportes (D) a la longitud correcta (vea el diagrama de elevación en la página 253) utilizando una sierra circular o recíproca. Corte ambas puntas en un ángulo de 45°.

Instale los soportes colocándolos sobre las vigas de soporte y sobre los postes. Compruebe que las caras externas de los soportes están a ras con las caras externas de las vigas de soporte y postes. Clávelos provisionalmente con tornillos para terraza.

Asegure los soportes con tornillos de cabeza cuadrada de 5". Perfore dos agujeros guía de ¼" en la punta superior al interior de la viga de soporte. Expanda la superficie de dos huecos de ½" de profundidad usando una broca en forma de pala de 1", e introduzca los tornillos con una llave inglesa. Repita este paso en la punta inferior al interior de los postes.

Trace una línea con la cuerda de tiza a ras con el borde exterior de la plataforma y corte los maderos que sobresalen con una sierra circular.

Después de cortar los balaustres a la medida, júntelos o abra huecos guía en la parte superior e inferior.

INSTALAR LAS VIGAS INTERNAS

Marque la localización de las vigas internas (ver el plano de la estructura en la página 252) sobre la viga primaria, viga frontal y viga de soporte. Marque con una línea el sitio de cada viga sobre la viga primaria y frontal usando una escuadra combinada.

Conecte un colgante de viga en cada sitio. Use puntillas para clavar un lado del colgante a un lado de la marca. Use un retazo de madera de 2 × 8 para crear un espacio consistente entre cada colgante y luego clave el resto de los colgantes también con puntillas. Use el retazo para repetir el mismo paso con el resto de las vigas.

Mida, marque y corte las vigas internas (G) con una sierra circular. Colóquelas sobre los colgantes con la comba mirando hacia arriba y clávelos con puntillas. Alinee las vigas sobre las marcas en la parte superior de la viga de soporte y clávelas en ángulo en su lugar.

INSTALAR LA PLATAFORMA

Mida, marque y corte los maderos de la plataforma (H) a la longitud correcta.

Instale la primera fila de plataforma a ras con la casa, y clave un par de tornillos galvanizados para terraza sobre cada viga interna.

Coloque el resto de los maderos dejando un espacio de ⅛" entre cada madero para crear drenaje, y clávelos con un par de tornillos galvanizados para terraza sobre cada viga.

Después de instalar unos cuantos maderos, mida la distancia desde el borde de la plataforma hasta el borde de la terraza. Si la medida puede ser dividida en fracciones iguales a 5⅝", el último madero quedará a ras con el borde exterior. De lo contrario, ajuste el espacio a medida que instala las filas de los maderos restantes sobre la plataforma.

Si la plataforma sobrepasa el borde de la viga frontal, utilice una cuerda con tiza para marcar el borde y córtelo a ras utilizando una sierra circular con el disco colocado a 1½" de profundidad. Si es necesario, finalice el corte con una sierra recíproca o manual cuando la sierra circular no se pueda usar.

CONSTRUIR LA BARANDA

Mida, marque y corte los balaustres (I) a la longitud correcta con ambas puntas en un ángulo de 45°.

Junte los balaustres y abra dos huecos guía de ⅛" en cada punta.

Sujete con una abrazadera un madero de 1½" como guía a ras con el borde inferior de la plataforma para establecer la altura de los balaustres (ver la baranda en detalle en la página 253).

Para asegurar que los balaustres queden separados a una misma distancia, construya un separador de menos de 4" de ancho con dos retazos de madera.

Para hacer una unión sobre la cubierta de la baranda, corte las puntas en ángulos de 45°, perfore un par de huecos guía. Luego clave ambas puntas con tornillos para terraza.

Instale primero los balaustres de las esquinas (ver la viga frontal en detalle en la página 253) comprobando que todos queden a plomo. Luego use el separador y conecte el resto de los balaustres a la plataforma con tornillos para terraza de 3".

Mida, marque y corte las secciones de la cubierta de la baranda (J) a la longitud correcta. Redondee tres de los bordes (ver el detalle de la baranda en la página 253) usando una caladora (o ruteadora) con una broca para redondear de ½". Corte las esquinas en ángulo de 45° para el ensamble.

Sostenga o ancle la cubierta superior en su posición y clávela sobre los balaustres con tornillos para terraza de 2½".

Si necesita unir secciones de la cubierta, corte las puntas en ángulos de 45°. Perfore huecos guía de ⅛" en forma inclinada y junte las partes con tornillos para terraza.

Terrazas en esquinas interiores

Con la ayuda de un diseño de la plataforma en forma de diamante, esta terraza construida en una esquina interior invita a la recreación y a las reuniones sociales. Al mismo tiempo, la ubicación de la esquina ofrece privacidad, sombra y protección contra el viento.

La terraza está diseñada con vigas dobles y bloques para un mayor soporte en el sitio donde se juntan los maderos de la plataforma. Las vigas internas están separadas a 12" de distancia para sostener el diseño diagonal de la terraza.

Toma un poco más de tiempo cortar los maderos y empatar los ensambles, pero los resultados son grandiosos y vale la pena el esfuerzo.

El diseño en forma de diamante le da a la terraza una apariencia distintiva.

Diagrama general

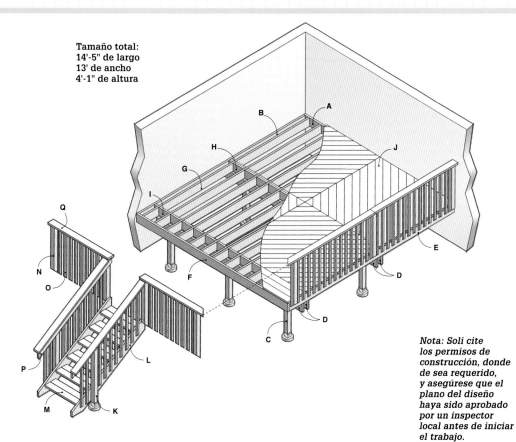

Tamaño total:
14'-5" de largo
13' de ancho
4'-1" de altura

Nota: Soli cite los permisos de construcción, donde de sea requerido, y asegúrese que el plano del diseño haya sido aprobado por un inspector local antes de iniciar el trabajo.

Materiales

Armazón para la base de 10" de diámetro (6)

Armazón para la base de 8" de diámetro (2)

Tornillos en forma de "J" (J-bolts) (3)

Anclas de metal para postes de 6 × 6" (6)

Anclas de metal para postes de 4 × 4" (2)

Colgantes para vigas sencillos de 2 × 8" (50)

Colgantes para vigas dobles de 2 × 8" (30)

Soportes en ángulo de 1½ × 10" (12)

Tornillos galvanizados para terraza de 3" y 2½"

Puntillas galvanizadas 16d

Puntillas para los colgantes de las vigas

Tornillos de cabeza cuadrada de ⅜ × 4" y arandelas (78); y de ¼ × 1¼" (96)

Tornillos de carruaje de ½ × 7", arandelas y tuercas (12)

Silicona para enmasillar de uso exterior (6 tubos)

Concreto

Gravilla

Lista de la madera

Cant.	Tamaño	Material	Parte
6	2 × 8" × 14'	Madera tratada	Viga primaria corta (A), Viga primaria larga (B), Vigas de soporte (D)
14	2 × 8" × 16'	Madera tratada	Vigas internas (G), Bloque sencillo (I)
3	2 × 8" × 8'	Madera tratada	Bloque doble (H)
3	6 × 6" × 8'	Madera tratada	Postes de la terraza (C)
1	2 × 8" × 16'	Cedro	Viga del borde lateral (E)
1	2 × 8" × 14'	Cedro	Viga frontal (F)
42	2 × 6" × 8'	Cedro	Plataforma (J), Cubiertas de la baranda (Q)
16	2 × 6" × 14'	Cedro	Plataforma (J)
1	4 × 4" × 10'	Cedro	Postes de la escalera (K)
6	2 × 6" × 8'	Cedro	Contrahuella (M)
4	4 × 4" × 8'	Cedro	Postes de la baranda (N)
2	2 × 10" × 8'	Cedro	Zancas (L)
33	2 × 2" × 8'	Cedro	Balaustres (O)
6	2 × 4" × 8'	Cedro	Rieles superiores (P)

Plano de la estructura

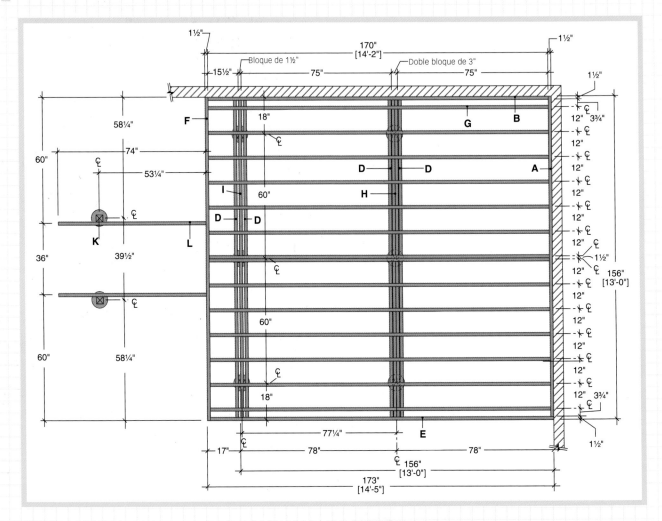

- 1½"
- 170" [14'-2"]
- 1½"
- Bloque de 1½"
- 15½"
- 75"
- Doble bloque de 3"
- 75"
- 1½"
- 58¼"
- F
- 18"
- G
- B
- ℄
- 12" 3¾"
- 60"
- 74"
- ℄
- 12"
- 53¼"
- D — D
- A
- ℄
- 12"
- I
- 60"
- H
- ℄
- 12"
- D — D
- ℄
- 12"
- K
- ℄
- L
- ℄
- 12" 1½"
- 36"
- 39½"
- ℄
- 12"
- ℄
- 12"
- 60"
- ℄
- 12"
- 60"
- 58¼"
- ℄
- 12"
- 156" [13'-0"]
- ℄
- 12"
- 18"
- E
- ℄
- 12"
- ℄
- 12" 3¾"
- 77¼"
- ℄
- 1½"
- 17"
- 78"
- 78"
- ℄
- 156" [13'-0"]
- 173" [14'-5"]

Elevación

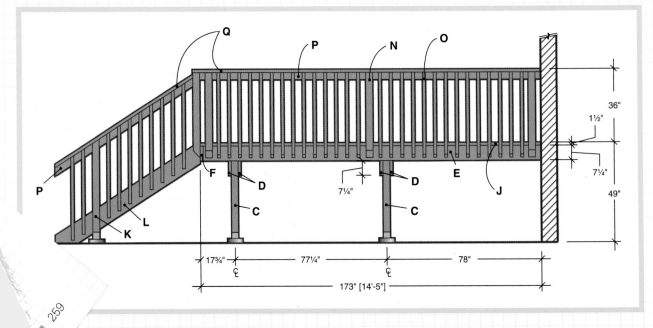

- Q
- P
- N
- O
- 36"
- 1½"
- F
- D
- D
- 7¼"
- P
- 7¼"
- E
- J
- C
- L
- K
- C
- 49"
- 17¾"
- 77¼"
- 78"
- ℄
- ℄
- 173" [14'-5"]

A COMPLETA SOBRE TERRAZAS

Baranda en detalle

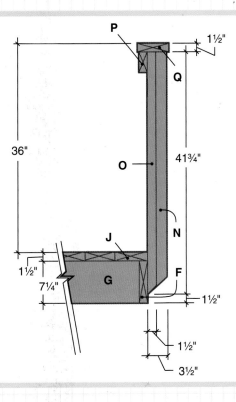

P
1½"
Q
36"
O
41¾"
N
J
1½"
7¼"
G
F
1½"
1½"
3½"

Escalera en detalle

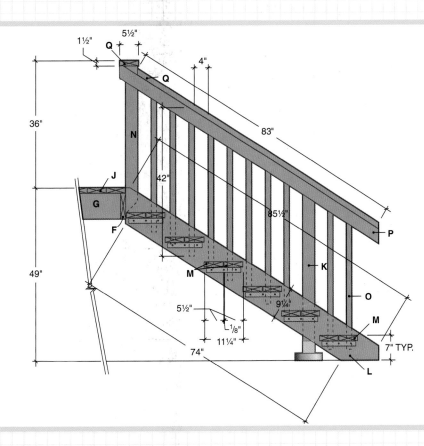

1½"
Q
5½"
Q
4"
36"
N
83"
42"
J
85½"
G
P
F
49"
K
M
O
5½"
9¼"
M
1⅛"
7" TYP.
11¼"
74"
L

Cómo construir una terraza en una esquina interior

INSTALAR LAS VIGAS PRIMARIAS

El ángulo interior de la casa deberá formar el ángulo correcto. Si hay una pequeña variación, use trozos de madera detrás de la viga primaria para crear el ángulo de 90°.

Para marcar el lugar donde las vigas primarias serán unidas a la casa, dibuje líneas sobre la pared usando un nivel como guía. Para ubicar el borde superior de la viga, mida 1" desde la superficie del piso interior, más el espesor de los maderos de la plataforma. Esta diferencia de altura evita que la lluvia o la nieve derretida entren en la casa.

Mida y corte las vigas primarias a la medida correcta. Deben ser más cortos que la línea dibujada sobre la pared para dar campo al ancho de la viga frontal y lateral final.

Perfore los agujeros guía de ¼" en pares sobre la viga primaria separados a 16" de distancia. Ensanche la superficie de los agujeros a ½" con una broca en forma de pala de 1" de diámetro.

Coloque la viga primaria corta (A) en su lugar, e inserte una puntilla o un punzón a través de los huecos guía para marcar el sitio de los mismos sobre la pared.

Repita el proceso para marcar los agujeros en la viga larga (B).

Remueva las vigas y perfore huecos guía sobre la pared con una broca para concreto de ⅜". Luego use una broca de ¼" para extender cada hueco a través de la cubierta de la pared y dentro de la viga frontal de la casa.

Coloque y conecte las vigas primarias sobre la pared. Use una llave inglesa para anclar las vigas con tornillos de cabeza cuadrada de ⅜ × 4" y arandelas. Selle las cabezas de los tornillos y la grieta entre la viga y la pared con una capa de silicona.

VERTER EL CONCRETO EN LAS BASES

Para localizar las bases, extienda una serie de cuerdas entre las vigas primarias y los soportes de 2 × 4.

Siguiendo las medidas mostradas en el plano de la estructura de la página 260, marque las líneas centrales de las bases sobre las vigas y clave una puntilla en cada sitio.

Instale soportes provisionales y alargue una cuerda desde la viga primaria en cada marca. Las cuerdas deben estar perpendiculares a la viga primaria.

Compruebe que las medidas estén cuadradas usando el método triangular 3-4-5. Desde el punto donde cada cuerda llega a la viga, mida 3 pies a lo largo de la viga y haga una marca. Luego, mida 4 pies hacia afuera sobre la cuerda y haga otra marca con cinta. La distancia entre los puntos en la viga y las cuerdas debe ser 5 pies. De lo contrario ajuste lo necesario la posición de la cuerda en el madero de soporte.

Utilice una plomada para transferir los puntos centrales de las bases al piso y clave una estaca para marcar cada punto. Quite las cuerdas.

Recueste la viga de soporte contra los postes y clávela parcialmente con tornillos para terraza. *Nota: Este método no es permitido en algunas regiones. Consulte con su departamento de construcción.*

Excave las bases de los postes con una excavadora manual o eléctrica. Vierta de 2 a 3" de gravilla en cada hueco para crear drenaje. *Nota: Cuando mida el tamaño y profundidad de las bases, deberá cumplir con las estipulaciones de los códigos locales, los cuales pueden requerir ensanchar las bases.*

Corte los tubos de las bases a la longitud correcta con una sierra manual o recíproca e insértelos en los huecos dejando 2" de sobra sobre la superficie. Coloque tierra a su alrededor para sostenerlas, y luego llénelas de concreto presionando la mezcla con una vara para eliminar las burbujas de aire al interior.

Empareje la superficie con un madero de 2 × 4. Inserte el tornillo en forma de "J" en cada base dejando de ¾" a 1" de rosca expuesta. Amarre las cuerdas de medición una vez más y coloque los tornillos en "J" exactamente en el centro de los postes. Utilice una plomada como guía. Limpie la rosca de los tornillos antes que se seque el concreto.

INSTALAR LOS POSTES

Coloque un madero derecho y plano de 2 × 4 a lo largo de cada fila de bases, paralelo a la viga primaria corta. Con un borde recostado contra el tornillo en forma de "J", marque una línea de referencia sobre la superficie de cada base.

Coloque el ancla de metal del poste sobre cada base centrándolo sobre el tornillo y cuadrándolo con la línea de referencia. Conecte el ancla enroscando una tuerca en cada tornillo y ajustándola con una llave inglesa.

Trabajando desde una placa de madera contrachapada, instale un bloque doble para sostener las puntas de los maderos de la plataforma. Clávelo alternando las puntillas con un colgante para vigas.

Corte los postes dejando 6" de sobra para la emparejada final. Coloque cada poste sobre las anclas y asegúrelos en su lugar con una puntilla.

Usando un nivel como guía, use estacas y soportes para aplomar los postes. Termine de clavar los postes a las anclas.

Determine la altura de la viga interior extendiendo un madero derecho de 2 × 4 desde el borde inferior de la viga primaria larga a lo largo de la fila de postes. Nivele el 2 × 4 y dibuje una línea sobre los postes. Utilice el mismo método para determinar la altura de la viga exterior.

INSTALAR LAS VIGAS DE SOPORTE

Corte las vigas de soporte (D) mucho más largo de lo requerido para emparejarlas al final.

Coloque una viga de soporte con la comba hacia arriba contra la fila de postes. Clávela con tornillos para terraza.

Conecte las otras vigas de soporte a los postes de la misma forma.

Abra dos huecos de ½" atravesando las vigas y los postes en cada unión, y ensanche los agujeros ½" con una broca en forma de pala de 1". Asegure la viga con tornillos de carruaje usando una llave inglesa.

Corte la punta superior de los postes a ras con el borde superior de las vigas usando una sierra recíproca o manual.

INSTALAR LAS VIGAS INTERNAS

Una viga interna doble en el centro de la plataforma da soporte adicional a las puntas de los maderos.

Mida, marque y corte la viga del borde lateral (E), y la viga frontal (F) usando una sierra circular.

Conecte la viga del borde lateral a la viga primaria corta, y la viga frontal a la viga primaria larga usando puntillas galvanizadas 16d.

Clave la viga lateral a la frontal.

Clave en ángulo la viga lateral a la punta de las vigas de soporte, y corte las puntas de las vigas a ras con la viga lateral.

Mida, marque e instale la viga doble exactamente en la mitad de la plataforma usando colgantes dobles.

Mida ambas direcciones desde la viga doble y marque los puntos centrales del resto de las vigas en intervalos de 12". Marque las vigas sobre la viga primaria, las vigas de soporte y la viga frontal, usando una escuadra combinada.

Clave los colgantes a la viga primaria corta y frontal. Use un madero separador de 2 × 8 para mantener la misma distancia entre los soportes.

Corte las vigas (G) a la longitud correcta. Luego cuélguelas sobre los soportes dejando el lado en comba hacia arriba y clávelas con puntillas. Alinee las vigas en las marcas sobre las vigas de soporte y clávelas en ángulo.

INSTALAR LOS BLOQUES

Las puntas de los maderos de la plataforma en forma de diamante son sostenidas por una fila de bloques dobles ubicada en el centro del diseño, y por otra fila de bloques sencillos al borde del mismo.

Para ubicar las filas de los bloques, mida la distancia desde la esquina interior de la casa a lo largo de la viga primaria larga (vea el plano de la estructura en la página 260). Clave un tornillo o una puntilla a 78" y otra a 156". Haga las marcas correspondientes sobre la viga lateral final a partir de la viga primaria.

Marque líneas de tiza sobre las vigas entre la viga primaria y la viga final. La línea en la pulgada 78 es el punto central del bloque doble. La de la pulgada 156 es el borde exterior del bloque sencillo. No se preocupe si los bloques no están directamente colocados sobre las vigas de soporte.

Corte las piezas de bloques dobles de un madero de 2 × 8 unido con puntillas galvanizadas 16d.

Instale los bloques alternando las puntillas clavadas sobre los soportes galvanizados.

Para lograr el mejor resultado, mida la longitud final del último madero en cada cuadrado antes de cortarlo.

INSTALAR LA PLATAFORMA

A excepción de las tres primeras filas de maderos derechos instalados en el borde superior de la escalera, el resto de la plataforma es diseñada en forma de diamante.

Comience trabajando al interior del diseño en diamante donde se intersectan las vigas dobles de soporte y los bloques. Corte cuatro triángulos idénticos de un retazo de cedro de 2 × 6" lo más largo posible.

Abra huecos guía de ⅛" en las puntas, coloque las piezas como lo muestra la foto de la página anterior, y clávelas con tornillos de 3".

Para instalar las hileras siguientes, mida, corte, perfore y clave los tres primeros maderos de cada cuadrado. Luego, mida la longitud del último lado para hacer un ensamble más ajustado. Para mejores resultados instale cada cuadrado a la vez manteniendo una separación entre maderos de ⅛".

Cuando termine de instalar el diseño en diamante, corte y clave los tres maderos restantes sobre la plataforma.

CONSTRUIR LA ESCALERA

Para localizar la ubicación de las bases de la escalera, revise el plano de la estructura en la página 260. Ubique las bases extendiendo un madero de 2 × 4 desde la plataforma, perpendicular a la viga frontal, instale una plomada y marque los puntos centrales en el piso con estacas.

Excave los huecos con una excavadora manual o eléctrica y construya las bases de la misma forma que construyó las de la terraza. Inserte tornillos en forma de "J" dejando de ¾" a 1" de rosca expuesta. Deje que se seque el concreto. Conecte las anclas de metal de los postes

Corte las zancas para las escaleras (K) a la longitud correcta dejando unas 6" de sobra para hacer el empareje final más adelante. Coloque los postes sobre las anclas.

Use un nivel y una plomada para instalar los postes derechos y clávelos a las anclas con puntillas galvanizadas 16d.

Corte las zancas (L) a la medida y use una escuadra para marcar la altura y contrahuella de cada escalón (ver la escalera en detalle, página 261). Marque las líneas de cada contrahuella. Corte los ángulos al final de la zanca con una sierra circular. (Para más detalle vea las páginas 120 a 137).

Conecte la escalera a la plataforma con tornillos de cabeza cuadrada de 4" usando una llave inglesa.

Coloque un soporte en ángulo a ras con la parte inferior de cada línea trazada. Abra agujeros guía de ⅛" en las zancas y conecte los soportes en ángulo con tornillos de cabeza cuadrada de 1¼".

Las contrahuellas (M) encajan dentro de las zancas, y éstas caben a su vez entre los postes de la escalera. Mida y corte las contrahuellas (M) 3" más cortas que la distancia entre los postes de la escalera.

Ensamble las zancas boca abajo sobre un par de caballetes. Marque y perfore agujeros guías de ⅛" en las puntas de las contrahuellas. Coloque cada una con el borde a ras con la línea de marca y clávelas a los soportes en ángulo con tornillos de cabeza cuadrada de ¼ × 1¼".

Instale las contrahuellas traseras de forma igual dejando ⅛" de espacio entre las mismas.

Coloque la escalera en su lugar recostada contra el borde de la plataforma. La punta superior de la zanca debe quedar a ras con la superficie de la plataforma. Abra huecos guía de ¼" desde la parte de abajo de la terraza atravesando la viga frontal hasta llegar a las zancas. Conecte las zancas a la viga con tornillos de cabeza cuadrada de 4" usando una llave inglesa.

Para conectar las zancas a los postes de la escalera, abra dos huecos guía de ¼" y extienda la profundidad de los mismos a ½" con una broca de pala de 1". Use una llave inglesa para ajustar las zancas con tornillos de cabeza cuadrada de 4" y arandelas. Selle la cabeza de los tornillos con silicona.

INSTALAR LA BARANDA

Corte los postes de la baranda (N) y los balaustres (O) a la medida correcta (ver la baranda en detalle en la página 261) con la sierra recíproca o circular. Corte las puntas superiores en forma cuadrada y las inferiores en un ángulo de 45°.

Abra dos agujeros guía de ¼" en la parte inferior de cada poste para clavar los tornillos de cabeza cuadrada a la viga frontal. Ensanche los agujeros ½" de profundidad con una broca de pala de 1".

Perfore agujeros guía y luego conecte las contrahuellas a las zancas usando tornillos de cabeza cuadrada de 1¼" y soportes en ángulo.

Perfore dos agujeros guía de ⅛", separados a 4" de distancia, cerca a la punta inferior de cada balaustre. En la parte superior, abra dos agujeros guía de ⅛", separados a 1 ½" de distancia.

Marque la ubicación de los postes alrededor de la parte externa de la plataforma usando una escuadra combinada. Ubique los postes esquineros a no más de 4" de distancia entre ellos.

Sostenga cada poste en su lugar con la punta inferior colocada a 1½" más arriba del borde inferior de la plataforma (vea la baranda en detalle en la página 261). El poste debe estar a plomo. Introduzca un punzón a través de los huecos guía para marcar el sitio de los huecos sobre la plataforma.

Quite los postes y abra huecos guía de ¼" sobre las marcas. Conecte los postes de la baranda a la plataforma con tornillos de cabeza redonda de ⅜ × 4" y arandelas. Selle la cabeza de los tornillos con una capa de silicona.

Corte las cubiertas de la baranda (P) a la longitud correcta. Corte el madero en 45° donde se une en las esquinas. Clávelas a los postes con tornillos para terraza de 3" manteniendo el borde superior de la cubierta a ras con los postes.

Para ubicar los balaustres, mida la distancia total entre los postes y marque el punto central sobre la cubierta de la baranda superior. Las dos secciones de la baranda en la parte larga de la plataforma tendrán un balaustre en el punto central; las dos secciones sobre la escalera tendrán un espacio en el punto central. *Nota: Si las medidas de la plataforma varían a las del plano, calcule si va a tener un espacio o un balaustre en el centro de cada sección.*

Corte un separador a un poco menos de 4" de ancho. Comience en el centro de cada sección y coloque el balaustre o el separador sobre la línea de medición. Mida a partir del centro en ambas direcciones marcando los balaustres sobre la cubierta superior. Los espacios finales pueden ser más angostos, pero el resto quedará simétrico.

Después que haya instalado la baranda superior y los balaustres, instale la cubierta con el borde interior sobrepasando la cara interna de la baranda ¼".

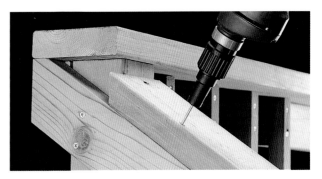

Después de haber instalado la baranda de la escalera, instale la cubierta de la misma con tornillos para terraza.

Para instalar los balaustres, comience al lado del poste asegurándose que el primero quede a plomo. Instale el resto de los balaustres sosteniéndolos en forma ajustada contra el separador y a ras con la baranda superior. Clávelos con tornillos de terraza de 2½".

Corte la cubierta de la baranda (Q). Corte el madero en 45° donde se juntan en las esquinas. Ubique las secciones de tal forma que el borde interior sobresalga al borde interior de la baranda ¼". Conecte la cubierta de la baranda con tornillos para la terraza de 3".

INSTALAR LA BARANDA DE LA ESCALERA

Defina el tamaño y forma exacta de la cubierta de la baranda de la escalera. Clave un madero de cedro de 2 × 4 entre las caras del poste de la escalera y plataforma con puntillas galvanizadas 10d. El ángulo del 2 × 4 debe ser paralelo al de la zanca de abajo.

En la cara trasera del 2 × 4, marque el borde del poste de la baranda de la escalera, y la parte final de la cubierta de la baranda. A la altura del poste de la escalera, marque una línea de corte diagonal sobre el borde superior del 2 × 4. Use un nivel para marcar una línea de corte a plomo directamente arriba del final de la zanca.

Quite el 2 × 4 y haga los cortes.

Abra agujeros guía de ⅛" a través de la cubierta de la baranda de la escalera. Póngala en su lugar y clávela con tornillos para terraza de 2½".

Para emparejar las puntas superiores de los balaustres de la escalera, sostenga cada uno contra el poste de la misma y haga una marca diagonal sobre el borde superior de la baranda. Corte el balaustre. Ahora úselo como plantilla para marcar y cortar el resto de los balaustres de la escalera.

Instale los balaustres con tornillos para terraza de 2½" usando el mismo método con que instaló los de la plataforma.

Mida las cubiertas de las barandas para la escalera. Córtelas con las puntas en ángulo para ensamblarlas contra los postes en la parte superior y para alinearlas con la punta de los postes en la parte inferior. Clave las cubiertas abriendo huecos guía y luego con tornillos para terraza de 2½".

Terrazas separadas de la vivienda

Una terraza separada de la vivienda puede transformar cualquier área del patio en un oasis maravilloso. Al no encontrarse conectada a la casa, puede ubicar la terraza en el sitio que desee para tomar ventaja de una vista espectacular o para crear un ambiente refrescante en un lugar sombreado.

Debido a su triple acceso, esta terraza da la bienvenida a visitantes de todas las edades, y puede ser el punto de foco para la decoración de todo el terreno. Esto convertirá su patio en un espacio atractivo para disfrutar la belleza del aire libre.

Este es el sitio perfecto para visitar cuando necesite relajarse.

Diagrama general

Nota: Las conexiones
de postes y vigas
de soporte en forma
de "sandwich" ya
no son permitidas
en ciertas regiones.
Consulte su inspector
de construcción en
su localidad.

Tamaño total:
14'-1½" de largo
14'-1½" de ancho
2'-4" de altura

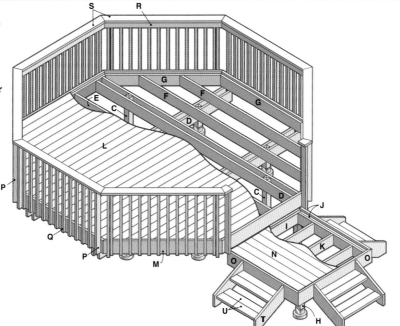

Materiales

Armazón para la base de 10" de diámetro (8)
Armazón para la base de 8" de diámetro (4)
Tornillos en forma de "J" (J-bolts) (12)
Anclas de metal para postes de 6 × 6" (8)
Anclas de metal para postes de 4 × 4" (4)
Colgantes para vigas de 2 × 8" en ángulo de 90° (10)
Colgantes para vigas de 2 × 8" en ángulo de 45° (8)
Uniones de vigas (16)
Ensambles de postes-vigas (4)

Puntillas para los colgantes de las vigas
Soportes en ángulo de 1½ × 10" (12)
Tornillos galvanizados para terraza de 3"
Tornillos de cabeza cuadrada y arandelas de ¼ × 1¼" (96);
   y de ⅜ × 5" (32)
Puntillas galvanizadas delgadas con cabeza pequeña 16d
Tornillos de carruaje de ½ × 7", arandelas y tuercas (16)
Concreto

Lista de la madera

Cant.	Tamaño	Material	Parte
4	2 × 4" × 16'	Pino	Lados de la plantilla de diseño (A)
2	2 × 4" × 12'	Pino	Diagonales de la plantilla de diseño (B)
3	6 × 6 × 8'	Madera tratada	Postes de la terraza (C)
1	4 × 4" × 8'	Madera tratada	Postes del descanso (H)
10	2 × 8" × 14'	Madera tratada	Vigas de soporte (D), Vigas largas (E)
2	2 × 8" × 12'	Madera tratada	Vigas cortadas en ángulo (F)
6	2 × 8" × 10'	Madera tratada	V. en ángulo (F), V. front. internas (I), V. front. externas (J), V. del descanso (K)
9	2 × 8" × 6'	Madera tratada	Viga frontal (F), Vigas del descanso (K)
25	2 × 6" × 14'	Cedro	Mad. de plataf. (L), Cub. de baranda (S)
23	2 × 6" × 14'	Cedro	Mad. de plataf. (L), Cub. de baranda (S)

Cant.	Tamaño	Material	Parte
7	2 × 6" × 12'	Cedro	Maderos de la plataforma (L)
13	2 × 6" × 10'	Cedro	Maderos de la plataforma (L), Mad. del descanso (N), Contrahuellas (U)
4	2 × 6" × 8'	Cedro	Maderos de la plataforma (L)
11	2 × 10" × 6'	Cedro	Vigas frontales de la plataforma (M), Vigas frontales del descanso (O)
8	2 × 4" × 8'	Cedro	Postes de la baranda (P)
42	2 × 2" × 8'	Cedro	Balaustres (Q)
7	2 × 4" × 6'	Cedro	Riel superior (R)
3	2 × 10" × 6'	Cedro	Zancas (T)

Plano de la estructura

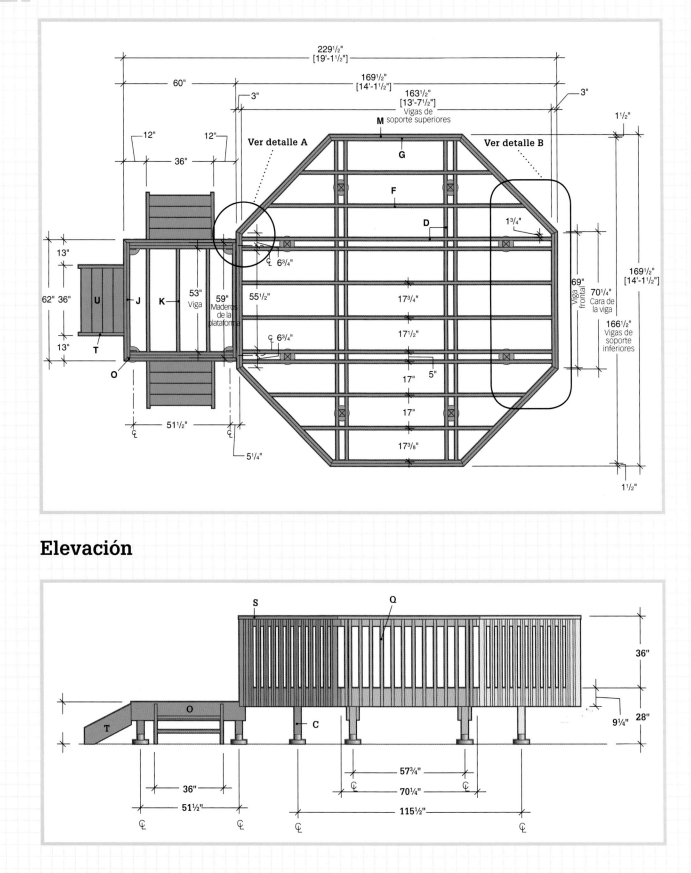

229½"
[19'-1½"]

169½"
[14'-1½"]

163½"
[13'-7½"]
Vigas de
soporte superiores

60"

3"

3"

1½"

12"   12"

36"

Ver detalle A

Ver detalle B

M   G

F

169½"
[14'-1½"]

D

1¾"

13"

6¾"

70¼"
Cara de
la viga

62" 36"   U   J   K   53"   59"   55½"   17¾"   69"
                  Viga   Maderos   Viga
                         de la   frontal
                         plataforma

166½"
Vigas de
soporte
inferiores

13"

6¾"

17½"

T

17"   5"

O

17"

51½"

17"

5¼"

17³⁄₈"

1½"

Elevación

S   Q

36"

O

C

9¼"   28"

T

57¾"

36"

70¼"

51½"

115½"

Detalle A

Detalle B

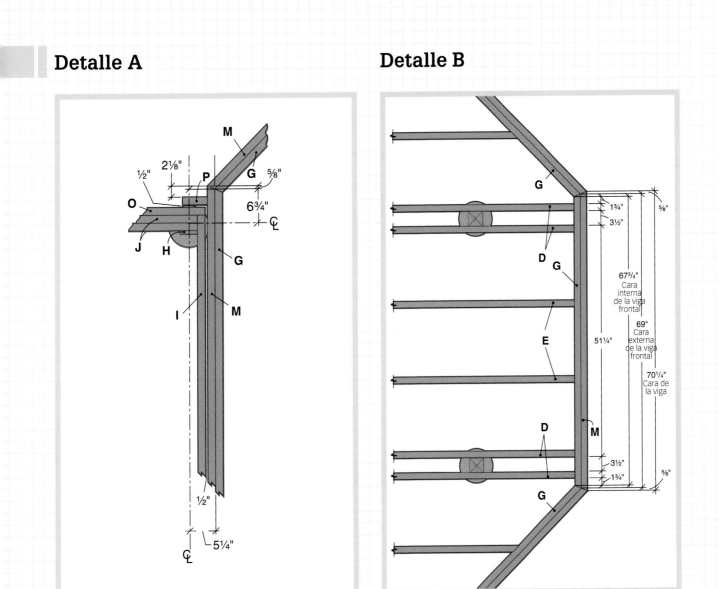

Escalera y descanso en detalle

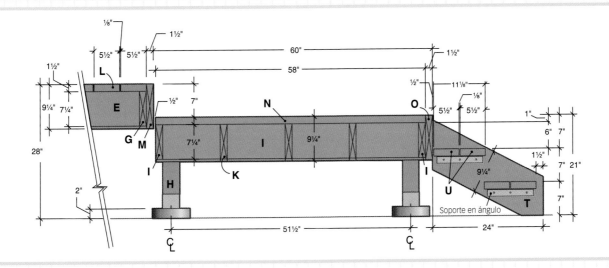

Plantilla del diseño en detalle

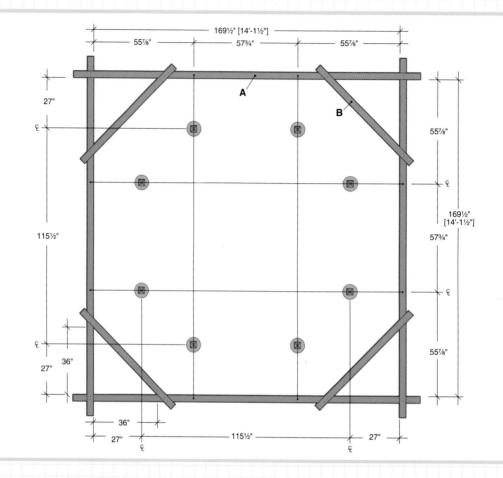

Baranda en detalle

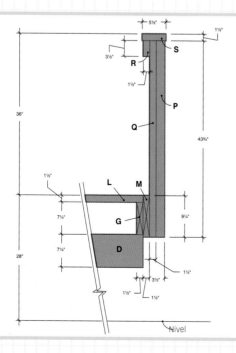

Cubierta frontal en detalle

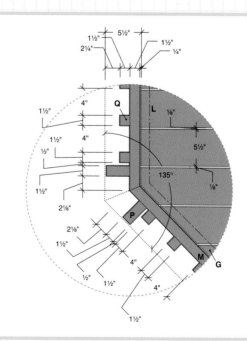

Cómo construir una terraza separada de la vivienda

UBICACIÓN DE LA TERRAZA

Mida, marque y corte la plantilla del diseño de la terraza (A), y los soportes diagonales (B). Vea la plantilla de diseño en detalle en la página 270.

Clave toda la estructura con tornillos de 3" y compruebe que todo esté cuadrado midiendo de esquina a esquina. Ajuste todo hasta que las medidas queden idénticas, y luego clave los soportes diagonales con tornillos para terraza.

Pida ayuda a alguien para mover la plantilla al lugar exacto de la construcción. Cuando haya escogido el sitio, coloque la plantilla sobre caballetes y clávela o ánclela en ese lugar para que pueda ubicar con facilidad el sitio de las bases.

LOCALIZAR LAS BASES

Marque los puntos centrales de las bases sobre la plantilla y alargue una cuerda de marca a marca a lo largo de la estructura. Marque con cinta sobre las cuerdas el lugar exacto de las bases.

Cuelgue una plomada desde cada punto marcado y clave estacas en el piso para marcar el centro de las bases.

VERTER EL CONCRETO EN LAS BASES

Quite las cuerdas y luego excave las bases de los postes con una excavadora manual o eléctrica. Vierta de 2 a 3" de gravilla en cada hueco para crear drenaje. Compruebe que los tamaños de los huecos cumplen con las estipulaciones de los códigos locales, los cuales pueden requerir ensanchar las bases hasta 12".

Corte los tubos de las bases a la longitud correcta con una sierra manual o recíproca e insértelos en los huecos dejando 2" de sobra sobre la superficie. Coloque tierra a su alrededor para sostenerlas, y luego llénelas de concreto presionando la mezcla con una vara para eliminar las burbujas de aire al interior.

Empareje la superficie con un madero de 2 × 4. Inserte el tornillo en forma de "J" en cada base dejando de ¾" a 1" de rosca expuesta. Amarre las cuerdas una vez más y coloque los tornillos "J" en el centro de la base usando una plomada como guía. Limpie la rosca de los tornillos antes que se seque el concreto.

INSTALAR LOS POSTES

Coloque un madero derecho de 2 × 4 a lo largo de cada par de bases con una punta recostada contra el tornillo en forma de "J". Marque una línea de referencia sobre cada base para ayudar a orientar las anclas de los postes.

Coloque el ancla de metal del poste sobre cada base centrándolo sobre el tornillo y cuadrándolo con la línea de referencia. Enrosque una tuerca en cada tornillo y ajuste el ancla del poste en su lugar.

Corte los postes de la terraza (C) varias pulgadas más largos para permitir la emparejada final. Coloque los postes sobre las anclas, nivélelos a plomo, y asegure cada uno en su lugar con una puntilla.

Establezca la altura de los postes más altos midiendo 26½" desde el nivel del piso y marcando uno de ellos. Use una cuerda y un nivel para transferir la medida a los otros postes largos. Para determinar la altura de los postes más cortos, mida 7¼" hacia abajo desde la primera línea y transfiera esa medida a los otros cuatro postes.

INSTALAR LAS VIGAS DE SOPORTE

Esta terraza utiliza dos juegos de vigas de soporte. Las vigas inferiores son tres pulgadas más largas que las vigas superiores porque las vigas frontales descansan sobre ellas. Las vigas inferiores soportan las superiores y la plataforma de la terraza.

Use una plantilla de diseño para ver cuál será el mejor sitio para construir la terraza.

Localice las bases de la terraza extendiendo cuerdas a lo largo de los lados de la plantilla, marque los sitios de las bases con cinta, y use una plomada como guía a partir de cada marca.

(continúa)

Mida, marque y corte las cuatro vigas de soporte inferiores (D). Marque la ubicación de los postes sobre las puntas y lados de los soportes inferiores usando como guía la escuadra combinada.

Coloque los soportes con la comba hacia arriba sobre los postes. Asegúrese que queden nivelados y clavados con tornillos para terraza. Empareje la punta superior de los postes con una sierra recíproca o manual.

Abra dos huecos de ½" atravesando las vigas en cada poste. Conecte los soportes inferiores con anclajes para vigas, tornillos de carruaje y arandelas usando una llave inglesa.

Mida, marque y corte las vigas de soporte superiores (D). Marque la ubicación de los postes y conéctelos usando el mismo procedimiento de las vigas inferiores.

INSTALAR LAS VIGAS FRONTALES

Corte cuatro de las ocho vigas frontales (G) con una sierra circular (ver detalle B en la página B en la página 269). Haga cortes en un ángulo de 22½° en las puntas.

Conecte una viga frontal a cada punta de los soportes superiores (ver detalle B en la página B en la página 269) clavándolas con puntillas delgadas de cabeza plana. Clave en ángulo las otras dos vigas frontales a la parte superior de los soportes inferiores.

Verifique las medidas de las vigas frontales restantes, córtelas a la distancia correcta, corte las puntas en ángulo de 22½° y luego instálelas. Abra un par de huecos guía en las esquinas de ⅛" y conecte las vigas adyacentes entre sí con tornillos para madera.

VERTER EL CONCRETO EN LAS BASES E INSTALAR LOS POSTES

Localice las bases extendiendo una cuerda desde la viga frontal hasta un soporte siguiendo las medidas mostradas en el plano de la estructura de la página 268 y en el detalle A de la página 269. Las cuerdas deben estar perpendiculares a la viga frontal y paralelas unas con otras.

Marque el sitio de las bases con cinta. Use una plomada y estacas para transferir la medida al suelo. Quite las cuerdas y excave los huecos para las bases. Vierta de 2 a 3" de gravilla en cada hueco para crear drenaje.

Inserte los tubos en los huecos dejando 2" de sobra sobre la superficie. Coloque tierra a su alrededor para sostenerlos, y luego llénelos de concreto presionando la mezcla para eliminar el aire al interior. Empareje la superficie e inserte el tornillo en forma de "J" en cada base dejando de ¾" a 1" de rosca expuesta. Amarre las cuerdas una vez más y coloque los tornillos en "J" en el centro de las bases usando una plomada como guía. Limpie la rosca de los tornillos antes que se seque el concreto.

Instale las anclas de los postes, corte los postes a la medida (ver el detalle en la página 269) y conecte los postes a las anclas.

INSTALAR VIGAS DE SOPORTE DEL DESCANSO Y VIGAS FRONTALES

Conecte las anclas de poste-viga a la parte superior de los postes del descanso. Verifique el tamaño, marque y corte las vigas de soporte (J) y vigas frontales (I). Sostenga juntos un par de vigas de soporte, mida y marque el lugar de las anclas sobre la parte superior y lateral de las vigas usando una escuadra combinada. Haga lo mismo con el segundo par de soportes.

Coloque las vigas con la comba hacia arriba sobre las anclas en forma alineada. Abra agujeros guía y conecte las anclas a las vigas de soporte con tornillos para terraza.

Coloque las vigas frontales a ras con el lado y parte superior de las vigas de soporte (ver detalle A en la página 269), abra agujeros guía de ⅛" a través de las vigas frontales y conéctelas con tornillos para terraza.

INSTALAR LA PLATAFORMA Y LAS VIGAS DEL DESCANSO

Para la plataforma, las vigas internas son instaladas con colgantes y clavadas en ángulo a la parte superior de los soportes inferiores. Esta terraza utiliza colgantes de vigas en 90° para el descanso y para las dos vigas de la plataforma entre los soportes superiores. Se utilizaron colgantes en 45° para las uniones en ángulo de las vigas.

Siguiendo el plano, mida a lo largo de las vigas frontales de la plataforma y los soportes inferiores, marcando donde se conectan las vigas. Marque cada viga sobre el soporte usando la escuadra combinada.

Mida y corte la madera para las vigas largas (E) y maderos en ángulo (F) usando una sierra circular. Marque las puntas en un ángulo de 22½° con una escuadra rápida triangular, y luego corte las puntas.

Instale las vigas sobre los colgantes con la comba hacia arriba, y clávelas con puntillas. Alinee las vigas con las marcas sobre los bordes superiores de los soportes inferiores y clávelas en ángulo en su lugar.

Mida y marque los sitios de las vigas del descanso (K) sobre las vigas de soporte. Coloque los colgantes y clávelos con puntillas. Instale las vigas del descanso y clávelas en su lugar.

INSTALAR LA PLATAFORMA

Mida, corte e instale la primera fila de la plataforma (L) al lado del descanso, clavando los maderos con un par de tornillos para terraza. Instale el resto de los maderos hasta que terminen sobrepasando el borde de las vigas frontales. Deje ⅛" de separación para crear drenaje. Clave todos los maderos sobre las vigas con un par de tornillos para terraza.

Utilice una cuerda con tiza para marcar una línea a ras con el borde de la terraza y empareje los maderos con una sierra circular.

INSTALAR LAS CUBIERTAS FRONTALES

Mida, marque y corte las cubiertas frontales (M). Corte las puntas en un ángulo de 22½°. Coloque las cubiertas a ras con la plataforma y clávelas a las puntas de las vigas frontales con tornillos para terraza.

Verifique las medidas, marque y corte las cubiertas frontales del descanso (O). Coloque los bordes superiores a ras con la plataforma y clávelas contra las vigas frontales por medio de tornillos para terraza.

CONSTRUIR LA BARANDA

Mida, marque y corte los postes de la baranda (P) (ver la baranda en detalle en la página 269). En la parte inferior de cada poste, expanda dos huecos a ½" de profundidad usando una broca en forma de pala un poco más ancha que el diámetro de las arandelas. Ubique los postes (ver cubierta frontal en detalle en la página 270), marque y perfore los agujeros guía en la plataforma y luego conéctelos a la cubierta y viga frontal utilizando tornillos de cabeza cuadrada.

Corte cada sección de la cubierta de la baranda (R) a la misma longitud de la cubierta frontal abajo. Corte las puntas en un ángulo de 22½° y luego clávelas a los postes con tornillos.

Mida, marque y corte los balaustres (Q). Abra agujeros guía sobre los mismos de ⅛" y clávelos sobre la cubierta y viga frontal con tornillos.

Corte las secciones de las cubiertas de la baranda (S) donde se unen las puntas en un ángulo de 22½°. Clávelas sobre los postes con tornillos.

CONSTRUIR LA ESCALERA

Mida y corte las zancas (T). Use una escuadra para marcar el paso superior con 6" de elevación y 12" de contrahuella. Haga la misma marca sobre la otra zanca y luego haga los cortes.

Marque el paso inferior con 7" de elevación y 12¾" de contrahuella. Al final de la misma dibuje una línea perpendicular de 7" y haga la marca. Dibuje otra línea igual hasta el borde inferior de la zanca y haga el corte.

Coloque los soportes en ángulo en su lugar y clávelos a la zanca con tornillos de cabeza cuadrada de 1¼".

Mida, marque y corte las contrahuellas (U) y clávelas a las zancas a través de los soportes dejando ⅛" de espacio entre los maderos para drenaje.

Instale la escalera recostándola contra el descanso. Abra huecos guía ¼" a través de la parte superior de la zanca, la cubierta y viga frontal. Conecte la estructura en cada zanca con un par de tornillos de cabeza cuadrada.

Después de instalar la escalera, corte los maderos del descanso (N) y clávelos con tornillos para terraza.

Localice las bases de la estructura por medio de cuerdas y una plomada.

Abra agujeros guía de ⅛", luego una y clave las secciones de la baranda en las esquinas en ángulo.

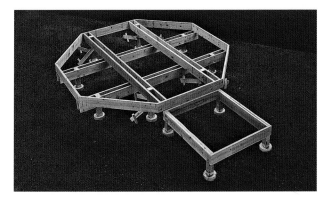

Mida, marque y corte los maderos del descanso. Conéctelos a los postes del mismo usando anclas de postes-vigas.

Después de conectar los soportes en ángulo, voltee las zancas boca abajo e instale las contrahuellas con tornillos de cabeza cuadrada de 1¼".

Terrazas alrededor de una esquina

Al encerrar la esquina exterior de la vivienda, esta terraza incrementa el espacio utilizable de la casa y permite la visión de un panorama en varias direcciones. El diseño también crea dos áreas simétricas para la relajación por medio de espacios para diferentes actividades.

También incluye una escalera frontal para el fácil acceso al patio o jardín. Los rieles horizontales de la baranda y los postes con muescas crean un aspecto único e íntimo a toda la estructura.

Combina múltiples posibilidades de organización con una amplia vista.

Diagrama general

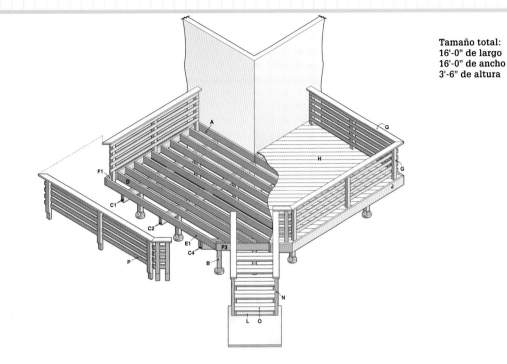

Tamaño total:
16'-0" de largo
16'-0" de ancho
3'-6" de altura

Materiales

Armazón para la base de 10" de diámetro (8)

Tornillos en forma de "J" (J-bolts) (8)

Anclas de metal para postes de 6 × 6" (8)

Ensambles de postes-vigas (8)

Colgantes para vigas de 2 × 8" en ángulo de 90° (26)

Colgantes para vigas de 2 × 8" en ángulo de 45° (3)

Soportes en ángulo de metal galvanizado de
   1½ × 1½" (26)

Puntillas para los colgantes de las vigas

Tornillos de cabeza cuadrada y arandelas de ⅜ × 4"
   (20); y de ⅜ × 3" (32)

Plaqueta de refuerzo de 6 × 30" (1)

Silicona para enmasillar (3 tubos)

Tornillos para concreto de 3"

Tornillos galvanizados para terraza de 3"

Tornillos galvanizados para terraza de 1½"

Tornillos galvanizados de ⅝"

Puntillas galvanizadas 16d

Puntillas 8d

Concreto

Gravilla

Lista de la madera

Cant.	Tamaño	Material	Parte
9	2 × 8" × 16'	Madera tratada	Vigas internas (D)
6	2 × 8" × 12'	Madera tratada	Vigas primarias (A), Vigas de soporte (C), Vigas frontales ext. (E), Vigas frontales (F)
13	2 × 8" × 10'	Madera tratada	V. de soporte (C), V. internas (D), V. front. ext. (E), V. frontales (F), Entretela inf. (L)
1	2 × 6" × 4'	Madera tratada	Soporte para la escalera (I)
1	2 × 4" × 4'	Madera tratada	Entretela superior (L)
3	6 × 6" × 8'	Madera tratada	Postes de la terraza (B)
9	4 × 4" × 8'	Cedro	Postes de la baranda (G), Postes de la baranda de la escalera (N)
28	5/4 × 6" × 16'	Cedro	Maderos de la plataforma (H)
2	2 × 10" × 12'	Cedro	Vigas para la cubierta (J)
2	2 × 10" × 10'	Cedro	Vigas para la cubierta (J)
1	2 × 10" × 6'	Cedro	Vigas para la cubierta (J)
1	2 × 12" × 12'	Cedro	Zancas (K)
5	2 × 6" × 12'	Cedro	Cubierta de la baranda (Q)
5	2 × 6" × 8'	Cedro	Contrahuellas (O)
10	1 × 4" × 12'	Cedro	Barandas (P)
11	1 × 4" × 10'	Cedro	Barandas (P)
8	1 × 4" × 6'	Cedro	Barandas (P)

Plano de la estructura

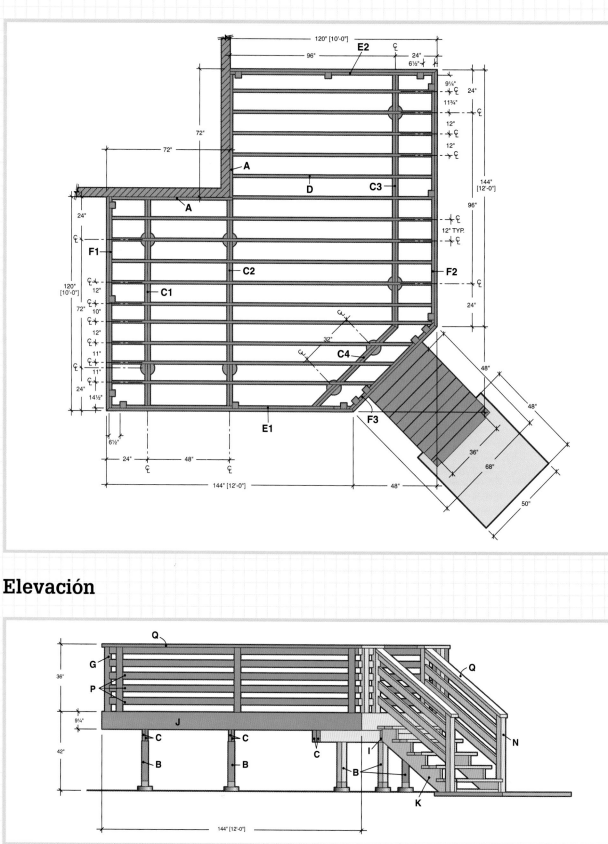

Elevación

Baranda en detalle

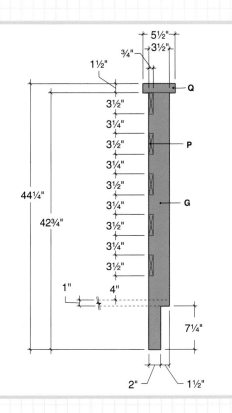

5½"
3½"
¾"
1½"
Q
3½"
3¼"
3½"
P
3¼"
3½"
3¼"
G
44¼"
42¾"
3½"
3¼"
3½"
1"
4"
7¼"
2"
1½"

Escalera en detalle

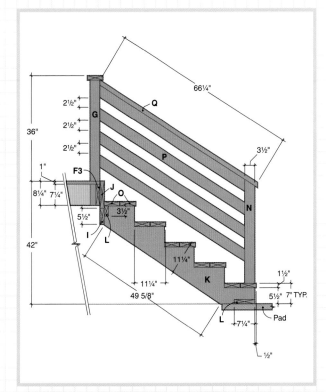

66¼"
Q
2½"
G
2½"
36"
2½"
P
3½"
1"
F3
J
8¼" 7¼"
O
N
42"
5½"
3½"
I
L
11¼"
11¼"
K
1½"
49 5/8"
5½" 7" TYP.
L
7¼"
Pad
½"

Diagrama del sitio de las bases

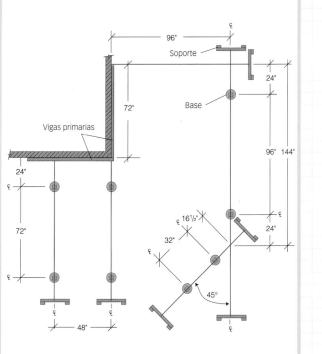

96"
Soporte
24"
72"
Base
Vigas primarias
96" 144"
24"
24"
72"
16½"
32"
45°
48"

Poste esquinero en detalle

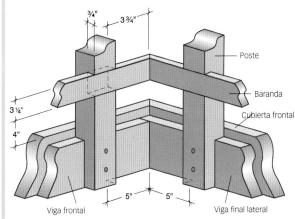

¾"
3¾"
Poste
3¼"
Baranda
4"
Cubierta frontal
5"
5"
Viga frontal
Viga final lateral

Cómo construir una terraza alrededor de una esquina

INSTALAR LAS VIGAS PRIMARIAS

Dibuje una línea nivelada sobre la pared para marcar el lugar donde las vigas primarias, y las puntas de las vigas adyacentes y laterales van a colocarse contra la casa.

Coloque el borde superior de las vigas primarias a 1" más abajo de la superficie del piso interior. Esta diferencia de altura evitará que la lluvia o la nieve derretida entre en la vivienda. Dibuje la línea lo suficientemente larga para acomodar el espesor de la viga frontal F-1 y las puntas de la viga lateral E-2.

Corte la cubierta de la pared sobre la marca con una sierra circular. Para evitar cortar el papel al interior de la pared, instale el disco de la sierra al mismo espesor de la cubierta. Termine el corte en las esquinas utilizando un formón con el ángulo hacia el interior para hacer un corte derecho. Corte la lámina galvanizada para protección contra el agua a la misma longitud del corte sobre la pared usando tijeras para cortar metal. Instálela deslizándola debajo de la cubierta.

Mida y corte las vigas primarias a la medida (A) de maderos presurizados usando una sierra circular. No olvide que las vigas primarias deben ser más cortas que la línea dibujada sobre la pared. Coloque las vigas sobre el corte, debajo de la lámina galvanizada, y clávelas en su lugar. Clávelas parcialmente con tornillos para terraza.

Perfore huecos guía de $\frac{1}{4}$" en pares, a través de la viga y pared dentro de la viga frontal de la casa, a intervalos de 2 pies. Ensanche la superficie de los huecos a $\frac{1}{2}$" con una broca en forma de pala de 1" de diámetro. Conecte las vigas primarias sobre la pared con tornillos de cabeza cuadrada y arandelas de $\frac{3}{8} \times 4$" usando una llave inglesa.

Aplique una capa gruesa de masilla de silicona entre la pared y la lámina galvanizada. También selle las cabezas de los tornillos y la grieta entre la viga y la pared.

VERTER EL CONCRETO EN LAS BASES

Consulte el diagrama del sitio de las bases en la página 277, luego instale las cuerdas a lo largo del lugar y use estacas de 2 × 4. Compruebe que las cuerdas están cuadradas usando el método triangular 3-4-5. Desde el punto donde cada cuerda llega a la viga, mida 3 pies a lo largo de la viga y haga una marca. Luego, mida 4 pies hacia afuera sobre la cuerda y haga otra marca con cinta. La distancia entre los puntos en la viga y las cuerdas debe ser de 5 pies. De lo contrario, ajuste las cuerdas lo necesario. Mida a lo largo de las cuerdas para ubicar los puntos centrales de las bases. Marque los sitios con cinta.

Coloque una plomada en el punto de la cinta y clave estacas sobre el piso para marcar los puntos centrales de las bases. Quite las cuerdas y excave los huecos para las bases con una excavadora manual o eléctrica. Vierta de 2 a 3"

Use una escuadra rápida para marcar el ángulo de corte de 22½° donde se juntan las puntas de las vigas C-3 y C-4.

de gravilla en cada hueco para crear drenaje. Compruebe que el tamaño y profundidad de las bases cumple con las estipulaciones de los códigos locales, los cuales pueden requerir ensanchar las bases. Corte los tubos de las bases a la longitud correcta con una sierra manual o recíproca e insértelos en los huecos dejando 2" de sobra sobre la superficie. Coloque tierra a su alrededor para sostenerlos.

Llene los tubos de concreto presionando la mezcla con una vara para eliminar las burbujas de aire al interior. Empareje la superficie con un madero de 2 × 4. Inserte el tornillo en forma de "J" en cada base dejando de $\frac{3}{4}$" a 1" de rosca expuesta.

Amarre las cuerdas de medición una vez más y utilice una plomada para colocar los tornillos en "J" exactamente en el centro de los postes. Limpie la rosca de los tornillos antes que se seque el concreto.

INSTALAR LOS POSTES

Inicie colocando un madero derecho y plano de 2 × 4 a lo largo de cada par de bases. Con un borde recostado contra el tornillo en forma de "J", marque una línea de referencia sobre la superficie de cada base.

Coloque el ancla de metal del poste sobre cada base centrándolo sobre el tornillo y cuadrándolo con la línea de referencia. Enrosque una tuerca sobre cada tornillo "J" y apriete cada una de las anclas en su lugar.

Corte los postes (C) dejando varias pulgadas de sobra para la emparejada final. Coloque cada poste sobre las anclas y asegúrelos en su lugar con una puntilla.

Usando un nivel como guía, use estacas y soportes para aplomar los postes. Después de aplomarlos, termine de clavarlos a las anclas. Para determinar la altura de los postes, haga una marca sobre la casa a 7¼" hacia abajo desde el borde inferior de la viga primaria. Use un madero derecho de 2 × 4 y un nivel para extender esa línea a lo largo del poste. Transfiera esa medida a los postes restantes. Corte los postes con una sierra recíproca o manual y conecte las anclas a las puntas con puntillas 8d.

INSTALAR LAS VIGAS DE SOPORTE

Corte las vigas de soporte de un madero de 2 × 10 mucho más largo de lo requerido para emparejarlas al final. Coloque las vigas (C) con la comba en la misma dirección y clávelas juntas con puntillas galvanizadas 10d espaciadas cada 16".

Coloque las vigas C-1 y C-2 sobre el ancla de soporte y clávelas con puntillas. Marque y corte la punta angulada de la viga C-3 a 22½°. Coloque la viga de soporte sobre el ancla del poste.

Haga un corte de 22½° en una de las puntas de la viga C-4 para formar un ángulo de 45° con la viga C-3. Deje la otra punta un poco más larga para hacer la emparejada final. Coloque la viga C-4 sobre el ancla del poste. Coloque las vigas bien ajustadas, clávelas con tornillos para terraza de 3", y conéctelas a las anclas de los postes con puntillas 8d.

INSTALAR LAS VIGAS INTERNAS

Consulte el plano de la estructura en la página 276. Corte la viga frontal F-1 a la medida final, y las vigas E-1 un poco más largas para emparejarlas después.

Clave una punta de la viga F-1 a la viga primaria con puntillas galvanizadas 16d. Descanse la punta de la viga E-1 sobre las vigas de soporte C-1 y C-2. Clave las vigas F-1 y E-1 juntas con tornillos para terraza. Use una escuadra para marcar el sitio de las vigas E-1 sobre los soportes. Marque los soportes y empárejelos a la medida correcta. Clave en ángulo la viga E-1 sobre los soportes.

Corte la punta de la viga E-2 a la medida correcta. Clávela al final de la viga primaria, compruebe que la medida esté cuadrada, y clávela en ángulo sobre el soporte C-3. Empareje el soporte. Marque los bordes de las vigas

Ajuste la viga de soporte F-4 en forma apretada contra la viga C-3 y clave ambos soportes con tornillos para terraza.

Marque las últimas tres vigas internas para su corte con una cuerda con tiza. Sosténgalas y córtelas en forma de ángulo.

internas (D) sobre la viga primaria, las vigas de soporte y lateral F-1 (ver el plano de la estructura en la página 276), con una cinta métrica y una escuadra combinada.

Clave los colgantes de las vigas a la viga primaria y lateral F-1 con puntillas de 1¼". Use un separador de 2 × 8 para mantener la distancia constante entre los colgantes. *Nota: La separación entre las vigas es irregular para poder acomodar la instalación de los postes de la baranda.*

Coloque las vigas interiores sobre los colgantes en la viga primaria y lateral F-1 con la comba hacia arriba, y clávelas con puntillas de 1¼". Clave puntillas en todos los huecos de los colgantes. Clave las vigas en ángulo sobre las vigas de soporte, y deje la emparejada para el final.

Marque la medida final de las vigas internas trazando una línea a lo largo de la parte superior de las mismas desde el punto de corte hasta la punta de las vigas E-2. Compruebe la medida. Sostenga las vigas internas incrustando un bloque entre los bordes para mayor estabilidad. Córtelos con una sierra circular.

Corte la viga frontal F-2 un poco más larga para emparejarla luego y clávela en su posición con puntillas galvanizadas 16d.

Para marcar el resto de las vigas para la emparejada en un ángulo de 45°, haga una marca a 139" desde la esquina en 90° al final de las vigas E-1. Haga una segunda marca a 139" desde la otra esquina a 90° a lo largo de la viga frontal F-2. La distancia entre estos dos puntos debe ser por lo menos de 70". Si es necesario, mueva la línea hacia atrás hasta que mida 70". Sin importar el tamaño total de la terraza, esta distancia permitirá el espacio adecuado para instalar los postes de las barandas en la parte superior de la escalera.

Marque las últimas tres vigas internas para su corte con una cuerda con tiza entre los puntos marcados al final de la vigas E-1 y viga frontal F-2. Transfiera las medidas a las caras de las vigas con una escuadra combinada y corte los ángulos con una sierra circular.

Mida, corte y conecte la viga frontal F-3 a lo largo del ángulo con tornillos para terraza.

(continúa)

Perfore agujeros guía al interior de los postes y las vigas frontales, y conecte los postes con tornillos de cabeza cuadrada. Note el poste de la escalera sin muescas.

INSTALAR LOS POSTES DE LA BARANDA

Corte los postes de la baranda (G) a la medida y abra las muescas en las puntas inferiores para dar cabida a las vigas frontales (ver la baranda en detalle en la página 277).

Ancle todos los postes, dejando sólo dos por fuera, para marcar y cortar las muescas de ¾ × 3½" y luego acomodar los rieles horizontales. *Nota: Los postes de la escalera no llevan muescas.*

Corte las muescas con una sierra circular haciendo una serie de cortes paralelos de ¾" de profundidad en un espacio de 3½", y a más o menos ¾" de distancia. Quite los sobrantes de madera con un martillo y empareje el resto del corte al interior de la muesca con un formón.

Para ubicar los postes de la baranda en la esquina en diagonal, encuentre el punto central de la viga frontal F-3 y mida 18" en ambas direcciones. Estos puntos son las caras internas de los postes de la baranda, y las caras externas de las zancas. Perfore huecos guía de ¼" a través de los postes dentro de la viga frontal y clávelos con tornillos.

Siguiendo el plano de la estructura de la página 276, y el poste esquinero en detalle de la página 277, localice los postes restantes de la baranda.

INSTALAR LA PLATAFORMA

En lo posible, compre maderos de longitud suficiente para cubrir la distancia de la plataforma.

Mida, marque y corte los maderos de la plataforma (H) con las muescas para acomodarlos alrededor de los postes de la baranda. Ubique el primer madero a la altura de la escalera y luego clávelo a cada viga con un par de tornillos para terraza.

Instale los maderos restantes dejando que las puntas sobresalgan de la plataforma, y dejando ⅛" de separación entre los mismos para crear el drenaje.

Cuando se requiere más de un madero para cubrir la longitud de la plataforma, corte las puntas en un ángulo de 45° y haga las uniones en el centro de las vigas de soporte.

Marque con una cuerda de tiza el borde de la plataforma y empareje las puntas de los maderos con una sierra circular con el disco colocado a 1½" de profundidad.

INSTALAR LAS VIGAS FRONTALES Y DE SOPORTE

Mida, marque y corte el madero de soporte de la escalera (I) y conéctelo a la viga frontal con una plaqueta de soporte y con tornillos para terraza (ver la escalera en detalle en la página 277).

Mida, marque y corte las vigas para la cubierta (J) haciendo los cortes de 45° en las esquinas correctas, y en un ángulo de 22½° en las esquinas de la escalera. Conecte las vigas de la cubierta a la viga frontal y puntas de las vigas interiores con un par de tornillos para terraza en intervalos de 2".

CONSTRUIR LA ESCALERA

Mida y corte las zancas (K) siguiendo el gráfico de la escalera en detalle en la página 277. La zanca central tiene muescas en la parte superior e inferior para acomodar las entretelas. Marque los pasos y la elevación con una escuadra. Corte las muescas con una sierra circular, y con una recíproca o manual para terminar las esquinas.

Mida, marque y corte las entretelas (L). Ensamble toda la estructura de la escalera clavando las entretelas al exterior de las zancas con puntillas 16d. Voltee la estructura boca abajo e instale la zanca central clavándola contra las entretelas.

Instale la escalera recostándola contra el descanso y clávela contra la entretela superior, cubierta y soporte, con tornillos para terraza. Abra agujeros guía en la entretela

Corte las muescas para el primer madero de la plataforma y ubíquelo sobre la escalera.

Abra agujeros guía de ⅛" a través de las contrahuellas para evitar agrietarlas. Luego conéctelas a las zancas con tornillos para terraza usando un taladro.

Ancle los rieles largos, marque las puntas, y transfiera esa medida alrededor del madero con la escuadra combinada para asegurar una unión ajustada en un ángulo de 22½° con el riel corto.

inferior al interior del soporte de concreto. Clávela con tornillos para concreto.

Corte los postes de la escalera (N). Para instalarlos, ánclelos en su lugar contra las zancas, abra agujeros guía a través de ellas dentro de los postes, y clave los postes con tornillos de cabeza redonda de ⅜ × 8".

Mida, marque y corte las contrahuellas (O). En las contrahuellas inferiores, use un retazo del poste para trazar una marca para la muesca. Corte la muesca con una sierra circular. Conecte las contrahuellas a las zancas con tornillos para terraza.

CONSTRUIR LA BARANDA

Mida y corte los rieles de las barandas de 10 pies de largo, cada uno con una punta en ángulo de 45°. Después instálelos con tornillos para terraza de 1½". Corte una punta a 45° y deje la otra punta para emparejarla al final. Ancle cada riel en su lugar y use una regla derecha para marcar las líneas de corte en las esquinas en ángulo. Transfiera la medida a cada cara del riel con una escuadra combinada. Quite los rieles y haga los cortes en ángulo en las esquinas a 22½°. Ubique los rieles sobre los postes y clávelos con tornillos de 1½". Mida, marque y corte los rieles cortos con una punta en ángulo de 22½° y la otra con corte derecho.

Conecte las puntas de los rieles cortos a los postes en la parte superior de la escalera usando soportes en ángulo. Use tornillos galvanizados de ⅝" para clavar los soportes a los rieles, y tornillos para terraza de 1½" para clavarlos contra los postes. Clávelos también al poste con muesca utilizando tornillos para terraza de 1½"

Mida, marque y corte la cubierta de la baranda (Q), e instálela con tornillos para terraza de 3".

Use soportes en ángulo para conectar las piezas de los rieles de la escalera y los rieles en ángulo. Use tornillos galvanizados de ⅝" para clavar los soportes a los rieles.

CONSTRUIR LA BARANDA DE LA ESCALERA

Mida y corte los postes de la escalera. Mida, marque y corte las cubiertas de la baranda de la escalera (ver la escalera en detalle en la página 277). Coloque un madero de cedro de 2 × 6 sobre la parte superior de los postes, marque los ángulos en las puntas, y córtelos a la longitud correcta, dejando 1" de sobra para que se sobrepongan sobre los postes.

Instale las cubiertas de las barandas con tornillos de 3". Para cortarlas, sosténgalas ajustadas contra la parte inferior de la cubierta y marque las puntas.

Corte los rieles a la medida para que queden ajustados entre los postes. Para instalarlos, marque su ubicación en los postes y conéctelos con soportes en ángulo usando tornillos de ⅝" y tornillos para terraza de 1½".

Terrazas en ángulo

Expanda la funcionalidad de su vivienda con estilo. Esta atractiva terraza utiliza un simple diseño geométrico para crear un lugar práctico y agradable.

Las barandas agregan un toque interesante al combinar los balaustres verticales, rieles horizontales y postes tallados en las puntas. La escalera en posición derecha, anclada a una base de concreto para lograr estabilidad, permite un acceso rápido y conveniente.

Aún cuando fue diseñada para ser construida a media altura del piso, la estructura en este ejemplo utiliza postes, soportes, vigas y bases de alta resistencia. Al alargar simplemente los postes y modificar la escalera, es fácil de adaptarla para instalaciones de terrazas altas o en terrenos con declive.

Dese el gusto de crear una vista estupenda desde esta única terraza en ángulo.

Diagrama general

Nota: Soli cite los permisos de construcción, donde de sea requerido, y asegúrese que el plano del diseño haya sido aprobado por un inspector local antes de iniciar el trabajo.

Tamaño total:
20'-0" de largo
16'-6¾" de ancho
4'-10" de altura

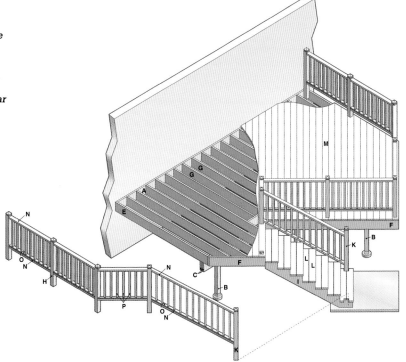

Materiales

Armazón para la base de 12" de diámetro (4)

Tornillos en forma de "J" (J-bolts) (4)

Anclas de metal para postes de 6 × 6" (4)

Colgantes para vigas de 2 × 10" en ángulo de 90° (22)

Colgantes de vigas dobles de 2 × 10" en ángulo de 45° (2)

Tornillos galvanizados para terraza de 3"; y de 1¾"

Tornillos para concreto de 3" (4)

Puntillas para los colgantes de las vigas

Puntillas con envoltura galvanizada 16d

Puntillas galvanizada 10d

Tornillos de cabeza cuadrada y arandelas de ⅜ × 4" (60)

Tornillos de carruaje de ⅜ × 5", arandelas y tuercas (22)

Silicona para enmasillar (3 tubos)

Concreto

Gravilla

Lista de la madera

Cant.	Tamaño	Material	Parte
4	2 × 10" × 20'	Madera tratada	V. primarias (A), V. de soportes primarios (C)
1	2 × 10" × 18'	Madera tratada	Vigas internas (G)
4	2 × 10" × 16'	Madera tratada	Vigas internas (G)
5	2 × 10" × 14'	Madera tratada	Vigas internas (G)
8	2 × 10" × 12'	Madera tratada	Vigas internas (G)
5	2 × 10" × 10'	Madera tratada	V. int. (G), V. lateral (E), V. frontales (F)
4	2 × 10" × 8'	Madera tratada	Vigas de soportes secundarios (F)
2	2 × 10" × 6'	Madera tratada	Vigas frontales (F)
2	6 × 6" × 8'	Madera tratada	Postes de la terraza (B)
1	2 × 6" × 8'	Madera tratada	Entretela (J)

Cant.	Tamaño	Material	Parte
6	4 × 4" × 8'	Cedro	Postes de la baranda (H)
4	4 × 4" × 10'	Cedro	Postes baranda de escal. (K)
3	2 × 12" × 8'	Cedro	Zancas (I)
7	2 × 6" × 8'	Cedro	Contrahuellas (L)
38	2 × 6" × 16'	Cedro	Maderos de la plataforma (M)
8	2 × 4" × 10'	Cedro	Cubier. baranda sup. e inf. (N)
2	2 × 4" × 8'	Cedro	Cubier. baranda sup. e inf. (N)
11	1 × 3" × 10'	Cedro	Cub. baran. inter. sup. e inf. (O)
20	2 × 2" × 10'	Cedro	Balaustres (P)

Plano de la estructura

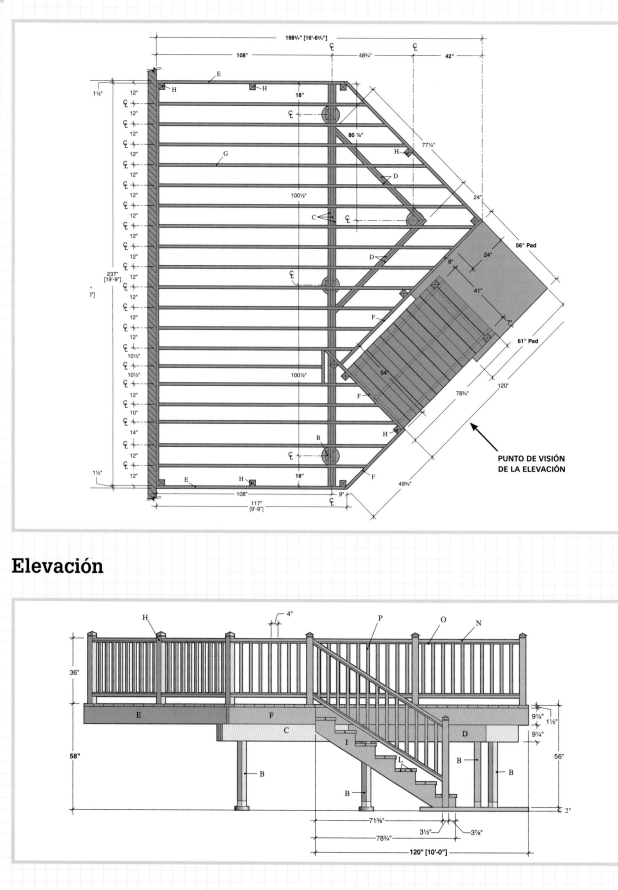

198¾" [16'-6¾"]
108"   48¾"   42"
1½"   12"
12"
12"
12"   G
12"
12"
12"
12"
237"
[19'-9"]
12"
12"
12"
12"
10½"
10½"
12"
10"
14"
12"
1½"   12"
108"
117"
[9'-9"]

E   H   H
18"
80¼"   H   77¼"
D
100½"
C
D   24"
8"   24"
56" Pad
41"
7"
F   61" Pad
54"   120"
F   78¾"
100½"
B   H
18"   F
49¾"

9"

PUNTO DE VISIÓN
DE LA ELEVACIÓN

Elevación

H   4"   P   O   N

36"

E   F   9¼"
C   1½"
I   9¼"
D
58"   B   L   B   56"
B
B
2"
71⅜"
3½"   3⅞"
78¾"
120" [10'-0"]

Poste en detalle

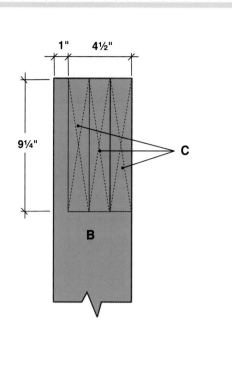

Baranda en detalle

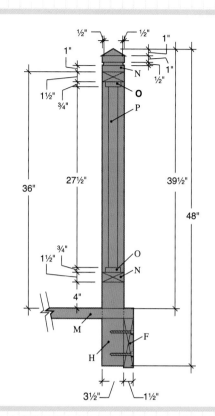

Escalera en detalle

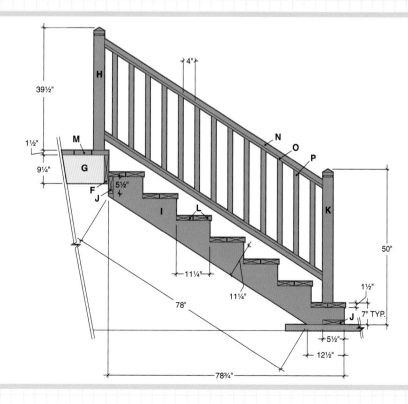

Cómo construir una terraza en ángulo

INSTALAR LAS VIGAS PRIMARIAS

La viga primaria conecta la terraza y establece un punto de referencia para que quede a la medida y nivel correcto.

Dibuje una línea nivelada sobre la pared para marcar el lugar donde las vigas primarias, y las puntas de las vigas adyacentes y laterales van a colocarse contra la casa. Instale la viga primaria a 1" más abajo de la superficie del piso interior. Esta diferencia de altura evita que la lluvia o la nieve derretida entre en la casa.

Corte la cubierta de la pared sobre la marca con una sierra circular. Para evitar cortar el papel al interior de la pared, instale el disco de la sierra al mismo espesor de la cubierta. Termine el corte en las esquinas con un formón con el ángulo hacia el interior para hacer un corte derecho.

Corte la lámina galvanizada para protección contra el agua a la misma longitud del corte sobre la pared con tijeras para cortar metal. Instálela deslizándola debajo de la cubierta.

Mida y corte la viga primaria (A) de un madero presurizado. Centre la viga entre los bordes de la medida dejando espacio en cada punta para acomodar las vigas laterales externas.

Coloque la viga sobre el corte, debajo de la lámina galvanizada, y clávela en su lugar con puntillas galvanizadas.

Cuadre las anclas de los postes sobre las líneas de referencia en la superficie de cada base para asegurar que los postes queden alineados entre sí.

Después de conectar la viga primaria, coloque una plomada a la altura ideal y alargue una cuerda. Marque con cinta el sitio de las bases, y use el método triangular 3-4-5 para verificar que las cuerdas estén cuadradas.

Perfore huecos guía de ¼" en pares, a través de la viga y pared dentro de la viga frontal de la casa, a intervalos de 16" Ensanche la superficie de los huecos a ½" con una broca en forma de pala de 1" de diámetro. Conecte la viga primaria sobre la pared con tornillos de cabeza cuadrada y arandelas usando una llave inglesa.

Aplique una capa gruesa de masilla de silicona entre la pared y la lámina galvanizada. También selle las cabezas de los tornillos y la grieta entre la viga y la pared.

VERTER EL CONCRETO EN LAS BASES

Para localizar las bases, instale una plomada desde la punta de la viga primaria hasta donde sea fácil tomar medidas y conectar las cuerdas.

Las medidas para los puntos centrales se muestran en el plano de la estructura de la página 284. Construya, ubique e instale soportes provisionales de 2 × 4.

Extienda tres cuerdas perpendiculares a la casa; una en cada punta de la viga, y una en el punto central de la base para el soporte secundario, a 80¼" desde la punta derecha de la viga primaria.

Compruebe que las cuerdas estén cuadradas con la vivienda usando el método triangular 3-4-5. Midiendo desde el punto donde cada cuerda llega a la vivienda, haga una marca en la casa a 3 pies. Luego, mida 4 pies hacia afuera sobre la cuerda y haga otra marca. Cuando la cuerda esté completamente perpendicular, la línea diagonal que conecta los dos puntos marcados debe medir 5 pies. De lo contrario, ajuste lo necesario las cuerdas sobre los soportes.

Alargue la cuarta cuerda entre los soportes, paralelos a la casa, en el punto central de la viga de soporte primaria.

Mida a lo largo de la cuerda paralela y use cinta de enmascarar para marcar los tres puntos centrales de las bases para la viga primaria.

Para localizar las bases de la viga secundaria, use cinta para marcar un punto en la cuerda perpendicular central a 48¾" de distancia de la intersección con la cuerda paralela.

Transfiera las medidas al suelo desde cada marca de cinta usando una plomada, y luego clave una estaca en cada punto en el suelo.

Quite las cuerdas y excave los huecos para las bases con una excavadora manual o eléctrica. Vierta de 2 a 3" de gravilla en cada hueco para crear drenaje. *Nota: Compruebe que el tamaño y profundidad de las bases cumple con las estipulaciones de los códigos locales, los cuales pueden requerir ensanchar las bases.*

Corte los tubos de las bases a la longitud correcta con una sierra manual o recíproca e insértelos en los huecos dejando 2" de sobra sobre la superficie. Coloque tierra a

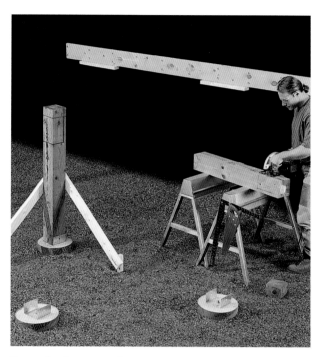

Después de marcar las muescas para el soporte primario, corte la parte superior de los postes con una sierra circular y manual.

su alrededor para sostenerlos y luego llénelos de concreto presionando la mezcla con una vara para eliminar las burbujas de aire al interior.

Empareje la superficie con un madero de 2 × 4. Inserte el tornillo en forma de "J" en cada base dejando de ¾" a 1" de rosca expuesta. Amarre las cuerdas de medición una vez más y utilice una plomada para colocar los tornillos en "J" exactamente en el centro de los postes. Limpie la rosca de los tornillos antes que se seque el concreto.

INSTALAR LOS POSTES

Para crear una línea de referencia para orientar las anclas y permitir que los postes queden alineados entre sí, coloque un madero derecho y plano de 2 × 4 a lo largo de las bases del soporte primario, paralelo a la viga primaria. Con un borde recostado contra el tornillo en forma de "J", marque una línea sobre la superficie de cada base.

Para marcar la ubicación del ancla del poste sobre la base para la viga de soporte secundaria, marque una línea a lo largo de la base en un ángulo de 45° del soporte primario

Coloque el ancla de metal del poste sobre cada base centrándolo sobre el tornillo y cuadrándolo con la línea de referencia. Enrosque una tuerca sobre cada tornillo "J" y apriete cada una de las anclas en su lugar.

Establezca la altura de cada poste y córtelos dejando unas pulgadas de sobra para la emparejada final. Coloque cada poste sobre las anclas y asegúrelos en su lugar utilizando una puntilla.

Determine la altura final de los postes colocando un madero derecho de 2 × 4 desde el borde inferior de la viga primaria.

(continúa)

Use una llave inglesa para apretar los tornillos de cabeza cuadrada para asegurar el soporte primario sobre el poste con muescas.

Usando un nivel como guía, use las estacas y los soportes para aplomar los postes.

Determine la altura de los postes extendiendo un madero derecho de 2 × 4 desde el borde inferior de la viga primaria y marcando una línea sobre los postes nivelados con la parte inferior de esa viga.

Marque una muesca de 4½" × 9¼" (ver el poste en detalle en la página 285) en la punta de cada poste primario.

Remueva los postes de las anclas, córtelos a la altura correcta final, y corte las muescas usando una sierra circular y una manual.

Coloque los postes a plomo en su lugar con las caras de las muescas alejadas de la casa, y clávelos a las anclas.

INSTALAR LAS VIGAS DE SOPORTE

En este ejemplo, usamos vigas de 20 pies de largo como soportes primarios. Sin embargo, por razones de costo y disponibilidad, quizás tenga que usar vigas de 10 pies de largo. Averigüe con su inspector local sobre las técnicas aceptadas y accesorios de ensamble.

Construya la viga de soporte primaria con maderos de 2 × 10". Ubíquelos (C) de tal manera que las combas queden en la misma dirección y clávelas juntas con puntillas galvanizadas 16d. Perfore un par de orificios de ⅜" a través de los maderos en intervalos de 24" y asegúrelos con tornillos de carruaje, arandelas y tuercas.

Mida, marque y corte el soporte a la longitud correcta. Colóquelo sobre las muesca del poste con la veta hacia arriba. Compruebe que esté cuadrado con la viga primaria midiendo las diagonales. Ajústelo si es necesario hasta que las diagonales queden iguales.

Abra dos huecos guía de ¼" a través de cada poste dentro del soporte. Conéctelo con tornillos de cabeza cuadrada y arandelas usando una llave inglesa.

Mida, marque y corte el poste para el segundo soporte secundario un poco más largo para emparejarlo después. Instale el poste sobre el ancla.

Localice y marque los puntos donde el soporte secundario se conecta con el soporte primario. Coloque un madero derecho de 2 × 4 a lo largo de la cara del poste hasta el soporte primario en ambas direcciones. Marque las puntas del soporte secundario sobre la cara del soporte primario e instale colgantes de vigas dobles en 45° en cada punto.

Mida, marque y corte los maderos del soporte secundario (D) usando una sierra circular.

Instale los soportes uno a la vez comprobando que queden nivelados. Clávelos con tornillos para terraza.

Abra orificios guía a través de los soportes y dentro del poste. Ensanche la superficie de cada hueco a ½" usando una broca de pala de 1" de diámetro y asegure el soporte secundario al poste con tornillos de cabeza cuadrada.

Conecte el soporte secundario a los colgantes de vigas con puntillas galvanizadas 10d.

INSTALAR LAS VIGAS LATERALES

Mida y corte las vigas laterales (E) un poco más largas para emparejarlas después. Clávelas a las puntas de la viga primaria con puntillas galvanizadas 16d, y en ángulo sobre la parte superior de la misma.

Después de haber cortado los soportes secundarios, ensámblelos y conéctelos con tornillos para terraza, y asegúrelos al poste con tornillos de cabeza cuadrada.

Las vigas no están separadas a distancias iguales. Consulte el plano de la estructura en la página 284. Utilice la escuadra combinada para marcar el borde de las vigas sobre la cara de la viga primaria y sobre la parte superior de los soportes.

Instale un colgante para viga en cada marca. Clave una plaqueta del colgante a un lado de cada marca utilizando puntillas. Use un separador de 2 × 10", hecho de un retazo de madera, para mantener consistente la distancia entre cada colgante. Luego conecte la otra plaqueta por medio de puntillas. Quite el separador y repita el procedimiento para instalar las vigas restantes.

Mida, marque y corte las vigas (G) con una sierra circular. Córtelos lo suficientemente largos para poder emparejarlos en ángulo al final. Colóquelos sobre los colgantes con la comba hacia arriba y clávelos con puntillas. Ubíquelos sobre las marcas de la viga de soporte y clávelos en ángulo.

Haga una marca con una cuerda con tiza sobre los bordes superiores de las vigas (ver el plano de la estructura en la página 284) para señalar el perímetro de la plataforma. Todos los ángulos son de 45° ó 90°. Agregue 1½" para el tamaño del espesor de la viga frontal y haga los cortes con una sierra circular.

Corte las puntas de las vigas en ángulos de 45° usando una sierra circular.

Vierta el concreto dentro de una base para la plataforma de la escalera y emparéjelo con un madero derecho de 2 × 4. Si los códigos locales lo requieren, instale primero las bases de concreto.

(continúa)

Después de confirmar las medidas de la plataforma en el plano de la estructura, mida, marque y corte las vigas frontales (F) para clavarlos a las puntas de las vigas internas con tornillos.

INSTALAR LOS POSTES DE LA BARANDA

Ubique los postes de la baranda en las esquinas de la plataforma, luego centre los postes intermedios (ver el plano de la estructura en la página 284).

Corte los postes de la baranda (H) (ver la baranda en detalle en la página 285). Corte una pirámide de 60° sobre la punta de cada poste y luego use una caladora para abrir una ranura de ½" × ½" en todos los lados a 1" más abajo de la pirámide.

Para instalar los postes de la baranda, colóquelos en su posición uno a la vez y luego abra los agujeros guía de ¼" a través de la viga frontal y al interior del poste. Ensanche la superficie de cada agujero a un diámetro de ½" usando una broca de pala de 1" de diámetro y asegure el poste a las vigas frontales con tornillos de cabeza cuadrada.

VERTER CONCRETO SOBRE LA PLATAFORMA PARA LA ESCALERA

Determine la ubicación de la plataforma de concreto. Agregue 6" en cada dirección y abra un hueco de unas 8" de profundidad.

Utilice un bloque de madera para sostener el riel inferior, y conecte el ensamble de los balaustres con puntillas. Tenga en cuenta la muesca cuando los rieles se juntan al poste en ángulo de 45°.

Instale una capa de gravilla en forma compactada de 4" de espesor.

Construya el marco con maderos de 2 × 4 y alinee su interior con las vigas frontales como se muestra en el plano de la estructura en la página 284. Nivele el marco a 56" más abajo de la superficie terminada de la plataforma de la terraza, para poder instalar ocho pasos de 7" de altura en las escaleras. Clave el marco en su lugar.

Llene el marco con concreto, nivélelo con un madero derecho de 2 × 4, y déjelo secar hasta el otro día.

INSTALAR LA ESCALERA

Mida y corte las zancas (I) siguiendo el gráfico de la escalera en detalle en la página 285. Abra muescas en la parte superior e inferior de la zanca central para acomodar las entretelas. Marque los pasos y la elevación utilizando una escuadra. Corte las muescas con una sierra circular, y luego utilice una sierra recíproca o manual para terminar las esquinas.

Mida, marque y corte las entretelas (J) a la distancia correcta. Ensamble toda la estructura de la escalera clavando las entretelas entre las zancas con puntillas 16d. Voltee la estructura boca abajo e instale la zanca central clavándola contra las entretelas.

Instale la escalera recostándola contra el descanso y clávela contra la entretela superior, cubierta y soporte, con tornillos para terraza. Abra agujeros guía en la entretela inferior al interior del soporte de concreto. Clávela con tornillos para concreto.

Abra huecos guía a través de la entretela y dentro de la base de concreto. Clave el madero con tornillos para concreto con un taladro.

Corte los postes de la escalera (K). Corte la punta superior a la forma deseada. Para instalarlos, ánclelos en su lugar contra las zancas, abra agujeros guía a través de ellas dentro de los postes, y clave los postes con tornillos de cabeza redonda.

Mida, marque y corte las contrahuellas (L) con una sierra circular. La contrahuella inferior no lleva muesca para instalarla alrededor del poste.

INSTALAR LA PLATAFORMA

En lo posible, compre maderos para la plataforma (M) de longitud suficiente para cubrir la distancia de la plataforma. Cuando se requiere ensambles entre los maderos, céntrelos sobre las vigas de soporte para que ambas puntas queden sostenidas sobre las mismas.

Ubique el primer madero de la plataforma a lo largo de la viga frontal en 45° y marque el sitio de los postes de la baranda. Corte las muescas para el ensamble con los postes con una sierra circular, manual o un formón. Clave el madero con un par de tornillos para terraza sobre cada viga de soporte.

Corte e instale los maderos restantes dejando ⅛" de separación entre los mismos para crear el drenaje.

INSTALAR LA BARANDA

La baranda para esta terraza es ensamblada en secciones y luego es instalada. Los balaustres por su parte son conectados primero entre las barandas interiores, y después el ensamble es cortado a la medida correcta y conectado a las barandas exteriores.

Verifique las medidas entre los postes de la baranda. Mida, marque y corte los rieles superior e inferior (N).

Instale los rieles inferiores abriendo agujeros guía en un ángulo de ⅛" dentro de los postes y las puntas, y luego clávelos con tornillos para terraza. *Nota: Cuando los postes se conectan a los rieles en un ángulo de 45°, necesitará abrir muescas para el ensamble.*

Mida, marque y corte los rieles internos superior e inferior (O), dejando varias pulgadas de sobra para emparejarlos más adelante.

Mida, marque y corte los balaustres de la baranda (P) a la medida correcta.

Ensamble cada sección de la baranda colocando los balaustres entre los rieles internos superior e inferior, abriendo huecos guía de ⅛", y clavándolos con tornillos para terraza. Empareje la sección a la medida final dejando un espacio igual en cada punta.

Coloque el ensamble de los balaustres sobre el riel inferior y clávelo en su lugar.

Coloque el riel superior sobre el ensamble del balaustre, abra huecos guía a través del riel superior interior, y clávelo con tornillos para terraza desde abajo.

Para determinar el ángulo para las puntas de los rieles y balaustres, y la longitud de los rieles interiores y exteriores de la escalera, sostenga un madero derecho de 2 × 4 a lo largo de un par de postes de la escalera. Con el borde superior del madero cruzando cada poste y el canal hecho con la caladora, marque el ángulo en la parte trasera del madero. Nota: El ángulo será aproximadamente de 32°, pero logrará el mejor ensamble marcándolo desde los postes de la baranda.

Mida, marque y corte la parte superior e inferior de los rieles, con las puntas en ángulo para el ensamble contra los postes. Instale los rieles inferiores.

Corte los rieles internos y balaustres a la medida, con las puntas en ángulo.

Construya los ensambles de las barandas de la escalera siguiendo el mismo procedimiento para la baranda de la plataforma. Tenga en cuenta que el espacio entre balaustres debe ser de 4" o menos.

Instale los ensambles colocándolos sobre el riel inferior y clavándolos con puntillas con cubierta galvanizada 6d.

Instale los rieles superiores colocándolos sobre los ensambles de la baranda, abriendo huecos guía a través de los rieles superiores internos y clavándolos con tornillos para terraza desde abajo.

Clave tornillos para terraza hacia arriba a través del riel interior superior para conectar el riel superior al ensamble de los balaustres.

Terrazas en forma de plataforma

Una terraza en forma de plataforma es una opción para crear un ambiente al aire libre que requiere poco mantenimiento. Ya que puede ser construida prácticamente en cualquier lugar, y en cualquier tamaño, se ajusta a muchos estilos de patios y espacios abiertos.

La terraza podrá ser construida en un solo fin de semana. Si usa maderas de medidas estándar, no tendrá que hacer muchos cortes. También use bases de concreto prefabricadas en lugar de las construidas al interior del suelo. Las bases se consiguen en centros de materiales de construcción.

La siguiente terraza de 12 × 12 pies descansa sobre una base de 10 × 10 pies formada por 18 bases de concreto instaladas en tres hileras de seis bases cada una. Las vigas están aseguradas sobre aberturas en la parte superior de las bases simplificando el proceso de construcción.

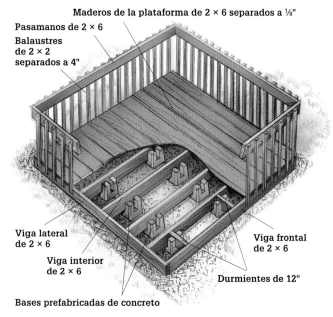

Maderos de la plataforma de 2 × 6 separados a ⅛"
Pasamanos de 2 × 6
Balaustres de 2 × 2 separados a 4"
Viga lateral de 2 × 6
Viga interior de 2 × 6
Viga frontal de 2 × 6
Durmientes de 12"
Bases prefabricadas de concreto

Plano de la estructura

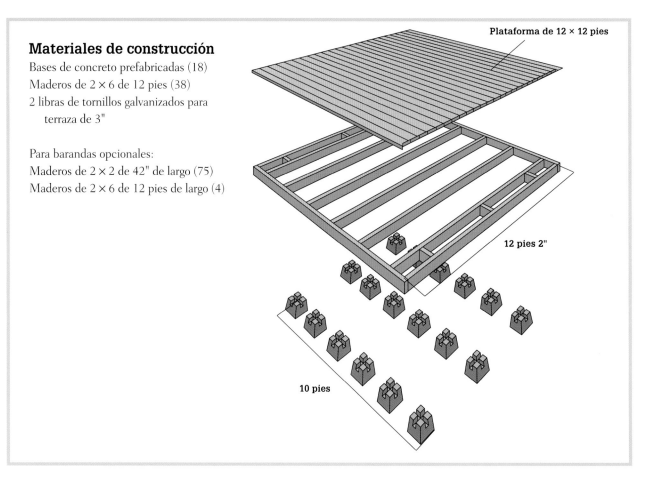

Materiales de construcción

Bases de concreto prefabricadas (18)
Maderos de 2 × 6 de 12 pies (38)
2 libras de tornillos galvanizados para
    terraza de 3"

Para barandas opcionales:
Maderos de 2 × 2 de 42" de largo (75)
Maderos de 2 × 6 de 12 pies de largo (4)

Plataforma de 12 × 12 pies

12 pies 2"

10 pies

Cómo construir terrazas en forma de plataforma

INSTALAR Y NIVELAR LAS BASES

Mida un área de 10 × 10 pies para la base de la plataforma y marque las esquinas con estacas.

Coloque una base en cada esquina, luego mida de esquina a esquina desde el centro de cada base. Haga los ajustes hasta que la medida diagonal quede igual, lo que significa que la base está cuadrada.

Coloque un 2 × 6 a lo largo de las esquinas de las bases para la fila trasera y ubique las ranuras de las bases en el centro. Use un nivel para nivelar la viga, y agregue o quite tierra debajo de las bases hasta que queden a nivel.

Centre las bases entre las esquinas. Compruebe una vez más que la viga está a nivel y agregue o quite tierra debajo de las bases si es necesario. Quite la viga.

Repita el proceso anterior para instalar y nivelar las bases para la fila frontal.

Coloque las doce bases restantes a intervalos iguales alineados en tres filas. Coloque un 2 × 6 desde la fila frontal de las bases hasta la parte trasera, y mueva la tierra debajo de las bases lo necesario para nivelarlas con las filas frontal y trasera.

INSTALAR LAS VIGAS

Cubra las puntas de cada 2 × 6 con sellador o protector para madera y déjelas secar por completo.

Centre una viga de 12 pies a lo largo de cada fila de bases. Use un nivel para comprobar que las vigas están a nivel una vez más y ajuste con cuidado las bases si es necesario.

AGREGAR LAS VIGAS LATERALES Y FRONTALES

Coloque un madero de 2 × 6 recostado contra las puntas de las vigas a la izquierda de la plataforma. Deje que las puntas sobrepasen en distancias iguales las vigas frontales y traseras.

Conecte la viga lateral a las puntas de las vigas con un par de tornillos para terraza.

Repita el proceso para instalar la viga del lado derecho.

En el frente de la plataforma, coloque la viga frontal de 2 × 6 a ras con las puntas finales de las vigas laterales formando un ensamble cuadrado en cada punta.

Conecte la viga frontal a las laterales con un par de tornillos para terraza clavados sobre las caras de las vigas laterales al interior de las puntas de la viga frontal.

Repita el paso anterior para instalar la otra viga frontal.

Coloque las bases esquineras y la central para la viga trasera. Agregue o quite tierra debajo de las bases para nivelarlas.

Instale las bases restantes e inserte las vigas. Compruebe que toda la estructura está a nivel y ajústela si es necesario.

UBICAR LOS DURMIENTES

Mida y corte seis maderos durmientes de 2 × 6 para colocarlos entre las vigas frontales y traseras, y vigas del borde. Cubra las puntas de cada madero con sellador o protector para madera y déjelas secar por completo.

Coloque un durmiente en cada fila de bases entre la primera viga y la viga frontal. Clave cada durmiente con un par de tornillos galvanizados desde la cara de cada viga.

CUADRE LA ESTRUCTURA

Después de terminar la estructura, mida las diagonales de esquina a esquina y compruebe que las medidas sean iguales.

Ajuste la estructura si es necesario empujándola hasta que quede cuadrada. Pida ayuda para sostener un lado de la estructura mientras empuja el otro.

INSTALAR LOS MADEROS DE LA PLATAFORMA

Cubra todos los maderos de 2 × 6 con sellador o protector para madera y déjelos secar por completo. Selle también todos los maderos expuestos de la estructura.

Coloque un madero de 2 × 6 sobre la superficie de la plataforma, perpendicular a las vigas y a ras con la viga frontal. Conecte este madero con tornillos para terraza.

Repita el paso anterior para instalar el resto de los maderos sobre la plataforma. Utilice una escuadra para medir ⅛" de espacio entre cada uno. Corte el último madero a ras, si es necesario.

Instale las vigas frontal y trasera entre las puntas de las vigas laterales, y clávelas con tornillos para terraza.

Coloque los durmientes sobre las ranuras de las bases, luego clávelos a las vigas con un par de tornillos para terraza.

Después de completar la estructura, mida las diagonales y ajuste el marco hasta que quede cuadrado.

Instale los maderos sobre la superficie de la plataforma clavando un par de tornillos para terraza entre cada viga. Use una escuadra para dejar ⅛" entre cada madero.

Variación: Agregar una baranda ▸

Aún cuando la plataforma descansa casi sobre el nivel del piso, puede adicionar un pasamanos alrededor de dos o tres lados, en especial si va a ser usada por niños pequeños o por una persona de edad avanzada. Por cada lado de la plataforma en el que desee agregar un pasamanos, necesitará 25 maderos de 2 × 2, de 42" de largo.

Las barandas de madera mostradas en este ejemplo, son sólo una de muchas clases de estilos que puede considerar. Consulte el capítulo sobre las barandas de la plataforma en las páginas 139 a 169 para encontrar más opciones sobre diseños y materiales. También puede instalar bancos con espaldares que agregan funcionalidad y sirven como barandas al mismo tiempo.

PREPARAR LOS BALAUSTRES

Coloque juntos todos los maderos de 2 × 2, ajústelos en una punta y marque un par de líneas a 3" de distancia, a lo largo de cada madero, a 1½" de la punta en ángulo. Repita el proceso y marque una sola línea a 2 ¾" de distancia de la otra punta. Usando las marcas como guía, abra agujeros guía.

Cubra las puntas de cada madero con sellador o protector para madera.

INSTALAR LOS BALAUSTRES

Coloque un madero de 2 × 2 a ras con la parte inferior de la viga y ánclelo en su lugar para utilizarlo como guía.

Coloque el madero de la esquina contra el lado de las vigas, con el lado en ángulo hacia abajo, a 4" al interior de la esquina. Compruebe que está a plomo y luego clave tornillos de terraza dentro de los huecos guía.

Instale los maderos restantes en cada lado dejando un espacio de 4" entre cada uno.

INSTALAR EL PASAMANOS DE LA BARANDA

Sostenga un madero de 12 pies de largo y 2 × 6 que forma la cubierta de la baranda y detrás de los balaustres instalados.

Ensamble los balaustres al madero de la baranda clavándolos a través de los huecos guía.

Conecte las cubiertas de la baranda a las esquinas con un par de tornillos para terraza.

Termine la baranda aplicando una capa de sellador para madera siguiendo las instrucciones del fabricante.

Junte todos los maderos de 2 × 2 y luego abra un par de huecos guía en las puntas en ángulo, y uno solo en la otra punta.

Conecte los maderos de 2 × 2 sobre las vigas laterales dejando un espacio de 4" entra cada uno.

Instale un madero de 2 × 6 detrás de los balaustres de 2 × 2 y luego clávelo con tornillos para terraza a través de los huecos guía.

Terrazas de varios niveles

Esta terraza con múltiples niveles es apropiada en casos donde necesite tener acceso desde diferentes áreas de la casa. El tamaño y forma también suministran muchos espacios funcionales para el entretenimiento, privacidad o relajación, así como un lugar adecuado para guardar accesorios recreacionales.

El nivel inferior ha sido construido alrededor del patio. Si desea incluirlo como parte de la terraza, sólo extienda la viga primaria alrededor de la casa e instale vigas entre la misma y la viga de soporte central. Puede omitir el área de la bañera y ajustar la forma del nivel inferior si lo desea.

Con algunas modificaciones, este diseño puede permitir el uso del área en declive, que de otra forma no sería aprovechado. Sin embargo, quizás tenga que eliminar o reducir el tamaño del área de almacenamiento y terraza pequeña debajo del descanso. También puede requerir un poco de excavación en el declive existente.

Construya una multitud de posibilidades con este diseño de varios niveles.

Diagrama general: Plataforma inferior y bañera

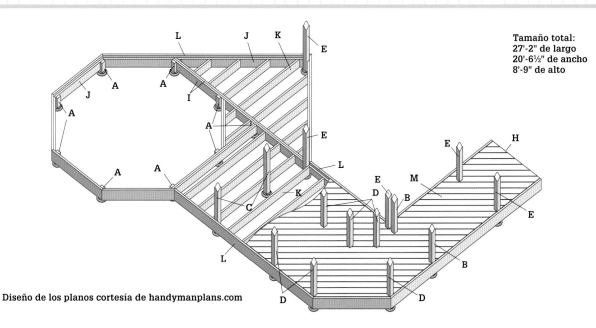

Tamaño total:
27'-2" de largo
20'-6½" de ancho
8'-9" de alto

Diseño de los planos cortesía de handymanplans.com

Materiales

Colgantes de metal para vigas de 2 × 6" (138)

Colgantes de metal para vigas dobles de 2 × 6" (2)

Anclas de metal para postes de 6 × 6" (28)

Puntillas galvanizadas 16d de 3½" (25 libras)

Puntillas galvanizadas 10d de 3" (30 libras)

Tornillos galvanizados de 3" (15 libras)

Concreto seco en bolsas de 60 libras (62)

Tornillos de carruaje de ⅜ × 6", arandelas y tuercas (26)

Tornillos galvanizados de cabeza cuadrada de ⅜ × 4"
(26); y de ⅜ × 6" (12)

Tornillos galvanizados de expansión de ⅜ × 4" (8)

Bisagras resistentes al óxido* (4)

Pestillos o pasador de puerta resistentes al óxido* (2)

Lámina de metal galvanizada contra la humedad (34 pies)

Cubierta del poste decorativa* (19)

*opcional

Lista de la madera

Cant.	Tamaño	Material	Parte
18	6 × 6" × 8'	Madera tratada	Poste (A, B, C, D, F, G)
5	6 × 6" × 10'	Madera tratada	Poste (E)
40	2 × 6" × 4'	Madera tratada	Viga frontal (J), Viga (K)
52	2 × 6" × 6'	Madera tratada	V. soporte (I), V. front. (J), Viga (K), Contrahuella (O), Placa protect. (N)
27	2 × 6" × 8'	Madera tratada	V. prim. (H), V. soport. (I), V. front.(J), Viga (K), V. soporte cruzado (N)
12	2 × 6" × 10'	Madera tratada	V. prim. (H), V. frontal (J), Viga (K)
2	2 × 6" × 12'	Madera tratada	Vigas de soporte (I)
76	2 × 6" × 16'	Madera tratada	Maderos de la plataforma (M)
1	2 × 6" × 18'	Madera tratada	Viga frontal (J)
6	2 × 8" × 4'	Madera tratada	Viga de soporte frontal (L)
5	2 × 8" × 8'	Madera tratada	Viga de soporte frontal (L)

Cant.	Tamaño	Material	Parte
3	2 × 8" × 10'	Madera tratada	Viga de soporte frontal (L)
1	2 × 10" × 6'	Madera tratada	Soporte de la escalera (U)
2	2 × 12" × 8'	Madera tratada	V. soporte frontal de la escalera (S)
1	2 × 12" × 10'	Madera tratada	V. soporte frontal de la escalera (S)
3		Madera tratada	Zanca pre-cortada 7 contrahuell. (Q)
4		Madera tratada	Zanca pre-cortada 5 contrahuell. (R)
16	2 × 4" × 4'	Madera tratada	Cubiertas baranda sup. e inf. (V)
8	2 × 4" × 6'	Madera tratada	Cubiertas baranda sup. e inf. (V)
2	2 × 4" × 8'	Madera tratada	Cubier. baran. escalera sup. e inf. (W)
2	2 × 4" × 10'	Madera tratada	Cubier. baran. escalera sup. e inf. (W)
12	1 × 8" × 6'	Madera tratada	Madero de elevación (P)
68	2 × 12" × 10'	Madera tratada	Balaustres (X)

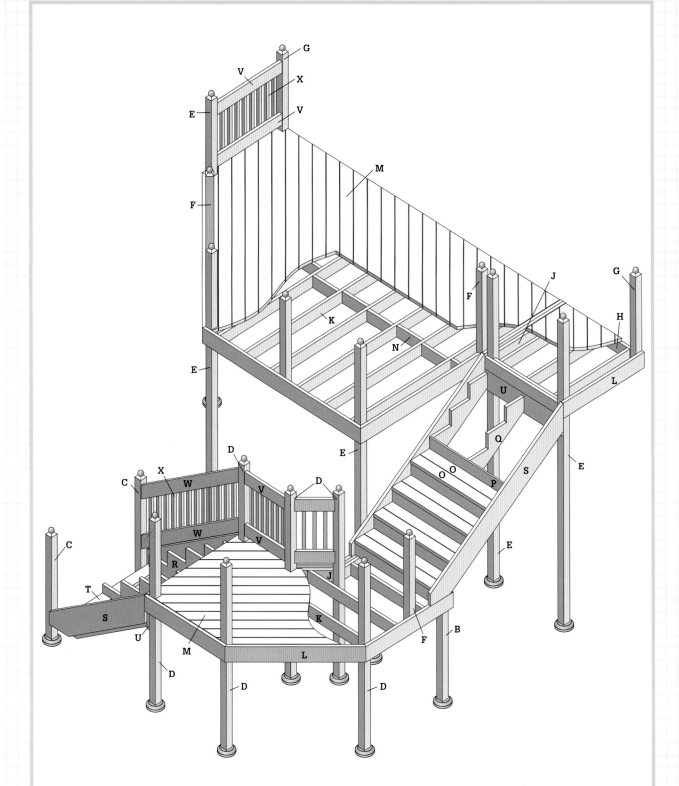

Diseño de los planos cortesía de handymanplans.com

Plano de la estructura de la terraza inferior

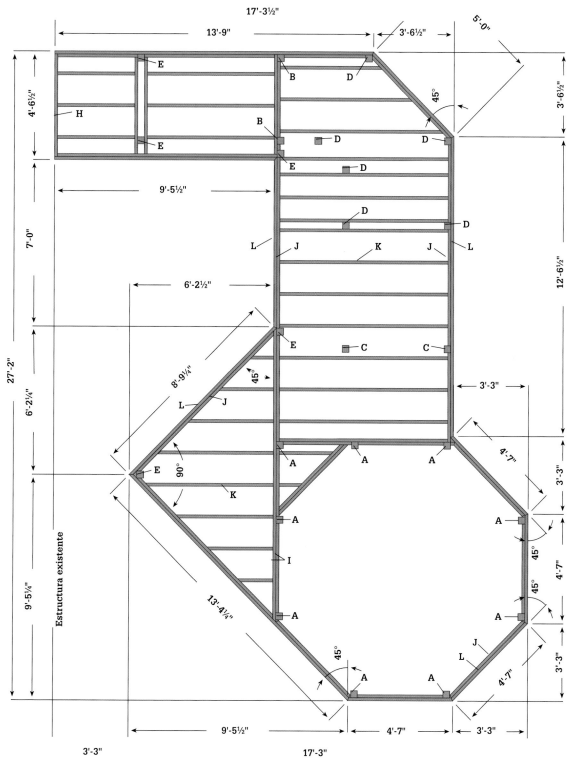

Plano de la estructura de la terraza superior

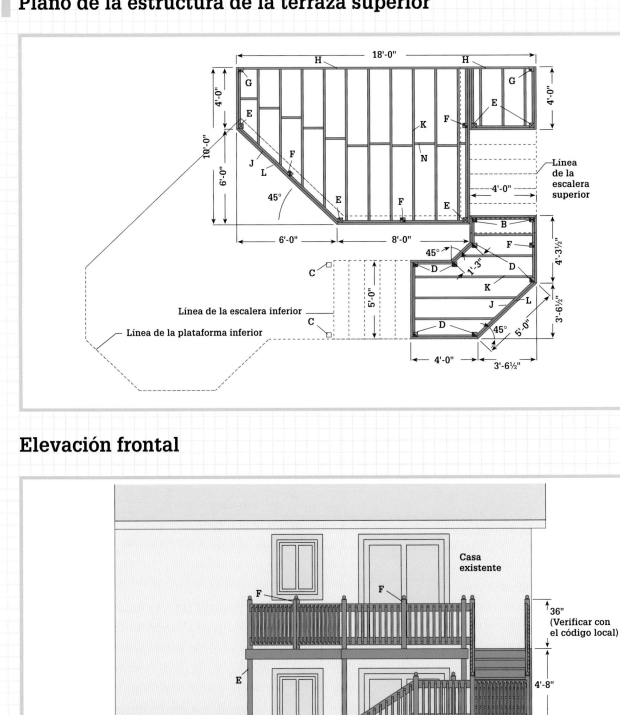

Elevación frontal

Plano de la localización de los postes

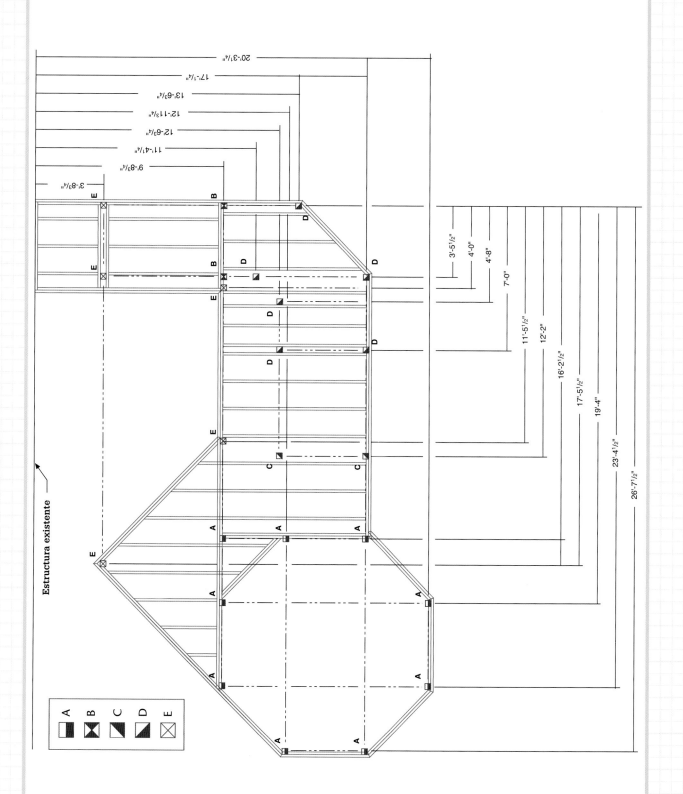

Escalera inferior en detalle

Escalera superior en detalle

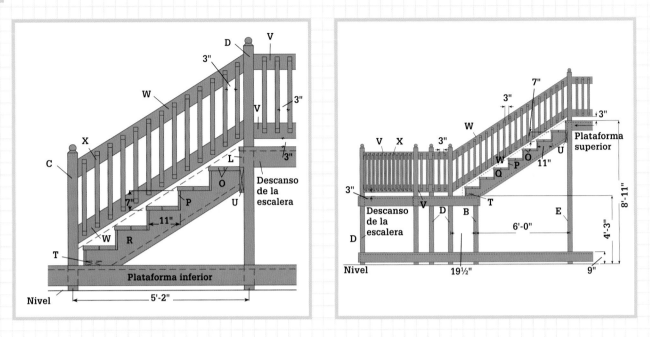

Cómo construir una terraza de varios niveles

INSTALAR LAS VIGAS PRIMARIAS

Dibuje una línea nivelada en ambos sitios sobre la pared de la casa para mostrar dónde será instalada la viga primaria y las vigas de soporte (ver el plano de la estructura de la terraza inferior y superior en las páginas 299 y 300). Coloque el borde superior de cada viga primaria teniendo en cuenta que la superficie de la plataforma debe quedar a 1" debajo del nivel del piso interior de la casa. Esta diferencia de altura evita que la lluvia o la nieve derretida entre en la casa.

Corte la cubierta de la pared sobre la línea usando una sierra circular. Para evitar que la cuchilla de la sierra corte el papel debajo de la cubierta, gradúe la profundidad del disco según el espesor de la cubierta. Termine el corte con un formón y martillo sosteniendo el lado angulado hacia el interior para hacer un corte derecho.

Instale nuevo fieltro para construcción sobre el que ha quedado expuesto después de haber removido la cubierta de la pared. Corte la lámina galvanizada contra la humedad a la longitud de cada corte sobre la pared usando tijeras para cortar metal. Instálela deslizándola debajo de la cubierta de pared.

Mida y corte las vigas primarias de maderos presurizados de 2 × 6. Centre las vigas al interior del corte sobre la pared, debajo de la lámina galvanizada de protección, dejando espacio en cada extremo para instalar las vigas laterales. Clave las vigas en su sitio contra la casa parcialmente con tornillos galvanizados para terraza de 3".

Abra huecos guías en pares de ¼" a 16" de intervalo a través de la viga y dentro de la viga frontal de la casa. Ensanche la superficie de cada hueco a ½" usando una broca de pala de 1" de diámetro. Una la viga a la pared con tornillos de cabeza cuadrada de ⅜ × 4" y con arandelas usando un taladro eléctrico o una llave inglesa.

Aplique una capa espesa de silicona entre la viga y la lámina protectora. También cubra los tornillos de cabeza cuadrada y las grietas en las puntas de la viga.

VERTER EL CONCRETO EN LAS BASES

Consulte el plano de la localización de los postes en la página 301. Extienda las cuerdas de medición a lo largo del lugar usando soportes de 2 × 4. Compruebe que las medidas están cuadradas por medio del método triangular 3-4-5. Haga los ajustes necesarios hasta que todo quede cuadrado. Mida a lo largo de las cuerdas para localizar los puntos medios de las bases. Luego marque el lugar con cinta para enmascarar.

Utilice una plomada para transferir los puntos centrales de las bases al piso y clave una estaca para marcar cada punto. Quite las cuerdas y excave las bases de los postes con una excavadora manual o eléctrica. Compruebe que el tamaño y profundidad de las bases cumplen con las estipulaciones de los códigos locales, los cuales pueden requerir ensanchar las bases.

Vierta de 2 a 3" de gravilla en cada hueco para crear drenaje. Corte los tubos de las bases a la longitud correcta con una sierra manual o recíproca e insértelos en los huecos dejando 2" de sobra sobre la superficie. Coloque tierra a su alrededor para sostenerlos. Marque el sitio para la plataforma de concreto al interior de la bañera hexagonal (vea el plano de la estructura de la terraza inferior en la página 299). Excave y construya el marco para la plataforma.

Llene los tubos de concreto por secciones, presionando la mezcla en cada sección con una vara para eliminar las burbujas de aire al interior. Empareje la superficie con un madero plano. Amarre las cuerdas de medición una vez más y use una plomada para localizar el punto central de las bases. Inserte el tornillo en forma de "J" en cada base dejando de ¾" a 1" de rosca expuesta. Limpie la rosca de los tornillos antes que se seque el concreto.

Vierta concreto al interior de la plataforma de la bañera y presiónelo para eliminar burbujas de aire. Empareje la superficie con un madero plano y déjelo secar. No hay necesidad de otras técnicas de acabado sobre la plataforma.

INSTALAR LOS POSTES

Coloque un madero largo y derecho de 2 × 4 a lo largo de un par de bases. Con un borde ajustado contra los tornillos en forma de "J", marque una línea de referencia sobre las bases. Hágalo en ambas direcciones para los pares de bases donde sea necesario.

Coloque el ancla de metal para el poste sobre cada base, céntrelo sobre el tornillo "J", y cuádrelo con la línea de referencia. Inserte una tuerca en cada tornillo "J" y apriete cada ancla en su lugar.

Corte los postes de soporte de la plataforma desde el A hasta el E a la longitud aproximada agregando varias pulgadas para la emparejada final (ver la gráfica sobre la elevación frontal en la página 300 y la escalera superior en detalle en la página 302). Clave los postes a las anclas con una sola puntilla.

Use el nivel como guía para aplomar los postes, y soportes y estacas para sostenerlos a plomo desde el B hasta el E. Después que todo esté a plomo, termine de clavar a las anclas.

INSTALAR LAS VIGAS DE SOPORTE, FRONTALES Y LATERALES PARA LA PLATAFORMA SUPERIOR E INFERIOR

Con un nivel de cuerda, agua o láser, marque el borde superior de las vigas frontales de la plataforma inferior. Centre la ubicación de los soportes en los postes A, y en las bases de los postes apropiados (B hasta E) (ver el plano de la estructura de la terraza inferior en la página 299). Haga la marca a nivel con el borde superior de la viga primaria inferior.

Marque los postes E para las vigas frontales de la plataforma superior usando el borde superior de la viga primaria superior como punto de referencia.

Mida, corte e instale las vigas frontales en la plataforma superior usando maderos presurizados de 2 × 6. Conecte una a la vez para asegurar una medida correcta. Corte las esquinas que se unen a los postes en ángulos de 45°. Clave las vigas en ángulo a las caras de los postes usando tornillos para terraza de 3½".

Mida, corte e instale los soportes laterales usando maderos presurizados de 2 × 8. Conecte uno a la vez al igual que la viga frontal. Corte las puntas que se ensamblan en 45° a un ángulo de 22½°. Conecte las piezas que quedan a ras con las caras de los postes usando tornillos de carruaje de ⅜ × 6", arandelas y tuercas. Conecte las piezas que no quedan a ras con las caras de los postes en las esquinas a 45° con tornillos de carruaje de ⅜ × 4", arandelas y tuercas. No olvide intercalar al clavar los tornillos en los postes donde se unen dos piezas. Conecte los soportes laterales a las vigas frontales con pares de tornillos para terraza a un intervalo de 24".

Construya el doble soporte central con un madero presurizado de 2 × 8. Mida, corte y clávelo a los postes con

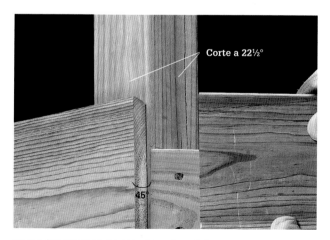

Corte las puntas de las vigas frontales que se unen con los postes en esquinas de 45°. Corte las puntas de las vigas laterales a 22½° en las esquinas que se juntan en 45°.

Corte ángulos de 45° en las puntas de las vigas frontales y laterales que se juntan en los soportes centrales de la plataforma inferior en una esquina de 45°.

tornillos de carruaje de ⅜ × 8", arandelas y tuercas. Corte ángulos de 45° en las puntas de las piezas que se van a unir con la viga de soporte lateral en un ensamble no perpendicular.

Mida, corte e instale las vigas frontales y soportes laterales para la plataforma inferior igual que la superior. Sin embargo, corte la punta de las piezas que se van a encontrar en el soporte central en forma no perpendicular, en un ángulo de 45°. Corte la punta de los postes A a ras con los bordes superiores de las vigas frontales y soporte central usando una sierra recíproca.

INSTALAR LAS VIGAS FRONTALES Y LATERALES PARA EL DESCANSO

Mida 42" hacia arriba desde la parte superior de la viga frontal de la plataforma inferior conectada a los postes B y D, y marque los postes (ver la escalera superior en detalle en la página 302).

Mida, corte y conecte las vigas frontales del descanso dejando los bordes a ras con la marca de 42". Instale las vigas laterales de la misma forma como lo hizo con la plataforma superior a inferior. Corte la parte superior de los postes B a ras con los bordes de la viga frontal.

INSTALAR LAS VIGAS

Mida y dibuje las marcas para la ubicación de las vigas sobre la viga primaria y lateral, separadas a 16", en la plataforma superior (ver el plano de la estructura de la terraza superior en la página 300). El espacio de las vigas a lo largo de la viga frontal en 45° será de 22⅝" desde el centro. Mida y marque el sitio de las vigas para el descanso de la escalera.

Mida y dibuje las marcas para la ubicación de las vigas sobre la viga primaria, lateral y soporte central, separadas a 16", en la plataforma inferior (ver el plano de la estructura de la terraza inferior en la página 299). El espacio de las vigas a lo largo de la viga frontal en 45° será de 22⅝" desde el centro.

Conecte los colgantes de las vigas a las vigas primarias, frontales, y soporte central con puntillas 10d. Use un retazo de madera de 2 × 6 para mantener el espacio igual entre cada colgante. Use colgantes en 45° en la dirección correcta en el sitio donde las vigas se juntan en ángulo a las vigas frontales.

Mida, marque y corte maderos de 2 × 6 presurizados para las vigas. Corte en ángulo de 45° los que se van a unir a los colgantes en el mismo ángulo.

Coloque las vigas sobre los colgantes con el lado en comba hacia arriba, y clave ambos lados con puntillas 10d. Clave puntillas en cada hueco disponible en los colgantes. Agregue un soporte cruzado para las vigas de la plataforma superior si es necesario.

INSTALAR LOS POSTES DE LA BARANDA

Corte los postes de la baranda F y G a la longitud aproximada dejando varias pulgadas de sobra para la emparejada final.

Ancle cada poste a la parte interna de la viga frontal. Abra huecos guía para dos tornillos de carruaje de ⅜ × 6" a través de la viga frontal y el poste. Ensanche la superficie de cada hueco a ½" de profundidad con una broca de pala de 1" de diámetro. Conecte los postes con tornillos de carruaje, arandelas y tuercas.

INSTALAR LA PLATAFORMA

Coloque un madero a lo largo del borde de la viga frontal en 45°, en la plataforma superior, dejando que se sobreponga en ambos lados y en ambas puntas de la viga. Marque el sitio de los postes de la baranda.

Corte las muescas para encajar con los postes usando una sierra recíproca. El borde principal debe quedar a ras con la cara frontal de la viga frontal en 45°. Ajústelo si es necesario. Clave el madero con dos tornillos de madera sobre cada viga.

Corte y conecte los maderos restantes dejando que sobrepasen los bordes de las vigas frontales. Deje ⅛" de espacio entre los mismos para crear drenaje. Corte las muescas para el ensamble con los postes.

Marque con una cuerda de tiza el borde de los maderos que sobrepasan las vigas frontales. Cuadre el disco de la sierra a ⅛" más profundo que el madero más grueso y haga el corte en la línea marcada. Termine los cortes de las esquinas o contra las paredes con una sierra manual o con un martillo y formón bien afilado. Quite los soportes y estacas que sostienen los postes. Instale los maderos del descanso y plataforma inferior siguiendo los mismos pasos.

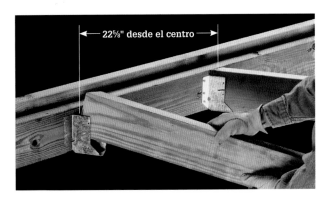

Use colgantes para vigas en 45° en el lugar donde las vigas se unen con las vigas frontales en ángulo. Separe los colgantes a una distancia de 22⅝" desde el centro.

Conecte los postes de la baranda a la viga frontal de la plataforma superior con tornillos de carruaje, arandelas y tuercas.

CONSTRUIR LAS ESCALERAS

Corte las zancas para la escalera superior y use una escuadra para marcar los pasos y elevación de cada escalón (ver la escalera superior en detalle en la página 302). Si necesita modificar los planos para acomodar la altura de la plataforma, vea las páginas 128 a 137). Corte las muescas y ángulos en las puntas de las zancas con una sierra circular, y complétele con una manual.

Mida y corte el soporte de la escalera, conéctelo a los postes E, en el sitio de la escalera, y clávelo con tornillos para terraza.

El borde superior debe quedar recostado contra el borde inferior de la viga frontal. Marque el lugar donde la parte frontal de la zanca se junta con el descanso. Tome la medida y corte una placa de soporte de 2 × 6 para instalarla entre las zancas. Alinee el borde frontal de la placa de soporte sobre la marca de tal forma que el madero quede paralelo cerca al borde del descanso. Clávelo con tornillos de terraza. Corte una muesca para el soporte de 2 × 6 para ensamblarlo en la zanca central.

Coloque cada zanca lateral contra la punta de la placa de soporte, y contra el soporte de la escalera. Clave un tornillo sobre la zanca en cada lado de la placa de soporte. Cuadre cada zanca con el soporte de la escalera usando una escuadra y marque su posición. Instale las puntas de las zancas superiores al soporte de la escalera usando soportes en ángulo. Instale la zanca central en el medio de las laterales. Conéctela al soporte superior con soportes en ángulo, y contra la placa de soporte inferior usando tornillos para terraza clavados en ángulo.

Mida y corte los maderos para la elevación con madera presurizada de 1 × 8. Clávelos a las zancas con dos tornillos para terraza por cada soporte. Abra huecos guía para los tornillos que se van a clavar en las puntas.

Mida y corte dos maderos de 2 × 6 para las contrahuellas en cada escalón. Deben quedar a ras con el borde externo de las zancas. Clávelos con dos tornillos para terraza en cada contrahuella, y deje ¼" de espacio entre cada madero. La contrahuella trasera debe tocar el madero de elevación en cada paso.

Mida, marque y corte las escaleras inferiores siguiendo los métodos anteriores.

INSTALAR LA BARANDA

Para instalar la baranda, vea la escalera superior en detalle en la página 302. Para mayor información al respecto, vea las páginas 140 a 155.

LA BAÑERA ENCERRADA Y LAS ÁREAS DE ALMACENAMIENTO

Instale la bañera sobre la plataforma y conéctela a los servicios siguiendo las instrucciones del fabricante. Contrate un experto si no tiene los conocimientos suficientes de plomería, electricidad, o sistemas para conectar líneas de gas.

Después de instalar la bañera, siga los métodos presentados en la página 231 para encerrarla. Puede usar las mismas técnicas básicas para crear sitios cerrados para almacenamiento debajo de los descansos de las escaleras.

Corte muescas sobre los maderos de la plataforma que se unen con los postes de la baranda. Haga los ajustes necesarios hasta que el borde principal quede a ras con la cara frontal del la viga frontal.

Conecte la zanca central a la placa de soporte con tornillos para terraza clavados en ángulo.

Corte e instale los rieles sobre las muescas cortadas en las caras interiores de los postes de la baranda.

Terrazas con pequeñas curvaturas

Las terrazas con curvas sutiles dan un toque de distinción. Fácil de adaptar a otras medidas, esta estructura ofrece una gran funcionalidad sin mucho esfuerzo en su construcción, y a un costo económico.

Si su código local requiere de una plataforma de concreto como base para el área de la escalera, considere la posibilidad de contratar expertos para la instalación, al menos que tenga una buena experiencia en la construcción de superficies de concreto. Las barandas en este caso no son necesarias con el diseño y altura con que ha sido diseñada esta terraza, pero consulte con su inspector local para aclarar este aspecto. Una baranda de metal sencilla puede ser instalada sin afectar la apariencia visual del diseño.

Un diseño simple, pero con un gran estilo en su apariencia.

Diagrama general

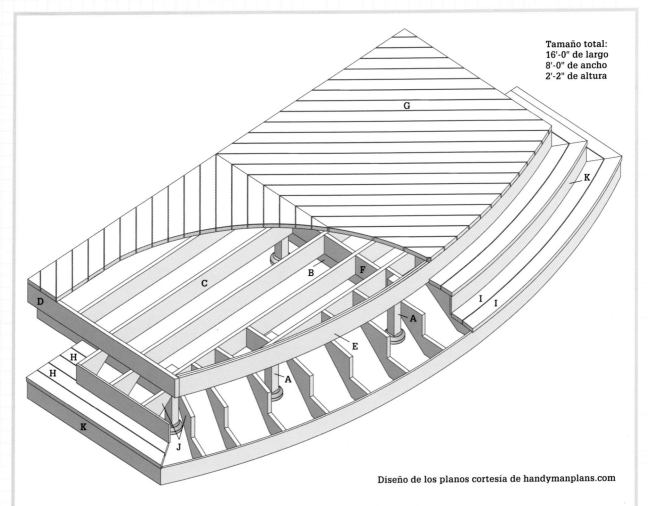

Tamaño total:
16'-0" de largo
8'-0" de ancho
2'-2" de altura

Diseño de los planos cortesía de handymanplans.com

Materiales

Armazón para la base de 10" de diámetro (9)
Conectores directos para terrazas de poca
   altura de 3" (6)
Colgantes para vigas dobles de 2 × 8" (4)
Colgantes para vigas de 2 × 8" (72)
Tornillos para madera contrachapada de 2½"
Puntillas para los colgantes de las vigas
Puntillas delgadas galvanizadas 16d
Puntillas con envoltura galvanizadas 12d
Tornillos de carruaje de ⅜ × 4",
   arandelas y tuercas (12)
Tornillos de cabeza cuadrada de ⅜ × 4" (22)
Protector metálico contra el agua (20 pies)
Silicona de enmasillar de uso exterior (3 tubos)
Concreto

Lista de la madera

Cant.	Tamaño	Material	Parte
3	6 × 6" × 8'	Madera tratada	Postes (A)
6	2 × 8" × 8'	Madera tratada	Viga de soporte (B), Viga frontal (D)
3	2 × 8" × 8'	Madera tratada	Viga de soporte (B), Bloque (F)
1	2 × 8" × 12'	Madera tratada	Vigas (C)
6	2 × 8" × 16'	Madera tratada	Vigas (C), Viga frontal (D)
7	1 × 8" × 10'	Madera tratada	V. front. en curva (E), Mad. de elevac. (K)
2	1 × 8" × 12'	Madera tratada	Maderos de elevación (K)
32	1/4 × 6" × 8'	Madera tratada	Maderos de la plataforma (G)
4	5/4 × 6" × 10'	Madera tratada	Maderos de la plataforma (G)
8	5/4 × 6" × 12'	Madera tratada	Maderos de la plataforma (G)
3	2 × 6" × 10'	Madera tratada	Contrahuellas de la escalera (H)
9	2 × 12" × 8'	Madera tratada	Zanca de la escalera (J)
8	2 × 12" × 10'	Madera tratada	Zanca en curva de la escalera (I)

Diagrama general

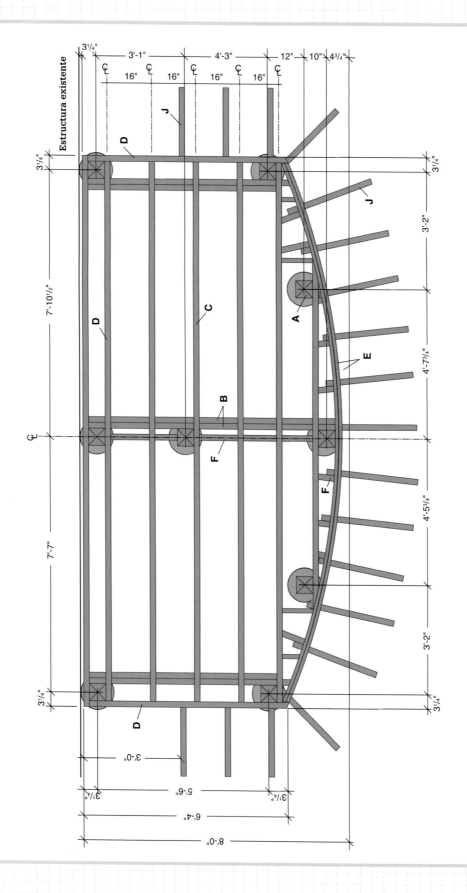

Cómo construir terrazas con pequeñas curvaturas

VERTER EL CONCRETO EN LAS BASES

Este diseño no incluye una viga primaria. Si altera estos planos para incluir esa viga, vea las páginas 34 a 45 para los métodos de instalación.

Marque la ubicación de la terraza sobre la pared de la casa (ver el diagrama general en la página 308), luego extienda cuerdas para marcar a lo largo del lugar usando soportes de 2 × 4. Clave los soportes a la pared provisionalmente con tornillos. Compruebe que las medidas están cuadradas usando el método triangular 3-4-5. Haga los ajustes necesarios hasta que todo quede cuadrado. Mida a lo largo de las cuerdas para localizar los puntos medios de las bases. Marque el lugar con cinta. *Nota: Los puntos centrales de los postes pueden quedar hasta 16" de distancia desde la punta del soporte.*

Utilice una plomada desde la marca con cinta para transferir los puntos centrales de las bases al piso y clave una estaca para marcar cada punto.

Quite las cuerdas y excave las bases de los postes con una excavadora manual o eléctrica. Compruebe que el tamaño y profundidad de las bases cumplen con las estipulaciones de los códigos locales, los cuales pueden requerir ensanchar las bases.

Vierta de 2 a 3" de gravilla en cada hueco para crear drenaje. Corte los tubos de las bases a la longitud correcta con una sierra manual o recíproca e insértelos en los huecos dejando 2" de sobra sobre la superficie. Coloque tierra a su alrededor para sostenerlos.

Llene los tubos de concreto por secciones, presionando la mezcla en cada sección con una vara para eliminar las burbujas de aire al interior. Empareje la superficie con un madero plano de 2 × 4.

Amarre las cuerdas de medición una vez más y use una plomada para localizar el punto central de las bases. Inserte el tornillo en forma de "J" en cada base dejando de ¾" a 1" de rosca expuesta. Limpie la rosca de los tornillos antes que se seque el concreto. *Nota: Otra opción es instalar las roscas de los tornillos con resina epóxica después que el concreto se haya curado (ver la página 193).*

INSTALAR LOS POSTES

Comience colocando un madero largo y derecho de 2 × 4 a lo largo de un par de bases. Con un borde ajustado contra los tornillos en forma de "J", marque una línea de referencia sobre las bases. Hágalo en ambas direcciones para los pares de bases donde sea necesario.

Coloque el ancla de metal para el poste sobre cada base, céntrelo sobre el tornillo "J", y cuádrelo con la línea de referencia. Inserte una tuerca en cada tornillo "J" y apriete cada ancla en su lugar.

Utilice madera presurizada de 4 × 4 para cortar los postes a 30" de longitud. Coloque cada poste sobre un ancla y clávelos en su lugar con una sola puntilla. Use el nivel como guía para aplomar los postes, y use soportes y estacas para sostenerlos en su lugar. Después que todos estén a plomo, termínelos de clavar a las anclas.

En el poste central sobre la pared, mida desde la puerta hacia abajo dejando un espacio de 7¼" para acomodar las vigas, 1¼" para la plataforma, y 1" entre la superficie de la plataforma y el piso interior de la vivienda. Marque el poste con esta medida.

Use un nivel de cuerda, agua o láser para transferir la medida a los otros postes. Cada marca estará nivelada con el borde superior de las vigas de soporte.

INSTALAR LAS VIGAS DE SOPORTE

Mida y corte dos maderos presurizados de 2 × 8 por cada una de las tres vigas de soporte (ver el diagrama general en la página 308). Junte ambos maderos dejando el lado en comba alineado, y clávelos con pares de puntillas galvanizadas o tornillos para terraza separados a distancias de 12".

Coloque cada viga con la comba hacia arriba sobre las marcas en cada poste apropiado y ánclelas en su lugar. Abra huecos en pares de ⅜ × 8" para clavar tornillos de carruaje a través de cada viga y poste. Conecte cada viga a los postes con estos tornillos, arandelas y tuercas.

INSTALAR LAS VIGAS FRONTALES

Mida y corte las dos vigas frontales. Deje un espacio de 1 × 2" entre una punta de cada viga y la pared, y 2" de sobra más allá de la esquina exterior del poste en la otra punta. Coloque los bordes inferiores a nivel con los bordes superiores de las vigas de soporte y clávelos a los postes con tornillos para terraza de 3".

Mida, corte y conecte la viga frontal al lado de la pared entre las puntas de las vigas frontales exteriores. Alinee la cara de la viga frontal más cercana a la pared para que quede a ras con las puntas de las vigas exteriores. Abra huecos guía a través de la viga frontal exterior y clave tornillos para terraza dentro de las puntas de las vigas frontales al lado de la pared.

Corte e instale las vigas internas entre las vigas exteriores sobre la cara frontal de los postes esquineros externos. Clávelas a los postes con tornillos para terraza y contra los soportes con ensambles apropiados.

INSTALAR LA VIGA FRONTAL EN CURVA

Mida y corte dos maderos presurizados de 1 × 8 a unas pulgadas más largos de lo necesario para cubrir la distancia desde la viga frontal externa hasta el poste central al frente de la terraza. Esta será la primera pieza de la viga frontal en curva. Haga bastantes cortes continuos de ¼" de profundidad en la cara trasera del soporte. Vea la página 95 para más información sobre la técnica a seguir en estos cortes.

Haga cortes sucesivos de ¼" de profundidad a lo largo de la parte trasera del primer soporte en curva de 1 × 8. Dóblelo y conéctelo a los postes usando abrazaderas para mantenerlo en posición.

Instale la segunda viga con la serie de cortes sobre el 1 × 8, clavando tornillos en pares cada 12" de distancia, y sobre cada poste.

Coloque una punta de la viga de soporte en la intersección de la viga frontal externa y la viga interna en la esquina externa del poste, con los cortes en serie de frente a la viga interior, y el borde superior a ras con los bordes de las vigas. Abra huecos guía y clave tornillos para terraza de 3" al final de la viga de soporte y dentro de la viga y poste.

Doble la otra punta de la viga de soporte hasta que toque la cara del poste central, y clávela al mismo con tornillos para terraza a 1" del punto central. Compruebe que el borde inferior de la viga en curva está a nivel con el borde superior del soporte. Dibuje una línea derecha en el punto central del poste sobre la viga en curva usando una escuadra rápida. Corte la viga con una sierra circular con el disco graduado a ⅛" más profundo que el espesor de la viga.

Mida, corte, y haga otra serie de cortes sucesivos en otra viga de 1 × 8. Córtela un poco más larga de lo necesitado para completar la curva. Conecte una punta en la intersección, y la otra punta sobre la viga exterior y poste esquinero. Doble y ancle la viga con abrazaderas en la posición correcta. Marque la línea de corte donde la viga se une con la otra viga en curva en el poste central. Haga el corte con una sierra circular, abra agujeros guía, y clave tornillos para terraza para ajustarla al poste antes de remover las abrazaderas.

Mida, corte, y haga otra serie de cortes sucesivos en otro par de vigas de 1 × 8. Ánclas a la primera capa intercalando las uniones para que no se junten en el centro del poste, y alineando las puntas para que sobresalgan las vigas frontales. Abra huecos guía y clávelas con tornillos para terraza cada 12" y sobre los postes. Empareje las puntas a ras con la curvatura de la viga usando una sierra recíproca.

INSTALAR LAS VIGAS INTERMEDIAS

Mida, corte e instale las vigas intermedias restantes dejando un espacio de 16" entre cada una (de centro a centro), comenzando desde el lado de la terraza que toca la pared.

Seleccione un madero de 2 × 8 para el soporte más cercano a la viga frontal en curva, de unas 12" más largo de lo necesario. Instálelo dejando que las puntas sobrepasen la viga en curva, y con la cara interna de frente a las vigas adyacentes. Marque el borde de la cara interna de la viga frontal en curva sobre cada punta de la viga interna. Corte la viga interna en esas marcas con una sierra recíproca, y luego clávela con tornillos para terraza sobre la viga frontal en curva.

Corte e instale bloques de 2 × 8 en los puntos medios de los espacios entre las vigas para dar soporte a los maderos diagonales de la plataforma. También instale bloques entre la viga frontal en curva y las vigas adyacentes para ayudar a sostener la curva si es necesario. Corte la punta de los postes a ras con los bordes superiores de las vigas. Quite los soportes y estacas que sostienen los postes.

CONSTRUIR LAS ESCALERAS

Si la altura y nivel del piso de la terraza no se acomoda a estas escaleras.

Corte las zancas para la escalera de maderos presurizados de 2 × 12. Marque los pasos y la elevación de cada escalón con una escuadra. Corte las muescas y los ángulos con una sierra circular, y con una recíproca o manual para terminar las esquinas.

Conecte las zancas laterales a las puntas de las vigas. Conecte las zancas de la escalera en curva a los bloques entre las vigas internas y la viga frontal en curva. Instale bloques adicionales si es necesario. Corte láminas de madera contrachapada de ¼" de espesor en tiras de 2 × 8 pies de largo, y marque la viga frontal en curva sobre las tiras. Luego, córtelas con una sierra de vaivén y use las plantillas para marcar la curva interior para el paso interno de la contrahuella superior sobre maderos de 2 × 12 de 10 pies de largo. Después corte una pieza de madero de 2" de ancho y 2 × 6 para usarla como separador para marcar la curva exterior para la tira interna. Coloque el separador sobre la línea de la curva mientras que marca el otro lado con un lápiz.

Corte las piezas en curva del paso interno con una sierra de vaivén. Use el borde de la curva exterior del paso interior para marcar la curva interior del paso exterior para la contrahuella superior. Use el separador para marcar el borde externo, y luego corte los pasos con una sierra de vaivén.

Use el borde de la curva externa del paso exterior de la contrahuella superior, para marcar el borde de la curva interna en el paso interno de la contrahuella inferior. Repita el proceso que usó para marcar y cortar las contrahuellas superiores, para completar las inferiores.

Instale las contrahuellas en curva, abra huecos guía y use tornillos para terraza. Las vigas entre las piezas de las contrahuellas deben estar sostenidas por las zancas.

Mida y corte las contrahuellas de un madero de 2 × 6, y clávelas a los lados de las zancas de la escalera.

INSTALAR LA PLATAFORMA

Corte un ángulo de 45° en la punta de un madero de la plataforma y colóquelo con la punta larga a ¼" de distancia de la pared y centrado en el punto medio del bloque. La otra punta debe sobrepasar las vigas frontales en la esquina opuesta. Clave el madero contra cada viga con un par de tornillos para terraza.

Corte e instale el resto de los maderos de la plataforma en este lado de la misma.

Corte e instale los maderos para el otro lado de la plataforma dejando una vez más que sobrepasen las vigas frontales en lo posible. Empareje las puntas al final.

Marque con líneas de tiza a lo largo de los maderos que cuelgan. Cuadre el disco de la sierra circular a ⅛" más profundo que el espesor de los maderos y córtelos sobre la línea. Complete los cortes al lado de la pared con una sierra de vaivén, y con un martillo y formón con filo.

Utilice los templetes que hizo anteriormente con la madera contrachapada para la instalación de la escalera, y marque la curva en las puntas de los maderos de la plataforma que cuelgan sobre la viga frontal. Utilice una sierra de vaivén.

Corte una pieza de 2" de ancha de un madero de 2 × 6 y úsela como separador para marcar la curva exterior de la contrahuella interior.

Marque la forma de la cara interna de la viga frontal en curva en cada punta del madero de 2 × 8 para la viga interna sobre la curva. Corte la viga sobre las marcas, luego clávela a los postes con tornillos de carruaje, y a la viga frontal en curva con tornillos para terraza.

Utilice una sierra de vaivén para emparejar los maderos de la plataforma que cuelgan sobre la viga frontal en curva.

Glosario

Abertura — El área de la plataforma cortada para acomodar elementos del patio o jardín, como árboles, o para dar acceso a otros elementos.

Anclas de poste — Accesorio de metal para conectar postes de terrazas a las bases de concreto para elevar la parte inferior del mismo y evitar contacto con el agua. La veta de la punta del poste puede ser cubierta con sellador para adicionar protección contra podredumbre.

Balaustre — Elemento vertical de la baranda.

Base — Una estructura de concreto que se extiende más allá del nivel de congelamiento del suelo, y que sostiene el peso de la plataforma y todo lo colocado sobre su superficie (muebles).

Bloque — Trozos cortos de madera cortados del mismo material de las vigas y conectados entre las vigas intermedias para dar mayor soporte.

Caída vertical — Distancia vertical desde la superficie de la plataforma hasta el suelo.

Colgante de vigas — Pieza de metal usada para conectar vigas a la viga primaria o vigas frontales para que los bordes queden a ras.

Contrahuella — La cara horizontal de cada paso en la escalera, por lo general compuesta de dos maderos de 2 × 6.

Cubierta — Elemento superior colocado sobre el pasamanos de la baranda.

Diseño de un poste esquinero — Un método de construcción que incorpora postes en los bordes externos de la plataforma para que las vigas no sobrepasen la viga de soporte.

Distancia horizontal — La distancia horizontal que cubre una escalera.

Distancia máxima de alcance — La distancia que una viga puede cubrir con seguridad entre soportes.

Elevación — La altura de un escalón.

Elevador — Un madero clavado al frente de los escalones entre las contrahuellas.

Madera de la cubierta frontal — Madera atractiva, por lo general de credo o ciprés, usada para cubrir las puntas de las vigas, o las vigas frontales.

Maderos de la plataforma — El piso de la plataforma.

Paso — La profundidad de un escalón.

Paso abierto — Un paso compuesto de contrahuellas montadas al interior de zancas sin maderos de elevación.

Poste — Un elemento vertical que soporta la plataforma, escalera o baranda.

Soportes — Estructuras temporales utilizadas para colocar cuerdas de medición.

Soportes metálicos para contrahuellas — Soportes para las contrahuellas instalados sobre las zancas.

Viga de soporte — Soporte horizontal principal para la plataforma, usualmente construido uniendo un par de maderos de 2 × 8 ó 2 × 10 clavados a los postes de la plataforma.

Viga de soporte en sandwich — Una viga de soporte que incorpora un par de maderos clavados a cada lado del poste por medio de tornillos de carruaje.

Viga frontal — Una viga clavada al final de las vigas intermedias, por lo general al lado opuesto de la viga primaria. Las vigas frontales se unen en ambos lados de una terraza no conectada a la casa.

Viga intermedia — Un madero, instalado sobre su borde, que soporta la plataforma. Las vigas intermedias en terrazas conectadas a la vivienda cuelgan entre la viga primaria y viga frontal.

Vigas laterales — Las vigas ubicadas en cada extremo de una serie de vigas intermedias paralelas.

Viga primaria — Un madero, de igual tamaño a las vigas, que ancla la terraza a la casa y soporta las puntas de un lado de las vigas intermedias.

Voladizo — Método de construcción común (utilizado en algunos de los planos en este libro) que consiste en extender las vigas más allá de la viga de soporte. La distancia máxima del voladizo es especificada en los códigos de construcción.

Zancas — Madero inclinado que soporta las contrahuellas de la escalera. Puede ser sólido, con contrahuellas conectadas a los soportes metálicos conectadas a las zancas, o con cortes para que las contrahuellas descansen sobre los mismos.

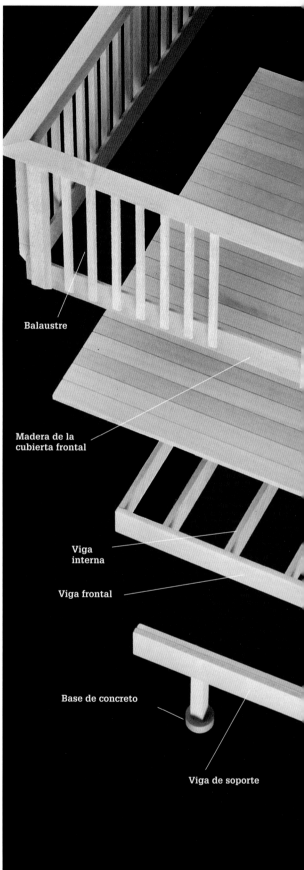

Balaustre

Madera de la cubierta frontal

Viga interna

Viga frontal

Base de concreto

Viga de soporte

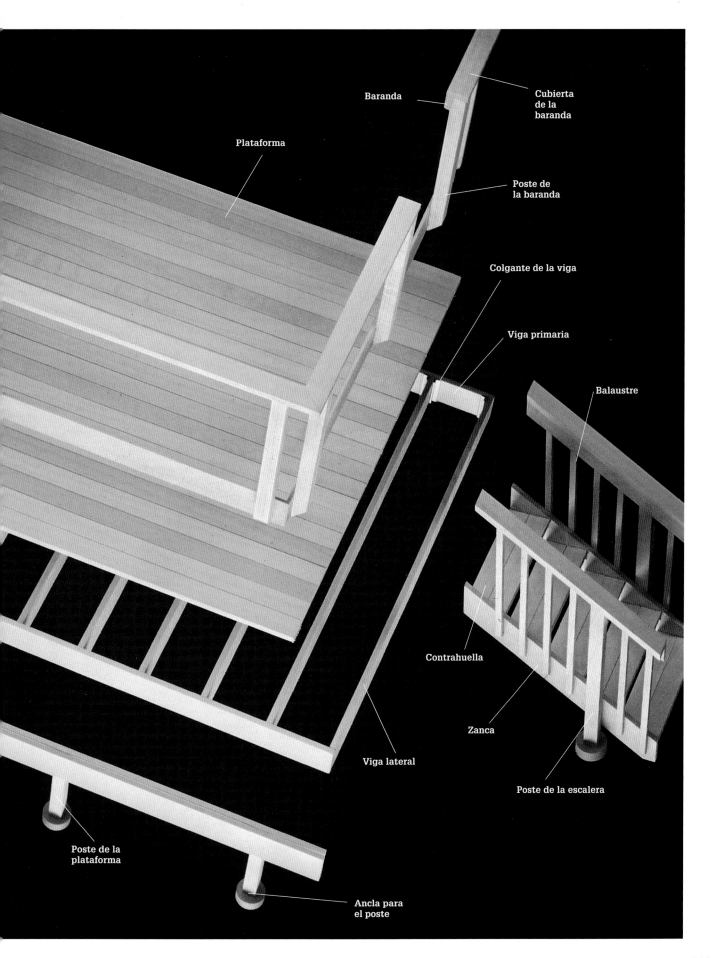

Baranda

Cubierta
de la
baranda

Plataforma

Poste de
la baranda

Colgante de la viga

Viga primaria

Balaustre

Contrahuella

Zanca

Viga lateral

Poste de la escalera

Poste de la
plataforma

Ancla para
el poste

Tablas de referencia

Conversiones métricas

Para convertir:	En:	Multiplique por:
Pulgadas	Milímetros	25.4
Pulgadas	Centímetros	2.54
Pies	Metros	0.305
Yardas	Metros	0.914
Pulgadas cuadradas	Centímetros cuadrados	6.45
Pies cuadrados	Metros cuadrados	0.093
Yardas cuadradas	Metros cuadrados	0.836
Onzas	Mililitros	30.0
Pintas (USA)	Litros	0.473 (Imp. 0.568)
Cuartos (USA)	Litros	0.946 (Imp. 1.136)
Galones (USA)	Litros	3.785 (Imp. 4.546)
Onzas	Gramos	28.4
Libras	Kilogramos	0.454

Para convertir:	En:	Multiplique por:
Milímetros	Pulgadas	0.039
Centímetros	Pulgadas	0.394
Metros	Pies	3.28
Metros	Yardas	1.09
Centímetros cuadrados	Pulgadas cuadradas	0.155
Metros cuadrados	Pies cuadrados	10.8
Metros cuadrados	Yardas cuadradas	1.2
Mililitros	Onzas	.033
Litros	Pintas (USA)	2.114 (Imp. 1.76)
Litros	Cuartos (USA)	1.057 (Imp. 0.88)
Litros	Galones (USA)	0.264 (Imp. 0.22)
Gramos	Onzas	0.035
Kilogramos	Libras	2.2

Convertir temperaturas

Convierta grados Farenheit (F) a grados Centígrados (C) siguiendo esta simple fórmula: Reste 32 de la temperatura Farenheit. Luego multiplique ese número por $\frac{5}{9}$. Por ejemplo, $77°F - 32 = 45$. $45 \times \frac{5}{9} = 25°C$.

Para convertir grados Centígrados en grados Farenheit, multiplique la temperatura en Centígrados por $\frac{9}{5}$. Luego agregue 32. Por ejemplo, $25°C \times \frac{9}{5} = 45$. $45 + 32 = 77°F$.

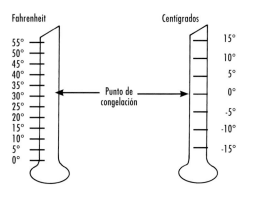

Medidas métricas de paneles de contrachapado

Los paneles de contrachapado están disponibles por lo general en dos medidas métricas: 1,200 mm × 2,400 mm and 1,220 mm × 2,400 mm, que equivalen más o menos a 4 × 8 pies por lámina. Los paneles con revestimiento estándar vienen en un espesor también estándar, mientras que los lijados en varios grados están disponibles en varios espesores.

Grado-revestimiento estándar		Grados del lijado	
7.5 mm	(⁵⁄₁₆ pul.)	6 mm	(⁴⁄₁₇ pul.)
9.5 mm	(³⁄₈ pul.)	8 mm	(⁵⁄₁₆ pul.)
12.5 mm	(½ pul.)	11 mm	(⁷⁄₁₆ pul.)
15.5 mm	(⁵⁄₈ pul.)	14 mm	(⁹⁄₁₆ pul.)
18.5 mm	(¾ pul.)	17 mm	(⅔ pul.)
20.5 mm	(¹³⁄₁₆ pul.)	19 mm	(¾ pul.)
22.5 mm	(⅞ pul.)	21 mm	(¹³⁄₁₆ pul.)
25.5 mm	(1 pul.)	24 mm	(¹⁵⁄₁₆ pul.)

Dimensiones de los maderos

Nominal - USA	Actual - USA (en pulgadas)	Métrico
1 × 2	¾ × 1½	19 × 38 mm
1 × 3	¾ × 2½	19 × 64 mm
1 × 4	¾ × 3½	19 × 89 mm
1 × 5	¾ × 4½	19 × 114 mm
1 × 6	¾ × 5½	19 × 140 mm
1 × 7	¾ × 6¼	19 × 159 mm
1 × 8	¾ × 7¼	19 × 184 mm
1 × 10	¾ × 9¼	19 × 235 mm
1 × 12	¾ × 11¼	19 × 286 mm
1¼ × 4	1 × 3½	25 × 89 mm
1¼ × 6	1 × 5½	25 × 140 mm
1¼ × 8	1 × 7¼	25 × 184 mm
1¼ × 10	1 × 9¼	25 × 235 mm
1¼ × 12	1 × 11¼	25 × 286 mm
1½ × 4	1¼ × 3½	32 × 89 mm
1½ × 6	1¼ × 5½	32 × 140 mm
1½ × 8	1¼ × 7¼	32 × 184 mm
1½ × 10	1¼ × 9¼	32 × 235 mm
1½ × 12	1¼ × 11¼	32 × 286 mm
2 × 4	1½ × 3½	38 × 89 mm
2 × 6	1½ × 5½	38 × 140 mm
2 × 8	1½ × 7¼	38 × 184 mm
2 × 10	1½ × 9¼	38 × 235 mm
2 × 12	1½ × 11¼	38 × 286 mm
3 × 6	2½ × 5½	64 × 140 mm
4 × 4	3½ × 3½	89 × 89 mm
4 × 6	3½ × 5½	89 × 140 mm

Medidas equivalentes de líquidos

1 Pinta	= 16 Onzas líquidas	= 2 Tazas
1 Cuarto	= 32 Onzas líquidas	= 2 Pintas
1 Galón	= 128 Onzas líquidas	= 4 Cuartos

Recursos

Absolute Concrete
360 297 5055
www.absoluteconcreteworks.com

BEHR
800 854 0133, ext 2
www.behr.com

Capital
562 903 1167
www.capital-cooking.com

Distinctive Design
423 505 7457
www.distinctivedesigns4you.com

Deckorators
www.deckorators.com

Feeney Architectural Products
Paneles de vidrio para barandas
(Diseño de la baranda), p. 164-165;
(Cable de la baranda), p. 166-167
800 888 2418
www.feeneyarchitectural.com

GeoDeck
877 804 0137
www.geodeck.com

HandyDeck
866 206 8316
www.handydeck.com

LB Plastics
704 663 1543
www.lbplastics.com

Napoleon
705 726 4278
www.napoleongrills.com

Trex
Sistema de barandas en contrachapado,
p. 162-163
800 289 8739
www.trex.com

TimberTech
800 307 7780
www.timbertech.com

Viking
662 455 1200
www.vikingrange.com

Wolf / Subzero
800 222 7820
www.subzero.com

Wolmanized® Wood
770 804 6600
www.archchemicals.com

Fotografías

Absolute Concrete
p. 211 (Arriba a la izquierda), 212 (Abajo a la izquierda)

BEHR
p. 9 (Arriba a la derecha)

Capital
p. 208 (Arriba), 212 (Abajo a la derecha)

Clive Nichols
photo © p. 9 (Arriba a la izquierda)/diseñador Mark Laurence, 10
   (Arriba a la izquierda/diseñador Charlotte Rowe; Arriba a la
   derecha/diseñador S. Woodhams; Inferior/luces por Garden
   & Security Lighting), 11 (Inferior izquierda/diseñador Stephen
   Woodhams), 12 (Arriba/diseñadora Sarah Layton), 215 (Abajo a la
   izquierda/diseñadora Clare Matthews), 226/diseñador Boardman
   Gelly & Co.

Consentino
P. 212 (Arriba a la izquierda)

Deckorators
p. 2, 8 (Abajo a la izquierda), 11 (Arriba), 161 (Arriba a la izquierda,
   mitad a la derecha, dos inferiores), 215 (Arriba a la derecha)

Distinctive Design
p. 7, 8 (Arriba), 12 (Abajo a la izquierda), 13 (Abajo a la izquierda),
   17 (Arriba a la izquierda y mitad a la derecha), 161 (Arriba a la
   derecha y mitad a la izquierda), 227 (Abajo a la derecha)

FotoSearch
p. 9 (Inferior) Gary Moss; 215 (Arriba a la derecha)

GeoDeck
p. 13 (Arriba a la derecha), 207 (Arriba a la derecha)

HandyDeck
p. 207 (Arriba a la derecha)

Istock Photo
p. 4 photo © William Britten / istock.com; 17 (mitad a la izquierda);
   214 Stephanie Phillips / www.istock.com; Yali Shi / www.istock.com

Jupiter Images
p. 8 (Abajo a la derecha)

LB Plastics
p. 13 (Abajo a la derecha)

Marvel
p. 209 (Arriba a la derecha)

Napoleon
p. 208 (Inferior)

Robert Agli
p. 209 (Abajo a la izquierda), 212 (Arriba a la derecha), 215 (Arriba a
   la izquierda)

Timber Tech
p. 215 (Abajo a la derecha)

Trex
p. 3 (Izquierda), 12 (Abajo a la derecha), 13 (Arriba a la izquierda), 17
   (Inferior), 216 (Arriba a la izquierda), 217 (Todas)

Viking
p. 206, 207 (Abajo a la derecha), 211 (Inferior)

Wolf / Subzero
p. 209 (Arriba a la izquierda)

Wolmanized® Wood
p. 3 (Derecha), 11 (Abajo a la derecha), 216 (Abajo a la derecha), 227
   (Arriba y abajo a la izquierda)

Índice

Otras obras   Creative Publishing international

Black & Decker®
La Guía Completa sobre
Instalaciones Eléctricas

ISBN: 978-1-58923-485-7

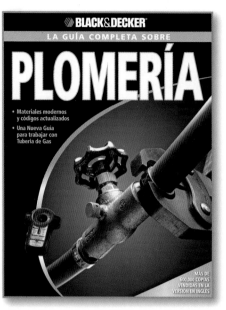

Black & Decker®
La Guía Completa sobre
Plomería

ISBN: 978-1-58923-486-4

Black & Decker®
La Guía Completa sobre
Albañilería y Mampostería

ISBN: 978-1-58923-491-8

¡Pronto a Publicarse en Español!

Black & Decker
Las Guía Completa sobre
Techados Fachadas y
Acabados de Exteriores
ISBN: 978-1-58923-516-8

• Segunda edición actualizada
• Proteja y embellezca el exterior de su vivienda

Black & Decker
Las Guía Completa sobre
Decoración con Baldosa de Cerámica
ISBN: 978-1-58923-517-5

• Técnicas modernas y diseños para pisos, paredes,
  cocinas, baños y otros diseños atractivos